BIBLIOTHÈQUE LINGUISTIQUE AMÉRICAINE
Tome VIII

GRAMMAIRES ET VOCABULAIRES

ROUCOUYENNE
ARROUAGUE, PIAPOCO

ET

D'AUTRES LANGUES

DE LA RÉGION DES GUYANES

PAR

MM. J. CREVAUX, P. SAGOT, L. ADAM

PARIS

MAISONNEUVE ET Cie, LIBRAIRES-ÉDITEURS

25, QUAI VOLTAIRE, 25

1882

BIBLIOTHÈQUE LINGUISTIQUE AMÉRICAINE

Tome VIII

GRAMMAIRES ET VOCABULAIRES

ROUCOUYENNE, ARROUAGUE, PIAPOCO

643

GRAMMAIRES ET VOCABULAIRES

ROUCOUYENNE
ARROUAGUE, PIAPOCO

ET

D'AUTRES LANGUES

DE LA RÉGION DES GUYANES

PAR

MM. J. CREVAUX, P. SAGOT, L. ADAM

PARIS

MAISONNEUVE ET Cie, LIBRAIRES-ÉDITEURS

25, QUAI VOLTAIRE, 25

1882

Ce huitième tome de la Bibliothèque linguistique américaine comprend plusieurs vocabulaires et deux grammaires de langues parlées par diverses nations de la Guyane.

I. — Un *Vocabulaire Français-Roucouyenne* par M. le Dr Crevaux, dont le journal le *Tour du monde* a publié récemment les voyages. On a rapproché d'un grand nombre des mots roucouyennes les mots qui leur correspondent dans le Galibi, le Caraïbe, le Cumanagote, le Chayma, ainsi que dans divers dialectes point ou peu connus jusqu'à ce jour: le Carijona, l'Apalaï, le Trio, l'Oyampi.

II. — Une *Grammaire de la langue roucouyenne* qui a été rédigée par M. Lucien Adam sur les quelques phrases dont M. le Dr Crevaux a pu enrichir son vocabulaire.

III. — Un *Vocabulaire de la langue des Apalaïs* comparée avec le Galibi, le Caraïbe, le Cumanagote et le Chayma.

L'Apalaï paraît appartenir, comme le Roucouyenne, à la famille galibi.

IV. — Un *Vocabulaire du Carijona* comparé avec les mêmes langues que ci-dessus.

Le Carijona paraît être lui aussi un dialecte de souche galibi.

V. — *Quelques mots de la langue des Indiens Trios*, laquelle langue présente des affinités lexiologiques avec le Roucouyenne et le Galibi proprement dit.

VI. — Un *Vocabulaire de la langue Oyampi* comparée avec le Tupi.

On a fait suivre ce vocabulaire, composé comme les précédents par M. le Dr Crevaux, d'un second vocabulaire de la même langue emprunté à l'ouvrage de M. Martius (1). Cet appendice comprend exclusivement des mots oyampis qui ne figurent point dans le travail de M. le Dr Crevaux.

VII. — *Quelques mots de la langue des Émerillons.*

VIII. — *Quelques mots de la langue Tama.*

IX. — Un *Vocabulaire Français-Galibi* qui est l'œuvre de M. le Dr Sagot, ancien chirurgien de la marine nationale, aujourd'hui professeur d'histoire naturelle à l'École normale de Cluny.

M. le Dr Sagot a composé ce vocabulaire dans le quartier de Mana (Guyane française), mais il y a intercalé un petit nombre de mots recueillis par lui au Cap Nord.

X. — Un *Vocabulaire Français-Arrouague* qui a été composé par M. le Dr Sagot sur les données fournies par un Indien arrouague qu'il a soigné pendant plusieurs mois.

XI. — Un *Vocabulaire Arrouague-Allemand* qui est l'abrégé d'un dictionnaire manuscrit appartenant à la congrégation des Frères Hernhutes de Zittau.

Une copie de cet ouvrage a été généreusement commu-

---

(1) *Beiträge zur Ethnographie und Sprachenkunde Amerika's zumal Brasiliens* von Dr CARL FRIEDRICH PHIL. v. MARTIUS. Leipzig, 1867.

niquée à M. Lucien Adam par M. Julius Platzmann de Leipzig.

XII. — Une *Grammaire Arrouague* en langue allemande dont le manuscrit appartient comme le précédent à la congrégation de Zittau.

C'est également à M. J. Platzmann que M. Lucien Adam est redevable de la communication de cette grammaire laquelle est malheureusement incomplète, ce qui indique suffisamment qu'elle est l'œuvre du missionnaire Théodore Schulz (1).

---

(1) Voir D. G. Brinton. *The Arawack language of Guiana in its linguistic and ethnological relations*, p. 2.

INDEX DES ABRÉVIATIONS

Car. Caraïbe.

Car. H. Caraïbe (langage des hommes).

Car. F. Caraïbe (langage des femmes).

Cum. Cumanagote.

Gal. Galibi.

Gal. P. Galibi, d'après le P. Pelleprat.

Gal. B. Galibi, d'après Biet.

Gal. BO. Galibi, d'après Boyer.

H. vocabulaire arrouague-allemand de la communauté des Frères Hernhutes.

M. vocabulaire Oyampi de Martius.

T. Tupi.

VOCABULAIRE
FRANÇAIS-ROUCOUYENNE

Par M. le Docteur CREVAUX

ABATTIS, *maïna*; *Maïna aket*, faire un abattis, un jardin. Gal. *mayna* jardin. Car. H. *mayna*.

ACARA, *acara*, poisson délicieux à larges écailles blanches et à queue rouge. Tupinamba, *acara*.

ACHETER, *chapoui*; *Amolé étati chapoui icé ou*, je veux acheter ton hamac. Voir le mot PRENDRE.

AGAMI, *mamhali*. Carijona, *mami*.

AGOUTI, (Dasyprocta aguti) *acouri*. Apalaï, Oyampi, *acouri*. Gal. *acoüri, acouchi, agouti*, sorte de lapin.

AÏ (Bradipus, vulgo Paresseux), *alicolé*. Gal. *waricarii, ouikalé*.

AIGRETTE (Adea cocoi), *patacachi*.

AIGUILLE, *acoussa*. Gal. *acousa, cacousa*. Car. *acoucha*.

AINSI, c'est ainsi, *mala-leken* (*malala* même, *leken* seulement, même), *souala*. Les Indiens terminent souvent leurs conversations par le mot *souala*.

ALLER *nissa, ita*. Ex.: *nissa éou* je vais, je m'en vais; *nissa oua* je ne vais pas; *touna ita* aller à l'eau; *canaoua ita* monter, aller en canot. Quand un Indien quitte ses compagnons, il leur dit : *nissa eou*. Ceux-ci répondent: *irapa nissa* bon aller, bon voyage. A *ita* se rapporte le mot *iteaha* également employé lors d'un départ. Carijona *atiaha*. Gal. *aou nisan* je vais, *itangue* va-t-en. Car. *i-été-mali* mon départ, *item-pa-ti* il n'est pas parti. Cum. *hu-aʒ-ati-ca-ʒe* je m'en vais.

Alouate (Mycetes seniculus, Mycetes ursinus. — Deux espèces de singes hurleurs), *arouata*. Gal. *alaouata* singe rouge, singe hurleur.

Ami, *yépé, panari, coulé*. Lorsque les Indiens (Roucouyennes, Oyampis, Apalaïs, Emerillons, Trios, etc.) veulent nouer des relations pacifiques avec des étrangers, ils leur crient de loin : *coulé- coulé*. Gal. *couré* bon. Oyampi, Apalaï, Galibi, *banaré* compère, ami. Car. *banoualé*.

Amont, *atipoï*. Gal. *apoïgueté* tirer contre mont, haler.

Ananas, *nana*. Gal. *nana*.

Appeler, Héler, *caïké*. Ex.: *yépé, tamouchi caïké* camarade ! appelle le Tamouchi. Gal. *caïké* parler.

Apporter, *enepta*. Ex.: *touna enepta* apporter de l'eau. Gal. *s-enebi*. Cum. *enepia*.

Après-demain, *mon-anoumalélé, mon-coropo*. Gal. *mani-coropo*.

Ara (Ara Macao), *arara*; (Ara Cauga), *kinoro*. Une troisième espèce de petite taille remarquable par sa longue queue porte le nom de *Couyari*.

Arbre, *ouéoué*. Gal. *vuévué, huéhué*. Car. *huéhué*.

Arc, *paria*. Oyampi *parïra*. Gal. *payra* bois de lettre. L'arc des Indiens de la Guyane est fait de bois de lettre (Piratinera d'Aublet) ; il est long de plus de deux mètres.

Argent, *caracouli*. Gal. *caracouli*, babioles de cuivre.

Argile, *couissa*.

Arrête, Attends ! *aouap*, et quelquefois *appé*. Ex.: *Alicolé hé! aouap*. Alicolé eh ! arrête, attends. Car. H. *aouereba*.

Arrêter (s'), Demeurer, *boucané*. Car. *boéken*. Gal. *boucané*.

Arriver, *natapui*. Ex.: *oupac natapui* y a-t-il longtemps que tu es arrivé ? Gal. *natapoui* arriver, aborder. Car. H. *nataboui*.

Arouma (Marantae sp.), *ouarouma*. L'écorce de cette plante qui a l'aspect d'un roseau remplace pour les Indiens de la Guyane l'osier des vanniers d'Europe.

Asseoir, *chimentaï*.

Assiette, Plat, *arimaki*. Gal. *arinato*, vaisselle de terre.

Les femmes indiennes qui sont exclusivement chargées de la confection des articles de poterie, ne connaissent pas l'usage du tour. Après avoir pétri la terre entre leurs mains, elles en font des bandeaux qu'elles disposent les uns au-dessus des autres, et elles effacent les saillies avec un caillou plat ou un morceau de calebasse. Les vases sont généralement ornés de dessins rehaussés de couleurs minérales telles que la sanguine.

ATTACHER, AMARRER, *courouapoc*. Ex.: *etati courouapoc*, attacher un hamac ; *canaoua courouapoc*, amarrer un canot ; *ourou catari courouapoc*, emballe la cassave dans le catouri. Gal. *couroua guë*, avec une corde.

ATTENDRE, *calisétaï*. Ex.: *oupac calisétaï*, attendre longtemps.

AUBE (avant l'), *taouanaï*. C'est le moment que les Indiens choisissent pour surprendre l'ennemi.

AURORE, *cocopsic*. Voir le mot MATIN.

AUTRE, *amou*. Ex.: *éou papa nissa amou pati*, mon père est allé à un autre village. Gal. *amou*.

AVAL, *amentaï*. Voir le mot BAS.

AVANT, *mon*. Gal. *mani*. Car. *mane*.

AVANT-HIER, *mon-coconé*. Gal. *mani-coïaré*.

AVARE, *amamhac*. Ex.: *parachichi amamhac*, le Français est-il avare ? — Rép. *amamhac oua*, il n'est pas avare. Gal. *amembé*. Car. *amoinbée-li*.

AVEC, *akéré*, *malé*. Ex.: *éou akéré nissa*, viens avec moi. Cum., *a-yaker* avec moi, *ch-aker* avec soi.

B

BAGAGES, *mompalélé*. Ex.: *mompalélé oua*, je n'ai pas de bagages. Ce mot signifie également : objets d'échange, marchandises.

BALISIER, *parou*. Gal. *baroulou*.

BAMBOU, *couroumouri*. Oyampi, *couroumouri*.

BANANES, *parourou*. Carijona *baloulou*. Gal. *baloulaoa*, petites bananes.

BANC, *cololo*. Lorsqu'un voyageur arrive dans un village on lui présente un petit banc en lui disant : *coloho yepe* voici un banc, camarade. *Nompui cololo malé*, viens avec (ton) banc.

BAPTISER. On emploie la périphrase suivante : *parana touna malé tépourou*, sel eau avec tête.

BAS (en), *amentaï*. Ex: *ippouï amentaï tinikisé*, dormir, camper en bas de la montagne, au pied de la montagne.

Beau, *couranou*. Carijona, *courenaï*. Gal. *couramé*.

Bientôt, *couchi*. Ex.: *couchi natati*, il mourra bientôt. Gal. *cochi* vite, promptement.

Blanc, *ticroké*.

Bleu, *chériman*. Ex.: *chériman cachourou*, collier bleu.

Boire, *senéli*. Ex.: *touna senéli*, boire de l'eau. Gal. *sinéri*.

Bois, *ouéoué*.

Beaucoup, *colé*. Oyampi, Apalaï, Emerillon, Trio, *ouéoué*. Voir le mot ARBRE.

Bon, *iroupa, irapa*. Ex.: *iroupa appoï*, très-bon, très-beau.

Bonjour, *arikito*. En arrivant dans un village, nous disons: *arikito!* Le Tamouchi répond: *io iroupa ohamna*, oui très-bon. Gal. *yarigado*.

Bonsoir, *tiniksé, étipoou*. Voir le mot DORMIR.

Boucan, *yara*. Ex.,: *ioti moro yara-po*, y a-t-il de la viande sur le boucan? *yepé hé yara chicapoui* camarade eh! fais un boucan. Car. *ioualla*.

Bouche, *ouaïamou*.

Bouillie (de farine de manioc), *toupouné*.

Bouillir, *tourouapoc*. Ex.: *yepé hé! ioti tourouapoc*, camarade, eh! fais bouillir la viande. Gal. *toroua* marmite, chaudière. Car. *tourae* marmite,

Bouillon, *touma*. Gal. *touma*, pot de terre, potage.

Bras, *yamourou*. Gal. *yamori*, doigt: Cum. *amiar*.

Brésilien, *calaioua*.

Brûler, *chimaï*.

C

Cabiaï (Hydrochoerus capyhara), *capiouara*. Apala., Emerillon, *capiouara*. Gal. *cabiouara, cabiaï*.

Cachiri (boisson indienne), *cachiri*. Oyampi *cachiri*. Gal. *cassiri*, bouillie de manioc.

Caïman (Alligator sclerops, alligator ponctulatus), *aroue*.

Callebasse ou Cguï (vase à boire), *carapi*.

Canard, *sapono, chapono*. Gal. *opano*.

Canot, *canaoua*. Gal. *canaoua*. Car. *canaoa*.

Capitaine (chef d'un village), *tamouchi*. Oyampi, Apalaï, Emerillon, Trio, *tamouchi*. Gal. *tamoussi*, vieillard.

Carapa (Carapa guyanensis), *carapa*. Oyampi, Apalaï, Emerillon, Trio, Galibi, *carapa*.

Cassave, manioc, *ourou*. Ex.: *ourou chapiri maïna-po*, chercher du manioc à l'abattis; *ourou chicapoui*, faire de la cassave. Carijona, *ourou*. Les Indiens font avec la farine du manioc une boisson fermentée qu'ils désignent par les trois noms de *chacola, cachiri, omani*, suivant son degré d'alcoolisation.

Casser, *toupoukaï, natambouti*. Ex.: *poupourou toupoukaï* jambe cassée; *ouioui natambouti*, hache cassée. Gal. *natambouti*. Car. *n-epecaé-ha-rou*, elle est brisée.

Cassique (Cassicus cristatus), *coulimao*.

Ce, Cela, *hélé*. Ex.: *Yelemeu hé amolé etati chapoui ice*, Yelemeu je veux acheter ton hamac. — Rép.: *oua éou etati tapé*, non ce n'est pas mon hamac; *Macouipi etati hélé*, hamac de Macouipi cela. *Etè éhed hélé*, quel nom cela, comment cela s'appelle-t-il?

Ceinture, *acaoualé*. Les Roucouyennes se couvrent complètement le ventre avec des ceintures superposées, lesquelles sont faites tantôt avec du coton, tantôt avec le poil noir du Couata. Les femmes portent de petites ceintures taillées dans des peaux de tigres.

Celui-ci, *séré*. Ex.: *enic maria icé*, quel couteau veux-tu? *séré icé you*, je veux celui-ci.

Chaîne de montagnes, *ténéné-pata* (*ténéné*, montagne; *pata*, village), au propre « village de montagnes », c'est-à-dire groupe, réunion de montagnes.

Chanter, *caïké*. Voir le mot Appeler.

Chat-tigre (Felis mitis), *maracaï*. Gal. *malacaya*.

Chaud, il fait chaud, *échimhac*. Gal. *assimbéi*.

Chef (de tout le pays), *yapotori*. Gal. *yapotoli*. Car. *i-ouboutouli-cou*, mon chef.

Chercher, *soupi, chapiri*. Ex.. *ouéoué soupi*, chercher du bois. Gal. *soupi, soubi*.

Cheveux, *yemcetti*. Gal. *yoncetti*.

Chien, *caïcouchi, yéki*. Carijona, *caïcouchi*. Gal. *caïcouci*.

Chique (Pulex), *chiqué*. Gal. *chico*.

Chou-caraïbe, *taya*. Gal. *taya*, chou.

Ciel, *capou*. Gal. *capou, cabou, cabo*; Chayma, *capo*; Cum., *cap*.

Ciseaux, *erachi*. Car. *chirachi*. Gal. *guerici*.

Clou (pointe, harpon), *poutoupoutouri*. Gal. *boutoubou-touli*, clou, clef, fer.

Collier, *cachourou ; ouayari*, collier de graines de forme conique enfilées de manière à ce que les cônes soient opposés par leurs bases ; *ologoura*, collier formé de coquilles dites bulimes. Gal. et Car. *cachourou*.

Combien ? *trané*, *enimi*. Ex.: *trané okiri*, combien d'hommes ? *trané mecoro nompoui*, combien de nègres sont venus ? Quand j'arrive dans un village, le Tamouchi me demande : *enimi ancon ?* Je réponds en parlant de moi seul : « Major (médecin) ». Le Tamouchi reprend : *enimi ancon ?* Je réponds en montrant le nègre qui m'accompagne : Apatou. Le Tamouchi continue : *enimi ancon ?* je réponds en montrant le second de mes compagnons : Stuart. A un dernier *enimi ancon ?* je réponds : *aouempo*, fini. J'ai entendu demander *enimi ioti ?* combien de pièces de gibier ? Gal. *accono*, compagnon.

Comprendre, Connaître, *soucouti, setaï*. Ex.: *Oyampi omili soucouti oua*, ne comprends-tu pas la langue des Oyampis? *setaï oua*, je ne comprends pas. *Oupac oman soucouti*, connais-tu le vieux sentier ? *io soucouti ohamna*, oui je (le) connais très-bien. Gal. *secouti, cicouti, setey, setay*, entendre, ouïr ; Cum., *hu-eta-ze*, j'entends, je comprends.

Content, *toaké*. Ex.: *na yèpé toaké ohamna*, oui camarade (je suis) très-content.

Coq, *corotoco*. Carijona, *corotoco*. Gal. *corotoco*, poule, volaille.

Coq de roche, *méou*.

Corde d'arc, *yéouala* ou *yeouara ;* c'est en même temps le nom de la plante dont les fibres textiles sont cordées.

Coton, *maourou*. Gal. *maourou*, Car. H. *manhoulou*.

Cotonnier sauvage (Bombax ceiba), *coumaca*. Les graines de cet arbre qui est un des plus grands de la Guyane, sont entourées d'une sorte de coton très-léger que les Indiens employent en guise de bourre dans leurs sarbacanes.

Couata (Ateles niger), *alimi*.

Couïqui, oiseau ainsi nommé à cause de son chant.

Coumarou, *pacou*.

Coumou (Oenocarpus bacaha), nom d'un palmier dont la graine violette sert à préparer une boisson de la couleur du chocolat.

Couleuvre (serpent non vénimeux), *matapi*.

Couleuvre (instrument tressé avec des lanières d'arouma, en forme de serpent et qui sert à exprimer le suc vénéneux contenu dans la farine de manioc), *kinkin*.

Couper, *sékéteï*. Ex.: *ouéoué sékétei* couper du bois; *γamourou sékétéï* couper le bras. Gal. *sicoté*, *chiqueté*. Cum., *hu-aketa-che*, je coupe.

Courge, *toutoupé*. Les Roucouyennes appellent ainsi une sorte de vase ou de cruche formé d'une courge. Gal. *touton* calebasse.

Courir, *takané*. Ex.: *γépé acouri takané ohamna*, camarade l'agouti court très-vite (est très-rapide). Gal. *tegané*, courir, aller vite. Voir le mot vite.

Couronne, *apoumali*. Les Roucouyennes appellent ainsi une petite couronne de plumes dont les hommes ornent leur tête. Gal. *apomaliri*, chapeau orné de plumes.

Cousin, *acon*. Gal. *accono*, compagnon.

Couteau, *maria*. Gal. *maria*, *malia*, *maya*. Chayma, *maria*.

Crique (affluent d'un fleuve ou d'une rivière), *polili*. Apalaï, *ippoliri*. Ex.: *yepé, ippouï aouempo, polili séné*, camarade, la (traversée de la) montagne est finie, je vois une crique. Gal., *ipoliri*.

Cruche (gargoulette, alcaraza), *ouatacan*, vase d'argile poreuse mélangée de cendres de l'écorce d'un grand arbre nommé *couépi*.

Cuiller, *chicara*. Cet instrument est généralement taillé dans le fruit du calebassier. J'ai vu chez les Apalaïs des cuillers formées d'un occiput de singe et d'un manche de bois.

Cuirassier (petit poisson), *ouara-ouara*.

D

Éjection alvine. Un Indien pris de colique en canot s'écrie: *Aouap talé, tikaï ou*.

Délier, *chicaï*. Ex.: *etati chicaï*, délier le hamac.

Demain, *anoumalélé*, *coropo*. Ex.: *anoumalélé touté*, nous partons demain; *anoumalélé cocopsic nissa*, nous partirons demain matin; *coropo pacolo ita*, demain nous irons à l'habitation. Gal. *coropo*, *acoropo*, *acolopo*.

Dent, *yéré*. Gal. *yéré*, *yeri*; Car. *ieri*; Cum. *d-er*.

Dépêcher (se), *tinéné*.

Derrière, *akinamé*. Ex.: *akinamé nissa ou*, je vais derrière.

Dessiner, *coussiouar*.

Dessous, *olomo*.

Dessus, *caoue.*

Deux, *sakéné.* Carijona, *sékénéré.*

Devant, *akomné.*

Diable, *yoloc.* Gal. *yolocan, hyorocan, irocan.*

Disputer (se), *carachimeu.*

Doigt, *yamourou.* Voir le mot bras.

Donner, *chiri.* Ex.: *eou amolita chiri,* vas-tu me donner? *chiri oua,* je ne donne pas.

Dormir et aussi Camper, *tiniksé.* Ex.: *talé tiniksé,* arrêtons-nous ici pour camper; *touté tiniksé,* dormir dans la forêt. Cum. *hu-enikia-ze,* je dors.

Doux, *sousoumé.*

Dur, fort, *toppé.* Gal. *toppé.* Cum. *teypé.*

E

Eau, rivière, *touna.* Ex.: *apsic touna,* il y a peu d'eau; *touna chinaï,* rejeter l'eau (quand on est en canot); *touna aouèmpo,* la rivière est à sec; *touna ita,* aller à la rivière. Galibi, Apalaï, Carijona, Trio, Cumanagote, Chayma, *touna*; Car. *toné.*

Eau-de-vie, *panakiri oki* (Hollandais-boisson).

Ecorce, *ouéoué pipot* (arbre-peau).

Encens, *aroua, touli.* Apalaï, *aroua.* Oyampi *touli.* Car. *touli,* sandal.

Enfant, *pitani, mourou.* Trio, *pitani.* Gal. *pitani,* jeune enfant; *mourou,* enfant, fils. *Yanemeu mourou nompoui,* récent enfant est venu, il vient de naître un enfant.

Ennemi, *toto.* Gal. *toto, itoto;* Car. *etoutou.* Carijona *itoto.* Oyampi *totopoc Ouayanna malé,* les Oyampis sont en guerre avec les Roucouyennes. Les Oyacoulets se désignent entre eux sous le nom de *totos.* Les Miranhas du Yapura sont appelés par leurs voisins *ouitotos.*

Entendre, *sétaï.* Ex.: *sétaï oua,* n'entends-tu pas? *mamhali sétaï ou,* j'entends des agamis. Voir le mot Comprendre.

Escalier, *caoué.* Ex.: *caoué ita,* monter l'escalier (dessus aller). Voir le mot Dessus. En réalité, *caoué ita* signifie: monter.

Été, *ouéyou toppé,* lumière du soleil forte. Gal. *huéïou, veïou,* soleil.

Être, y avoir, *moro, molo*. Ex.: *tamouchi moro inele pati-po*, le Tamouchi est-il dans son village ? — Rép. *io moro*, oui il y est. *Moro ourou canaoua-po*, il y a de la cassave dans le canot.

Étranger, hôte, *napoïta*.

F

Fâché, *coutampé*.

Faire, *chicapoui, aket*. Ex.: *amou catouri chicapoui*, fais une autre hotte. — Rép. *io chicapoui*, oui je fais ; *amolé chicapoui*, tu fais ; *inelé chicapoui*, il fait ; *pacolopsic chicapoui*, fais un petit carbet. Gal. *chicapoui, seicapoui, chicassan, sicassan*.

Farine de manioc grillée, *couaqué*. Gal. *couac*.

Fatigué, *anoumhac*. Gal. *anoimbo*, en avoir assez, être saoul de.

Femme, *oli*. Gal. *oli*. Car. *ouelle*.

Feu, *ouapott*. Apalaï, *apoto*. Gal. *ouato*. Car. *ouattou*. *Ouapott ouéoué*, bois à brûler ; *ouapott chicapoui*, faire du feu.

Feuilles, *ouéoué-yomset* (arbre-cheveux).

Fièvre, *tamouïken*. Gal. *tamvin*, échauffure.

Fille, *olipsic*.

Finir, *aouempo*. Ex.: *soné aouempo*, manger fini, il n'y a plus rien à manger. Voir les mots Combien, Eau, Crique.

Flambeau, *ouéyou*. Ex.: *ouéyou enepta*, apporter un flambeau. Ce mot désigne aussi la lumière du soleil. Voir le mot Été.

Flèche, *piréou, paria*. Apalaï, *piroou*. Gal. *plia*. Chayma, *poure*. Cum., *preou*.

Flûte, Roseau, *toulé*. *Capaou toulé*, flûte faite avec un tibia de biche.

Foie, *éreré*.

Forêt, *amatou, itouta*. Apalaï, *itou*. Carijona, *itoutatoué*.

Fouet, *pono*. C'est un grand fouet que les Roucouyennes font claquer lorsqu'ils célèbrent une de leurs fêtes.

Français, *parachichi*.

Frère, *acon*. Voir le mot Cousin.

Froid (il fait), *tamoïken.* Car. *kamoin, amoyen-li*; Cum., *kemuizke*; Chayma, *tenetken.*

Fumée, *alisioua.*

Fusil, *aracabousa.* Gal. *aracaboussa.*

G

Genipa, *yenipa.* Oyampi, *yenipa.*

Graisse, Huile, *ticaké.* Ex.: *alimi ticaké,* graisse de Couata. Gal. *ticagué, tikacay,* gras; Car. *ticatenati,* il est gras; Chayma, *ticaraken.*

Grand, *pepta, pepita.*

Gras, *capsac.*

Gravir, *tanissa.* Ex.: *ippoui tanissa,* gravir une montagne.

Grelot, *couaï.* Les Indiens de la Guyane ainsi que ceux de l'Iça et du Yapura accompagnent leurs danses du bruit de 50 à 60 grelots attachés à une sorte de jarretière fixée en haut de la jambe droite. Ces grelots sont des graines du *Thevetia neriifolia.* Elles ont la forme d'un chapeau à deux cornes.

Grenouille, *maoua.*

Guêpe (Polybia liliacea), *ocomo.* Les Roucouyennes sont très-friands des larves d'Ocomo.

Guêpe, *alaman.* Carijona, *alaman.*

Gymnote, *alimina.*

H

Habile, *méné.* Ex.: *méné pariapoc,* habile à flécher; *méné aracabousapoc,* habile à tirer le fusil; *méné cocouita,* habile à pagayer. Gal. *mené,* bien.

Hache, *ouïouï.* Gal. *ouïouï,* Car. H. *houéhoué.*

Hache en pierre, *potpou.*

Haler, *saleï.* Ex.: *canaoua saleï,* haler un canot.

Hamac, *etati.* Apalaï, *atouato.* Trio, *oueïtapi.* Carijona, *etaté.* Cum., *etoue.*

Hameçon, *oca.* Apalaï *oca.* Gal. *onke.*

Hivernage, *copo.* Gal. *conobo,* hiver, pluie; Car. *connoboui,* pluie; Cum., *conopo.*

Hibou, *aloubou.*

— 11 —

Hier, *coconé.* Ex.: *coconé poupourou séné,* je vois une piste d'hier. Gal. *coignaro ;* Car. *cognale.*

Hoco, (Hoco alector), *oouoc.*

Hollandais, *panakiri.*

Homme, *okiri.* Gal. *oquiri, oquili, oukéli ;* Car. H. *ouekelli.*

Hotte, *catouri.* Gal. *catoli ;* Car. F. *cataoli.* Cette hotte, en usage dans toute la Guyane, est généralement suspendue par une seule bretelle appuyant contre le front du porteur. Les Indiens Emerillons de l'Inini, affluent du Maroni, se servent de deux bretelles qu'ils passent autour des épaules.

I

Ici, *talé.* Cum., *ta, taré.*

Igname, *appi.* Tupinamba, *aypi.* Gal. *napi,* patate.

Iguane, *olori.*

Ile, *amonta, paon.* Ex.: *paon-po tinicsé,* dormir dans l'île ; *amontapsic,* petite île. Apalaï, *amonta.* Carijona, *amontari.*

Indien, *calina.* Apalaï, Galibi, *calina.* Car. *callinago.*

J

aguar, *caïcoui.* Apalaï, Galibi, *caïcouchi.*

Jarretière, *ouaipou.* Les indiens Roucouyennes portent en haut du mollet une large jarretière en coton ornementée de franges.

Joli, *pétoucourou, touaké, kouranou.* Ex.: *oli pétoucourou appoï,* une femme très-jolie.

L

Lait, *sousou ; pitani sousoupoc,* allaiter un enfant.

Langue (dans le sens de langage), *omili.* Ex. : *amolé omili soucouti oua,* je ne comprends pas ta langue.

— 12 —

Laver, *soucoumouti*. Ex.: *chicara soucoumouti*, laver la cuiller.

Liane, *mamiri*. Ex.: *mamiri enepta*, apporter une liane.

Loin, *crepsac*.

Longtemps, *oupac*. Ex.: *oupac epsic*, plus longtemps ; *oupac penaré*, très-longtemps ; *oupac natati*, mort depuis longtemps ; *oupac nissa eou*, je pars pour longtemps.

Lourd, *itengmé*,

Loutre, *aouaoua*. Apalaï, *aouaoua*.

Lui, *inelé ; inelé-malé*, lui-même.

Lune, *nounou*. Apalaï, *nounó*. Carijona, *nounoua*. Gal. *nouna*. Car. H. *nonum*. Cum. *nouno*.

M

acaque, *mécou*.

Maigre, *acampo*.

Main, *yamourou*. Voir le mot Doigt.

Maïs, *enaï*.

Maison, *pacolo*. Les Roucouyennes appellent *itoutapacolo* (forêt-maison) une hutte ronde dans laquelle ils vont s'enfermer durant la nuit pour se mettre à l'abri des moustiques. Les huttes de ce genre sont établies à six ou sept cents mètres des villages.

Mal (j'ai), *yetoumhac*. Gal. *eyetombe* malade, maladie.

Maladroit, *takihé*. Ex.: *takihé pariapoc*, maladroit à flécher.

Mamelles, *tété*.

Manger, *soné*. Ex.: *soné icé*, je veux manger, j'ai faim. Gal. *sonoui*, j'ai mangé. Cum., *hu-ena-ze*, je mange.

Manioc, *ourou*. Voir le mot Cassave.

Maraye (Pénélope), *acaoua*.

Marécage, *couissa*. Ex.: *pepita couissa talé*, (il y a) ici un grand marécage. Voir le mot Argile.

Marmite (en terre), *ossa*.

Martin-Pêcheur, *atoura*. Oyampi, Apalaï, Carijona, *atoura*.

Massue, *apoutou*. Gal. *boutou* ; Car. *i-boutou-lou*, ma massue.

Matin (grand matin), *cocopsic*. Ex.: *cocopsic nissa*, partir de bonne heure. Voir le mot Aurore.

Méchant, *iroupa oua, yaouameu.* Gal. *iroupa oua, yaouamé.*

Médecin, *piaye.* Oyampi, Apalaï, Emerillon, Trio, Carijona, Galibi, *piaye*; Chayma, *piache.*

Même, *malala.*

Mentir, *icari.* Gal. *ikali.*

Mère, *mama.*

Midi, *camanpora, camanpola.*

Miel, *ouané.* Gal. *ouanan.* Cum. *houane.*

Miritis, *couaï.* Les Roucouyennes appellent *Couaï-orousouï* de gros vers blancs qui se développent dans le stype de ce palmier et dont ils sont très-friands.

Miroir, *aroua.* Tupinamba, *aroua.*

Moi, *eou, you, ou.* Carijona, *aoui.* Gal. *aou.* Car. *ao.*

Mois, *nounou.* Gal. *nouna.* Car. *nonum.* Voir le mot Lune.

Mombin, *monpé.* Gal. *mombin.* Car. *momben*, prune. C'est un fruit jaune de la grosseur d'une mirabelle.

Montagne, *ippouï.* Apalaï, *ippouï*; Gal. *ouiboui*; Car. *ouébo*; Cum. *houipe, ypoue.*

Mort, *natati*; *apsic natati*, un peu, presque mort, mourant. Apalaï, *natati.* Car. *noutatea-li, nitatea-li*, il est mort, il a pris fin. Cum., *hu-az-atica-ze*, je tire à ma fin, j'expire.

Mouche a miel, *ouapott-ouané*, (feu-miel), *alama.* Ce sont les noms des deux espèces principales.

N

Natte (servant à divers usages et particulièrement à recouvrir les canots), *pamacari.*

Nez, *yemna.* Gal. *enetali*; Cum., *euna*; Chayma, *ona.*

Noir, *talilimé, talelimeu.*

Nom, *ehed.* Ex.: *nepo amolé ehed*, quel est ton nom? — Rép. *ehetimna amolé-ken*, je n'ai pas de nom et toi? ou bien: *ehed oua you*, je n'ai pas de nom. *Eté ehed hélé*, quel est le nom de cela? Un Roucouyenne ne donne jamais son nom qu'après que le voyageur a donné le sien. Les Roucouyennes ont deux noms, par exemple: *Parachichi, Amoki.* Quand on parle devant la personne, on lui donne le premier nom, ex.: *Parachichi nompui*, Parachichi viens ! Quand la personne est absente, on lui donne le second nom, ex.: *Amoki oua talé,* Amoki n'est pas ici. L'individu dont il s'agit devait le nom de *Parachichi* à ce qu'il était allé voir les Français établis sur les bords de l'Oyapock.

Non, *oua.* Gal. et Car. *oua.*

Nourrisson, *mourou-mourou.* Voir le mot enfant.

Nuit, *coco.* Gal. *cooco.* Cum. *cocone.*

O

Odoriférant, *tipongné.*

Œil, *yeourou.* Apalaï, *yanourou.* Trio, *émourou.* Gal. *yénourou, enourou;* Car. H. *énoulou;* Cum. *enour.*

Œuf, *imon.* Carijona, *imo.* Gal. *imon, imonbo;* Cum. *emboy.* Les Roucouyennes prétendent que l'usage des œufs provoque la stérilité, aussi les vieillards sont-ils les seuls qui usent de cet aliment.

Oncle, *conico.*

Oreille, *panari.* Ex.: *amolé panari sétaï oua,* tes oreilles n'entendent donc pas? Gal. *pana.* Cum. *panar.*

Os, *yétipé.* Gal. *yépo.* Car. H. *époué.* Cum. *yep.*

Où, *népo.* Ex.: *népo nissa,* où vas-tu? *népo nompoui,* d'où viens-tu? *népo amolé papa,* où est ton père?

Ouarê, *taïrou.* Collier formé de petits éclats d'une graine taillés en cylindres et usés à la main avec des morceaux de poterie broyée.

Oui, *na* (c'est un oui un peu évasif), *yo.* Gal. *ya.*

P

Pac (Coelogenis paca), *coulimao.*

Pagami (oiseau de proie), *pagani.* Gal. *paganaï,* faucon.

Pagayer, Pagaie, *cocouita.* Apalaï, *apocouita.* Gal. *aboucouita.*

Palette (servant à remuer la bouillie ou le cachiri), *anicato.*

Panache (de plumes), *courimao*.

Panier, *pagara, courcourou*. Gal. *pagara*. Le pagara est formé de deux parties qui s'emboitent l'une dans l'autre.

Papillon, *panama*. Apalaï, *panama*.

Parce que, *machiriké, chiriké*. Ex.: *tachiké amolé nissa*, pourquoi pars-tu ? — *machiriké soné oua*, parce que je n'ai pas mangé. *Etati machiriké chiri oua*, parce que tu ne donnes pas de hamacs.

Paresseux, *akipsac*.

Parler, *omilipoc*. Ex.: *iroupa omilipoc*, bien parler ; *éou malé omilipoc oua*, tu ne parles pas avec moi.

Partons ! *aï, toutey*.

Patron de canot, *ouatiki*.

Peau, *pitpot*. Gal. *opipo, ibippo* ; Car. *tibipoue*.

Pécari (aux lèvres blanches, Dicotyles labiatus), *pénéké*.

Pécari (à collier, Dicotyles torquatus), *pakira*.

Perdrix (Tinamus brasiliensis), *sosorro* ; Carijona *sosoro*.

Père, *papa*. Gal. *baba*.

Perroquet, *pakiki, gotiétié, paraoua, coulé-coulé*.

Petit, un peu, *apsic*. Ex.: *apsic okiri*, petit homme ; *apsic ourou* ou mieux *ouroupsic enepta*, apporte un peu de cassave. Cum., *empuizke*, peu ; *empuizkuptik*, très-peu.

Peur (avoir), *alamphac*. Ex.: *alamphac appoï*, avoir très-peur.

Pied, *e-poupourou*. Apalaï, *ipoupourou*. Gal. *i-poupou, boubourou* ; Car. H. *oupou*.

Pierre, *tepou*. Gal. *taupou, tobou* ; Car. *tébou* ; Cum. *topo*. Voir le mot Roche.

Piment, *achi*. Apalaï, *aïchi*.

Pion (petite mouche qui suce le sang), *mopi*.

Piste, *poupourou*. Ex.: *maïpouri poupourou séné oua*, ne vois-tu pas une piste de Tapir ? *yanemeu poupourou séné*, je vois une piste fraîche. Cum. *yptadpouepouekere*, je suis la piste. Voir le mot Pied.

Pitte, *coulaouati*. Gal. et Car. *coulaoua*.

Pleurer, *natamoï*. Gal. *natamoué* ; Car. *naiamoin-ha-li*, il pleure ; Cum., *hu-az-amoda-ze*, je pleure ; Chayma, *gua-moy-az*, je pleure.

Plomb, *piroto* ; Gal. *piroto, piroté*.

Pluie, *copo*. Voir le mot Hivernage.

Pomme, *counouï*.

Plume, *éréré*. Ex.: *oouoc éré*, plume de hoco.

Pomme d'Acajou, *oroï.*

Porter, *saré.* Ex.: *yépé écou malé mompalélé saré,* camarade porte le bagage avec moi ; *eou nissa calaïouas pati mompalélé saré,* je vais porter des bagages au village des Brésiliens. Gal. *aou siri,* j'ai porté.

Pou, (Pediculus capitis), *iyan.* Car. *iem, eignèm.*

Poudre, *couroupara.* Gal. *couroupara.*

Poule, *courachi.* Apalaï, *couratiri.* Toutes les poules que nous avons vues chez les Roucouyennes sont entièrement blanches. Leurs plumes servent à faire des bandeaux *(olocou)* avec lesquels on orne les chapeaux des jours de fête.

Pourquoi, *tachioriqué, tachiké, étiken.* Ex: *tachiké nompoui oua,* pourquoi ne viens-tu pas? *tachioriqué chiri oua,* pourquoi ne donnes-tu pas?

Prendre, *chapoui.* Oyampi, *chapoui.* Gal. *sapoui.* Cum. *hu-apoue-za-che.* Chayma, *ch-apoue-cha-z,* j'ai pris. Voir le mot Acheter.

Puer, *ticoré.* Gal. *ticoré, tigueré.*

Q

Quel, Lequel, *enic, étihé.* Ex. : *etahi chapoui icé,* je veux acheter un hamac: *etihé,* lequel? *enic ouïouï ice,* quelle hache veux-tu? Gal. *anac,* quel? *nec, noké, anoké,* qui? *été,* que? Cum. *anek, eneke,* qui? *eti* quoi?

Quoi, *nèpo.*

R

Raie (poisson), *sipari.* Apalaï, *sipari.* Gal. *sibari,* Car. *chibali.*

Rape, *aroua.* Cet instrument qui sert à grager le manioc, consiste en une planche dans laquelle on a enchassé des éclats de roche. Carijona, *tarouati.*

Rasoir, *bacapina.* Cum. *gu-apca-ze.* je rase.

Récent, Frais, *yanemeu.* Ex,: *yanemeu maïna,* abattis récent, *yanemeu ourou,* cassave fraîche,

Refuser, *icé-pa* (ne pas vouloir). Gal. *icé-pa.*

Repu (être), *tolouhé*.

Résine, *mani*, sorte de poix ; *balata*, sorte de goudron, de colle-forte. Gal. *mani*. Car. *balamani*.

Retourner (s'en), *tinamoï*.

Rien, *caoula*.

Rivière, *touna*. Voir le mot Eau.

Robe, *couéiou*. La robe est remplacée par un carré d'etoffe fixé à un cordon noué autour de la taille. Gal. *couyou*, tablier indien.

Roche, *tepou* ; *tepou-psic*, petite roche. Ex. : *touna tepou colé*, il y a beaucoup de roches dans la rivière. Voir le mot Pierre.

Roseau, *piréou*. Voir le mot Flèche.

Roucou (Bixa orellana), *onoto*. Gal. *annoto*.

Roucouyenne, *ouayana*. Les Indiens du Haut-Maroni, du Yary et du Parou que l'on connaît dans la Guyane sous le nom de Roucouyennes, se qualifient entre eux de *Ouayanas*.

Thevet rapporte qu'ayant eu l'occasion d'interroger un prisonnier qu'avaient fait les indiens *Tapouyas*, celui-ci lui parla de la province *Ouayana* comme d'un pays très-riche et lui dit que pour s'y rendre, il fallait remonter la rivière de Kourou.

Rouge, *tapiré*. Gal. *tapiré*.

S

Sable (banc de), *samboutou*.

Sabre, *sapa*.

Sang, *mounou* ; *mounou colé*, beaucoup de sang, hémorrhagie. Gal. *moinou, moinourou, timonouré* ; Car. H. *timoinalou*.

Sanglier, (sorte de), *piénékeu*. Gal. *poinga, poinco, panigo*.

Sarigue, *boulou*.

Saut, *isori* ; *isori-psic*, petit saut.

Sel, Mer, *parana*. Ex. : *apsic parana icé*, je veux un peu de sel ; *parana aouempo appoï*, le sel est tout à fait fini.

Semblable, Ressembler, *amolé kati, panakiri malé*.

Sentier, *oma*. Ex. : *oma ita, nissa*, suivons le sentier.

Gal. *oma*, chemin; Car. *éma;* Cum. *ezema;* Chayma, *azama.*

Serpent, *matapi.*

Serpent a sonnettes, *acoï.* Gal. *acoiou, occoïou,* serpent, couleuvre; Cum. *ocoyou;* Chayma, *equey, agui.*

Serrer, *courouapoc.* Gal. *couroua,* corde.

Seul, *aouini, pékénéatpeu.* Ex.: *courachiri icé,* je veux des poules — *trané,* combien? *colé,* beaucoup — *pékénéatpeu,* une seule. *Aouini Calina icé,* je veux un seul indien. Seul, Seulement, *léken; éou-léken,* moi seul; *amole-léken,* toi seul. Ex.: *talé léken nissa éou,* je vais seulement ici. Gal. *logon, oouin logon;* Car. *likia ligue-ti,* il est seul.

Sœur, *tachi.*

Soleil, *chichi.* Apalaï, *chichi.* Ex.: *chichi ouayameu,* le soleil est dangereux. Car. F. *cachi;* Cum. *chich.*

Sujet, Guerrier, *peïto.* Ex.: *colépsi eou peïto,* mes sujets sont assez nombreux — dit un Tamouchi.

T

Tabac, *tamoui.* Ex.: *tamoui enepta,* apporte du tabac; *tamoualiri,* papier à cigarette fait d'écorce. Apalaï, *tamoui;* Gal. *tamoui;* Car. *i-taman-le;* Cum. *tamo, tam.*

Tamanoir, *alichimé.* Apalaï, *alichimo.*

Tamis, *manari.* Gal. *manaret;* Car. *manalé.*

Tapioca, *chicaca.*

Tapir, *maïpouri, tapiira; nana maïpouri,* une espèce d'ananas remarquable par sa grosseur. Les femmes Roucouyennes donnent le nom de *maïpouri* aux nègres qui s'aventurent à les courtiser.

Tatou, *capachi.*

Terre, *nono.* Gal. *nono,* Car. *nonum,* Cum. *nono, nonor.*

Terrier, *catori; capachi catori,* terrier de tatou.

Tête, *itépourou.*

Tigre, *caïcoui.* Gal. *caïcouchi.* Car. *cahicouchi.*

Tique, *apanamké.*

Toi, *amolé, amoré.* Gal. *amoré, moré, amoro, moro.* Car. H. *amanle;* Cum. et Chayma, *amouere.*

Tomber, *namaï.* Ex.: *you maria namaï,* mon couteau est tombé. Gal. *nomayé.*

Toucan (Ramphastus toco), *couyapock*.

Toujours, *tousoulé*.

Tortue, *couroutpé*. Carijona *couroutpé*

Tous, *papourou*. Ex.: *papourou peïto chapoui*, je prends tous les sujets. Gal. *paporo, paporé*.

Travailler, *tamaminé*. Ex.: *eou maïna tamaminé*, je travaille à mon abattis. Car. *ategmain-ba*, travaille!

Trois, *héléouaou*. Car. *éléoua*.

Trou, *catori*. Ex.: *ouéoué catori*, trou dans un arbre; *nono catori*, trou dans la terre.

Tuer, *soueï*. Ex.: *amou calina soueï*, il a tué un autre indien. Gal. *cioui, chioé*.

Tout a l'heure, *chimalélé*. Ex.: *chimalélé nissa*, je pars tout à l'heure; *chimalélé chicapoui*, je vais le faire.

U

Un *aouini*. Gal. *oouin*. Les Roucouyennes ne dénombrent pas au-delà de trois. Pour exprimer le nombre dix ils montrent les deux mains, pour le nombre vingt les deux mains et les deux pieds. Au-delà ils disent *colé-colé*, beaucoup, beaucoup.

Uriner, *soucoupoc*. Carijona, *toucou*. Gal. *sicou, chicou*. Car. *i-chicou-lou*, mon urine.

Urubu (Cathartes urubu), *atoura*.

V

Vautour (Harpia ferox), *pia*.

Venir, *nompouï, apoiké*. Gal. *noboui*, il est venu; *oboui*, je suis venu. Car. *nemboui*. Cum. *hu-epia-ʒe*, je suis venu.

Vent, *taouon*.

Ventre, *parica* (Espagnol *barriga*). Ex.: *parica toumhac*, j'ai mal au ventre.

Viande (gibier, poisson), *ioti*, Carijona, *ioti*. Car. *ioutti*. Gal. *oto-li*,

Vieillard, *tamo*; *éou tamo*, mon grand-père. Car. *i-tamou-lou*, mon grand-père; Cum. *tamor*, aïeul.

Vieux, *oupac*. Voir le mot Longtemps.

Village, *pati, pata*. Cum. *pata, patar*, maison,

Vite, *takané*, Ex.: *takané nissa*, allons vite! Gal. *ticané*. Car. *tikenné*. Cum. *tecakené*. Voir le mot courir.

Vert, *ouapouman*.

Voir, *séné*. Gal. *séné*. Car, H. *chénaim*. Cum. *hu-ena-ʒe*, je vois.

Voleur, *mounamé*. Ex.: *enic mounamé calina*, quel indien est le voleur. Gal. *monamé*.

Vouloir, *icé*. Apalaï, *àcé*. Gal. *icé*.

GRAMMAIRE

DE LA

LANGUE ROUCOUYENNE

Par M. Lucien ADAM

La Grammaire composée par La Sauvage (1) s'applique-t-elle à la langue que les Galibis parlent entre eux, ou bien n'est-elle que le manuel d'un baragouin de traite qui serait au galibi proprement dit ce que le patois créole est au français ?

Le P. Pelleprat rapporte, dans sa *Relation des Iles d'Amérique*, que les missionnaires n'entreprennaient l'instruction des esclaves nègres qu'après que ceux-ci avaient appris le français. « Nous nous accommodons » dit-il « à leur façon de parler qui est ordinairement par l'infinitif du verbe comme par exemple : *moi prier Dieu, moi aller l'église, moi pas manger*, pour dire : *j'ai prié Dieu, je suis allé à l'église, je n'ai pas mangé*. Et y ajoutant un mot qui marque le temps à venir ou le passé, ils disent : *demain moi manger, hier moi prier Dieu*, et cela signifie : je mangerai demain, hier je priai Dieu, et ainsi du reste. On leur fait comprendre par cette manière de parler tout ce qu'on leur enseigne. »

Ce français des nègres d'Amérique ne diffère pas sensiblement du français des Anglais qui s'aventurent à parler notre langue aussitôt qu'ils en ont appris quelques mots.

---

(1) Essai de grammaire sur la langue des Galibis, par M. D. L. S. Paris, MDCCLXIII.

Que si maintenant nous mettons en présence de l'un de ces Anglais un de nos compatriotes plus ou moins illétré, celui-ci recourra d'instinct à l'emploi de formes grammaticales telles que : *vous aller Paris, gare pas loin, là un buffet, là bon cognac.* etc., etc., et il suppléera par des gestes à l'expression des diverses relations dont l'ensemble constitue la grammaire. C'est qu'il y a dans l'esprit de tout homme, indépendamment de la grammaire de la langue qu'il parle d'habitude, une sorte de grammaire innée qui est foncièrement analytique et qui emprunte le secours de la pantomime.

La première fois qu'un Français, marin, soldat ou colporteur, s'est abouché avec un Galibi, la conversation s'est faite par geste, et tout en mimant ses pensées, chacun des deux interlocuteurs a instinctivement jargonné sa langue au lieu de la parler, je veux dire qu'il a substitué la grammaire que je viens de définir à la grammaire traditionnelle de sa langue. Après quelques rencontres, le colon français s'est trouvé en état de jargonner un peu de galibi, et de son côté le sauvage a pu se donner le plaisir de jargonner tant bien que mal un peu de français. Ainsi me paraissent s'être formés et le galibi de La Sauvage et le jargon franco-créole encore aujourd'hui en usage dans celles des tribus indiennes de la Guyane qui entretiennent des rapports suivis avec les colons

On sait que les Indiens d'Amérique ont toujours étonné les missionnaires par la correction avec laquelle il s'expriment, qu'il ne commettent jamais de solécismes, et que si compliquées que soient pour nous leurs langues, ils les parlent en observant imperturbablement jusqu'aux moindres règles. Cela étant, comment admettre que les mêmes Galibis qui savaient conjuguer régulièrement *(aou ch-icassa-n* je fais, *amoré m-ica-ssa-n* tu fais, *mocé n-ica-ssa-n* il fait, *aou ch-ica-tagué* je ferai, *aou ch-ica-poui* j'ai fait. Bi.) aient pu dire: *aou n-ecabou-ssan* je mords, au lieu de *aou s-ecabou-ssan; ouali cacoussa ch-imugué*, cette femme a attaché une épingle au lieu de *ouali cacoussa n-imugué; été amoré s-oubi*, que cherches-tu? au lieu de *été amoré m-oubi* etc.? N'y a-t-il pas une contradiction choquante entre l'emploi de la forme *s-egali-tagué*, je dirai, et cette phrase de Boyer: *li Indian s-igari-ti aou*, les Indiens m'ont dit?

Quand Biet traduisait *y-amori* par « doigt » au lieu de

« mon doigt », *i-toto* par « ennemi » au lieu de « mon ennemi », etc., etc,, n'est-il pas évident qu'il ne se rendait aucun compte des formes possessives? Aussi bien, l'ignorance de l'auteur du *Voyage de la France équinoxiale en l'Ile de Cayenne*, a été confessée par La Sauvage lui-même. « Biet était parti pour Cayenne le 18 mai 1652, il y arriva le 29 septembre et en repartit le 26 décembre 1653, quinze mois après y être arrivé. Par la lecture de ce voyage ainsi que par le détail des révolutions qui se sont passées pendant son séjour à Cayenne, on peut assurer qu'il n'a pas eu le temps d'étudier la langue des Galibis. On ne courrait point le risque de se tromper en supposant qu'il n'a fait que joindre à sa relation un recueil de mots et d'observations qui lui avait été communiqué. Cette supposition toute naturelle qu'elle est cesse d'en être une par le fait même. Le sieur Bigot, dit l'*Indien*, dont Biet parle plusieurs fois dans son livre, avait été du voyage. Une note écrite de sa main sur un exemplaire de l'ouvrage de Biet qui lui avait appartenu, nous apprend que ce dictionnaire était celui qui lui avait été communiqué à lui-même et qu'il l'avait remis au sieur Biet (1). »

Ce dictionnaire communiqué à Bigot et par lui remis à Biet, était à n'en pas douter l'œuvre de quelque traitant qui satisfait de pouvoir se faire entendre des Indiens avec lesquels il commerçait, ne s'était pas donné la peine d'étudier à fond leur langue.

Ce qui le prouve bien, c'est que les parties du travail de La Sauvage qui sont extraites de l'*Introduction à la langue des Galibis*, par le P. Pelleprat, se distinguent de celles où il suit Biet et Boyer, par l'emploi de procédés polysynthétiques analogues à ceux du Chayma et du Cumanagote. Or le P. Pelleprat avait eu pour maître le P. Denis Méland, qui après avoir vécu durant près d'une année au milieu des Galibis venus du continent dans l'île de La Grenade, avait été introduit par ceux-ci dans la province d'Ouarabiche, sur la terre ferme, où il s'était appliqué à l'étude de la langue avec une ardeur singulière « Il fallait » dit le P. Pelleprat, « apprivoiser les Galibis par des présents pour gagner leur affection et pour leur débiter plus

---

(1) *Dictionnaire Galibi*, par M. D. L. S., préface, p. VIIII.

utilement les marchandises du ciel, je veux dire la connaissance des mystères de notre foi. Il s'appliqua pour cet effet, avec grand soin à apprendre leur langue, ce que fit aussi de son côté un jeune garçon français qu'il avait mené avec lui. Leur principale occupation pendant plusieurs mois fut l'étude de cette langue, laquelle le Père tâchait de réduire en préceptes par des réflexions continuelles qu'il faisait, et le jeune garçon se contentait de remarquer la façon plus ordinaire de parler des sauvages pour s'en servir aux occasions. Ils conféraient souvent ensemble de ce qu'ils avaient appris dans leurs conversations. La contention d'esprit que le Père Méland apportait à l'étude de cette langue (à laquelle il employait dix heures chaque jour), la mauvaise nourriture qu'il prenait avec les Sauvages, etc. » (1).

Demeuré seul à Ouarabiche, le P. Pelleprat étudia le Galibi avec autant de zèle que son prédécesseur. « Dieu » dit-il, « me présenta une occasion favorable pour apprendre leur langue m'envoyant une enflure prodigieuse aux jambes et aux pieds qui m'arrêtait au village où j'étais logé et m'empêchait d'aller aux nations confédérées et voisines, de sorte que j'employais tous les jours plusieurs heures à cette étude..... Comme la nuit je demeurais seul avec le jeune Français qui me tenait compagnie, parce que les Sauvages se retiraient dans les bois et dans leurs cases de repos, j'en passais une bonne partie à disposer mes remarques et à faire un dictionnaire pour mon usage et pour celui des Pères qui seraient employés à leur conversion. Les mémoires du P. Méland me servirent beaucoup à ce dessein » (2).

On voit que les documents fournis à La Sauvage par la relation du P. Pelleprat méritent autrement de confiance que ceux auxquels Biet et Boyer ont attaché leurs noms. J'ose dire que les premiers nous initient à la langue des Galibis, au lieu que les seconds nous font simplement connaître leur jargon de traite.

Les quelques phrases roucouyennes qu'a recueillies le Dr Crevaux, trahissent de la part de ses interlocuteurs indiens l'emploi de la grammaire instinctive. Elles nous

---

(1) *Relation de la Terre ferme de l'Amérique* par le P. Pelleprat. Paris MDCLV, p. 3 et 4.
(2) Ibidem, pages 37 et 38.

permettent néanmoins de pénétrer jusqu'à une certaine profondeur dans la langue. En effet, alors même qu'il jargonne, le Roucouyenne ne peut s'abstraire complètement du milieu grammatical qui lui est propre. Non-seulement il disposera presque toujours les mots de la phrase dans l'ordre syntaxique renversé, c'est-à-dire qu'il fera suivre le mot déterminé du mot déterminant, par exemple le régime du verbe, le nom de ce que nous appelons la préposition, etc., mais encore il lui échappera de temps à autre quelque forme polysynthétique comme *y-apotoli* pour *apotoli*, chef ; *y-eorou* pour *eorou*, œil ; *icé-pa* ne pas vouloir pour *icé oua*.

Quoiqu'il en soit, les textes qui ont servi à composer la présente notice grammaticale, suffisent pour qu'on ne puisse pas mettre en doute le caractère essentiellement galibi de la grammaire roucouyenne. A l'affinité lexiologique se joint l'affinité grammaticale, ce qui permet d'affirmer avec une entière certitude, que l'idiome que nous a fait connaître M. le Dr Crevaux, appartient à la famille Galibi.

DES PRONOMS PERSONNELS.

I. — Les pronoms de la première et de la seconde personnes du singulier sont identiques aux pronoms correspondants du Galibi, du Cumanagote, du Chayma et du parler Caraïbe viril.

	I.	II.
Roucouyennne	*éou, you, ou,*	*amo-lé, amo-ré.*
Galibi	*aou,*	*amo-lo, amo-ré.*
Cumanagote	*ou-ré,*	*amoue-ré.*
Chayma	*ou-ché,*	*amouc-ré.*
Caraïbe, H.	*ao,*	*amanle.*

II. — Le Galibi, le Cumanagote et le Chayma possèdent un même pronom démonstratif faisant fonction de pronom de la 3e personne.

Galibi	*mocé, moncé, moco, moc,* ce, cette, il, elle.
Cumanagote	*moueche,* ce, cette ; *mouek, mouek-ré-ré,* il, elle.
Chayma	*mouek, mouek-e-ré,* ce, cette, il, elle.

Le Roucouyenne a rejeté ce pronom à deux fins et l'a remplacé par *iné-lé* dans lequel on retrouve le pronom démonstratif galibi *ini*.

III. — Les renseignements fournis par le vocabulaire de M. le Dr Crevaux ne permettent pas d'affirmer que le Roucouyenne manque absolument de formes pronominales servant à indiquer la pluralité des personnes. Il y a là une lacune d'autant plus regrettable qu'à la question des pronoms personnels du nombre pluriel se rattache celle de la distinction entre le pluriel inclusif et le pluriel exclusif.

Tandis que le Chayma possède jusqu'à trois pronoms de la première personne du pluriel (*amna* nosotros excluyendo otros, *cuche* nosotros dos, *cuchecom* nosotros todos) le Cumanagote emploie exclusivement le pronom *amna* en lui donnant la significacion générale de « nous ». Quant au Galibi, où cependant Biet a signalé la présence d'un pronom *ana* par lequel « on exprime quelquefois nous », il dit grossièrement *ao*, moi; *ao papo*, moi tous, nous. Le Cumanagote et le Chayma expriment la pluralité de la seconde et de la troisième personnes en suffixant aux pronoms du nombre singulier légèrement modifiés, les indices de la pluralité nominale : — *com*, — *amo*.

	II.	III.
Cuman sing.	*amoue-ré*,	*mouek*.
plur.	*amiar-com*, *amiar-mor-com*	*mouki-amo*.
Chayma sing.	*amoue-ré*,	*mouek*.
plur.	*amia-mor-com*,	*mouki-amo*.

Le Galibi qui ne possède point d'indices de la pluralité nominale, se sert pour les pronoms comme pour les noms de l'adjectif *papo* « tous » ou de l'adverbe *tapouimé* « beaucoup » : *aou papo*, nous ; *amoré papo*, vous ; *mocé papo*, ils, elles.

Enfin le Caraïbe a emprunté les pronoms pluriels de l'Arrouague tout en conservant pour le singulier les pronoms communs au Galibi, au Cumanagote, au Chayma et au Roucouyenne.

On ne peut, ainsi que je l'ai dit plus haut, affirmer que le Roucouyenne soit au point de vue de l'expression de la pluralité pronominale dans le même état d'infériorité que le Galibi, néanmoins par cela seul que M. le Dr Crevaux n'a consigné dans son vocabulaire aucune forme propre au nombre pluriel, on est amené à considérer cette parité comme très-vraisemblable.

DES PRONOMS POSSESSIFS.

IV. — Dans le dialecte cumanagote, la possession s'exprime ou analytiquement en préposant aux noms les pronoms personnels ou polysynthétiquement au moyen de préfixes pronominaux. Exemples : *ouré dapouer* ou *y-apouer*, mon bras, *amoueré dapouer* ou *a-dapouer*, ton bras, *moueke dapouer* ou *ch-apouer*, son bras.

Il en est de même dans le Galibi du P. Pelleprat. Exemples : *ao mourou* ou *e-mourou*, mon fils, *amoré mourou* ou *a-mourou*, ton fils, *mocé mourou* ou *o-mourou*, son fils.

En Roucouyenne, la possession s'exprime analytiquement. Ex. : *amolé étati*, ton hamac, *éou pàpa*, mon père, *inélé pati*, son village. Il y a néanmoins dans ce dialecte, comme dans le Galibi de Boyer et de Biet, des traces manifestes de l'emploi pour certains noms de préfixes pronominaux. Ex. : *y-apoto-li*, chef; Caraïbe, *i-ouboutou-li-cou*, mon chef. *Y-eorou*, œil; Galibi, *enourou*, *y-enourou*. *Y-éré*, dent; Caraïbe, *i-eri*, ma dent. *E-poupourou*, pied, *poupourou*, piste; Galibi, *boukou-iou*, *i-poupou*.

DES PRONOMS DÉMONSTRATIFS.

V. — M. le Dr Crevaux a noté deux pronoms démonstratifs : *hélé* cela, *séré* celui-ci. Ex. : *été ehed hélé*, quel (est le) nom (de) cela? *séré icé you*, celui-ci je veux.

DES PRONOMS INTERROGATIFS.

VI. — Les pronoms interrogatifs sont à peu près identiques à ceux du Cumanagote et du Galibi.

Cum. *anek, enek*, pour les personnes; *eti, et*, pour les choses.

Galibi, *anoké*, *noké*, *nec* qui? que? quoi? *anac* quel? *été*, Roucouyenne, *énic maria*, quel couteau? *enic calina*, quel indien? *été ehed*, quel nom? *etihé*, lequel?

VII. — M. le D{r} Crevaux a recueilli un troisième pronom interrogatif qui n'a point d'analogue dans les autres dialectes. Ex.: *nepo amolé ehed;* quel (est) ton nom?

DU VERBE.

VIII. — Le roucouyenne conjugue analytiquement comme le galibi de Boyer et de Biet, mais il a gardé comme celui-ci des traces d'une conjugaison synthétique analogue à celle du cumanagote et du chayma.

IX. — *Conjugaison analytique*, Ex.: *icé ou*, je veux; *nissa éou*, *éou nissa*, je vais; *amolé chicapoui*, tu fais; *inelé chicapoui*, il fait.

Il convient de noter l'omission fréquente des pronoms personnels, Ex.: *polili séné*, je vois une crique; *soné içé*, je veux manger; *cocopsic nissa*, nous partirons demain matin; *sétaï oua*, tu n'entends pas? *soucouti oua*, je ne comprends pas, etc.

X. — *Traces de la conjugaison synthetique*. Dans les verbes *chicapoui* faire, *sétaï* entendre, *sékétéï* couper, *nissa* aller, *séné* voir, *nompoui* venir, *soné* manger, *chapoui* prendre, les consonnes d'attaque *ch*, *s n*, ne sont autre chose que des préfixes pronominaux, ainsi qu'il appert de la comparaison de ces formes avec les suivantes: Gal, *s-ica-ssa*, *ch-ica-ssan* faire. Cum. *hu-eta-ʒe* j'entends, *hu-aketa-ʒe* je coupe. Gal. *m-issan* tu vas, *n-issan* il va. Cum. *hu-ena-ʒe* je vois. Gal. *oboui* je suis venu, *n-oboui* il est venu. Cum. *hu-ena-ʒe* je mange, *hu-apoue-ʒa-che* je prends.

XI. — *Des temps*. Dans le galibi du P. Pelleprat, le passé se forme par la suffixation au thème verbal de *-boui*, *-oui*, *-ï*, *-ti*. Ex.: *s-ica-ssa* je fais, *s-ica-boui* j'ai fait; *n-o-boui* il est venu; *s-on-ouï* j'ai mangé; *s-ecali-ssa* j'apprends, *s-ecali-ti* j'ai appris.

Ces mêmes suffixes apparaissent en roucouyenne dans les formes *ch-ica-poui*, *s-eta-ï*, *s-oucou-ti*, *ch-apou-ï*.

XII. — Il semblerait que le roucouyenne ait perdu, comme le galibi de Boyer et de Biet, le sentiment de la distinction des temps. Ex.: *chapouï icé* je veux acheter; *nissa cocopsic* nous partirons le matin ; *éou papa nissa* mon père est allé ; *nissa éou* je vais ; *ourou chicapoui* fais de la cassave ; *amolé chicapoui* tu fais ; *machiriké soné oua* parce que je n'ai pas mangé ; *soné icé* je veux manger.

XIII. — *Du verbe négatif.* Le Roucouyenne forme le verbe négatif ou analytiquement en postposant au verbe positif l'adverbe *oua*, ou synthétiquement en lui suffixant la particule *-pa*. Ex. : *sétaï oua* je n'entends pas ; *chiri oua* je ne donne pas ; *soné oua* je n'ai pas mangé ; *icé* vouloir, *icé-pa* refuser, ne vouloir pas.

Le même adverbe *oua* se postpose aux noms et aux adjectifs. Ex. : *ehed oua you* nom pas moi, je n'ai pas de nom ; *amamhac oua* je ne suis pas malade ; *mompalélé oua* je n'ai pas de bagages ; *iroupa* bon, *iroupa oua* méchant.

Le Galibi emploie l'un et l'autre procédé. M. le Dr Crevaux a noté une forme négative que je n'ai trouvée dans aucun des autres dialectes : *ehetihnna* je n'ai pas de nom (*ehed* nom.).

XIV. — *Verbes dénominatifs.* — Le Roucouyenne forme un certain nombre de verbes en suffixant à des noms la particule *-poc*.

Ex. : *sousou*, lait, *sousou-poc*, allaiter ; *soucou*, urine, *soucou-poc*, uriner ; *omili*, langue, *omili-poc*, parler ; *toto*, ennemi, *toto-poc*, guerroyer ; *touroua*, marmite, *touroua-poc*, faire bouillir, bouillir ; *couroua*, corde, *couroua-poc*, amarrer, serrer ; *aracabousa*, fusil, *aracabousa-poc*, tirer un coup de fusil ; *paria*, arc, *paria-poc*, flécher.

J'incline à voir dans le suffixe *-poc* une dégénérescence du verbe galibi *bogué*, faire. On trouve en effet dans ce dialecte les verbes dénominatifs : *ouatobogué*, faire du feu, *ouato*, (feu) ; *otobogué*, pêcher, (*oto*, poisson) ; *sicombogué*, uriner, (*sicou*, urine) ; *mansinemebogué*, travailler ; *étébogué*, que fais-tu ? (*été*, quoi) ?

DU NOM.

XV. — Il n'y a en roucouyenne, non plus que dans le galibi, ni genre, ni nombre, ni déclinaison casuelle.

Les diverses relations s'y expriment ou par la place que le nom occupe dans la phrase ou au moyen de postpositions. Souvent même la relation n'est point exprimée sinon par un geste ou par l'intonation.

Génitif. — Le nom possesseur se prépose au nom possédé. Ex.: *Oyampi omili*, la langue des Oyampis; *alimi ticaké*, la graisse de Couata; *maïpouri poupourou*, une piste de tapir.

Accusatif. — Le nom régi se prépose au verbe. Ex.: *maïna aket*, faire un abattis; *touna enepta*, apporter de l'eau; *ouéoué sékétéï*, couper du bois; *amolé étati chapoui icé ou*, de toi hamac acheter vouloir moi, je veux acheter ton hamac.

Datif. — Cette relation s'exprime comme la précédente. Ex.: *amolé ouioui éou amol'ita chiri*, de toi la hache moi toi aller donner, vas-tu me donner ta hache.

Locatif. — Cette relation s'exprime assez souvent en suffixant au nom la particule *-po*. Ex.: *yara-po*, sur le boucan, *ourou chapiri maïna-po*, chercher du manioc à l'abattis; *tamouchi moro inélé pati-po*, le Tamouchi est-il dans son village? *paon-po tinicsé*, dormir dans une île.

On dit en galibi: *aou Ceperou-bo nisan*, je vais à Cépérou.

Dans les exemples qui suivent, l'expression grammaticale de la relation est omise: *touna ita*, aller à l'eau; *canaoua ita*, aller en canot; *ourou catouri couroua-poc*, emballe la cassave dans la hotte; *coropo pacolo ita*, demain nous irons à l'habitation; *éou nissa Calaïoua pati mompalélé saré*, je vais porter des marchandises au village des Brésiliens.

Comitatif. — Cette relation s'exprime au moyen des postpositions *akéré*, *malé*. Ex.: *éou akéré*, avec moi; *cololo malé*, avec un banc; *touna malé*, avec de l'eau; *Oyampi totopoc Ouayama malé*, les Oyampis sont en guerre avec les Roucouyennes.

On dit en galibi: *bibi maro*, avec sa mère. Dans ce dialecte, *maro* tient lieu du verbe « avoir ». Ex.: *aou maro iroupa coué*, moi avec bons hameçons, j'ai de bons hameçons; *aou maro meïou*, moi avec cassave, j'ai de la cassave.

On serait tenté, au premier abord d'identifier le roucouyenne *moro*, avec le galibi *maro*, mais si *moro* était une postposition comitative tenant lieu du verbe « avoir », on ne comprendrait pas qu'à cette demande: *tamouchi moro inélé pati-po*, le Tamouchi est-il dans son village? on répondit: *io moro*, oui il y est.

XVI. — *Composition.* — Le roucouyenne forme un certain nombre de noms par composition. Ex.: *ténéné-pata* (montagnes-village), chaîne de montagnes; *ouéoué-yomset* (arbre-cheveux), feuilles ; *ouapott-ouané* (feu-miel), mouche à miel.

Cocopsic, aurore (*coco*, nuit, *apsic*, petit, peu) ; *olipsic*, fille (*oli*, femme) ; *amontapsic*. ilot (*amonta*, île) ; *ouroupsic enepta*, apporte un peu de cassave.

XVII. — Un certain nombre d'adjectifs terminés en *-mac* correspondent à des adjectifs galibis terminés en *-mbé*, *-mbéï*, *-mbo*.

Ama-mhac,	avare.	Gal.	*ame-mbé*.
Yétou-mhac,	malade.	id.	*eyeto-mbé*.
Anou-mhac,	fatigué.	id.	*anoi-mbo*.
Echi-mhac,	chaud.	id.	*assi-mbéï*.

VOCABULAIRE

DE LA

LANGUE APALAÏ

Par M. le Docteur CREVAUX

A

GOUTI, *acouri*. Gal. *acouri*.
AMI, *banaré*. Gal. *banaré*.
ARC, *takou*.

B

ARBE, *etipoti*. Cum., *y-etpot*. Chayma, *ibot*.
BOIS, *ouéoué*. Gal. *huéhué*, arbre.
BONJOUR, *moino*.
BOUCHE, *ountali*. Gal. *empatoli*. Car. *tiboutali*. Cum. *mtar*.

C

ABIAÏ, *capiouara*. Gal. *cabiouara*.
CARBET, *popolotopo*. Gal. *taboui*, *tapoï*.
CAPITAINE, *tamouchi*. Gal. *tamoussi*, vieillard.
CASSAVE, *ouéyou*.
CERTAINEMENT, *aoka*.
CHEVEUX, *yonfetou*.

CIEL, *conomerou*. Gal. *conomerou*, tonnerre.
CISEAUX, *erachi*. Roucouyenne, *erachi*. Car. *chirachi*.
COUTEAU, *lato*.
CRIQUE, *ippolori*.

D, E

ORMIR, *sinikné*.
EAU, *touna*. Gal. *touna*.
ENCENS, *aroua*.
ÉTOILE, *chilicoto*. Gal. *siricco*. Cum. *chirke*.

F

EMME, *napo*.
FEU, *apoto*.
FLÈCHE, *piroou*. Cum. *preou*. Gal. *plia*.
FORÊT, *itou*.

H, I, J

ACHE, *ouioui*. Gal. *ouioui*.
HAMAC, *atouato*. Cum. *etoue*.
HAMEÇON, *oca*.
HOCO, *ooco*.
HOMME, *eroutoua*.
IGUANE, *ouana*.
ILE, *amonta*.
JARRETIÈRE, *maonrou*.

L

ONGTEMPS, *paké*.
LOUTRE, *aouaoua*.
LUNE, *nouno*. Gal. *nouna*.

M, N

AIN, *yemali*. Cum. *cmia*.
MAÏS, *aouachi*. Gal. *aouassi*.
MARTIN-PÊCHEUR, *atoura*.
MONTAGNE, *ippouï*.
NEZ, *yeoumali*.

P

AC, *coulimao*.
PAGAIE, *apocouita*. Gal. *aboucouita*.
PAPILLON, *panama*.
PIED, *ipoupourou*. Gal. *i-poupou*.
PIMENT, *aïchi*.
PLUIE, *conopo*. Gal. *connobo*. Cum. *conopo*.
POTERIE, *toumeri*. Gal. *touma*, pot de terre.
POULE, *couratiri*.

R, S

OCHE, *topou*. Gal. *tobou*.
SABRE, *tapeman*.
SEL, *saoutou*.
SOLEIL, *popoula*, *chichi*. Cum. *chich*.

T

ABAC, *tamoui*. Gal. *tamoui*.
TAMANOIR, *alichimo*.
TAPIR, *machipouri*.
TATOU, *capachi*.
TIGRE, *caïcouchi*. Gal. *caïcouchi*.
TERRE, *poulolo*.
TONNERRE, *tarara*.

U, V, Y

N PEU, *petica*.
VOULOIR, *acé*.
YEUX, *yenourou*. Gal. *yenourou*.

VOCABULAIRE

DE LA

LANGUE CARIJONA

Pa M. le Docteur CREVAUX

A

Adieu, *atéaha*.
Agami, *mami*.
Aller, *ouité*, *maïconé*, *mainé*. Ex.: *osa ouité*, où allez-vous? — Rép., *cakéchi ouité*, je remonte la rivière. *Maïconé canaouaya*, venez dans le canot; *aoui maré maïconé*, venez avec moi; *mainé*, allons, partons.
Alouate (singe hurleur), *arabata*. Gal. *alaouata*.
Amont, *cakéchi*.
Ananas, *bereiva*.
Ara, *cahéta*.
Argile, *erina*.
Aval, *akénaka*.

B

Bananes, *parou*, Gal. *paratanon*, *parantana*.
Boire, *eniké*.
Bois, *ouéoué*. Gal. *huéhué*, arbre.
Bon, *maïta*.
Bonjour, *véhi*.

C

 Cabiaï, *capiouara.*
Canard, *ouayakaka, tchoho.*
Canne a sucre, *sousouma.* Ro :ouyenne, *sousoume doux.*
Canot, *canaouaya.*
Chien, *caïcouchi.* Gal. *caïcouci.*
Ciel, *caho.*
Comment cela s'appelle-t-il, *otisé été moké.* Gal. *moc ce,* cet, cela.
Coton, *mahourou.* Gal. *maourou,* cotonnier.
Cotonnier sauvage, *coumaca.*
Couata, *arimimé.*
Couleuvre (instrument qui sert à exprimer le jus de la farine de manioc), *cani-iou.*
Couteau, *iaoussa.*
Crique, *anourou.*

D, E

 ent, *yéri,* Gal. *yeri.*
Deux, *sekenerc.*
Dix, *eniesetou.*
Dormir, *noniksé.* Gal. *nanegué.*
Eau, *touna,*

F

 aire, *acamaé.*
Farine de manioc, *tarouati.*
Femme, *chiti; aoui chiti,* ma femme.
Feu, *tata* T. *tata.*
Fille, *inchiri.*
Forêt, *itoutatoué, itou.*

G

 rand, *monomé.*
Grenouille, *mohaké.*
Guêpe, *alaman.*

H

ache, *ouioui*.
Hamac, *etaté*.
Hoco, *paouchi*.
Homme, *guiré*.
Hotte, *corocoua*.
Huit, *eniera touhouna sekenere*.

I, J

ci, *talé*.
Igname, *nahaké*.
Ile, *amontari*.
Joli, *courenaï*.

L, M

ac, étang, *courou*.
Lune, *nounoua*.
Maison, hutte, *atá*.
Manioc dont le suc n'est pas toxique, *hara*.
Marmite, *totora, érina*. Gal. *toroua* marmite, pot, chaudière.
Martin-Pêcheur, *atoura*.
Moi, je, mon, ma, *aoui*.

N

on, *oua*.
Nourrisson, enfant, *maourou*.
Nuit, *beï coconénéchi* (soleil couché).

O

eil, *yénourou*.
Œuf, *imo*.
Oie, *kouloukeïma* (grande espèce), *maïagua* (petite espèce).
Oreille, *anari*.

P, Q

arler, chanter, *caïké*.
Patate, *nahi*. Gal. *napi*.
Pécari, *goto*.
Père, *haïré, teïta*. Gal. *heia*.

— 38 —

Perdrix, *sororo*.
Perroquet, *ilinoro, caheta*.
Petit, *itchano*.
Pied, *beti*.
Pierre, Roche, *tepo*.
Piment, *ahi*.
Pilon (pour écraser le maïs), *kinapoui*.
Pion, *mahiri*.
Pluie, *conoho, aouassou*.
Poule, *caheri*.
Quatre, *ilénesté kénéré*.
Qu'est-ce que ? *etékenaï*.

R, S

APE, (à manioc), *tarouati*.
Sept, *eniera touhouna sékénéré*.
Singe hurleur, *garavata*.
Six, *eniera touhouna téni*.
Soleil, *beï*.

T, U

ABAC, *tamouinto*.
Tamis, *ericapoui*.
Tapir, *machihouri*.
Tard (il est), *coconénéchi*. (Voir le mot Nuit.)
Terre, *nono*.
Tête, *outouhé*.
Tigre, *caïcouchi*.
Tortue, *couroutpé*.
Trois, *seraouéré*.
Un, *téni*.
Uriner, *toucou*.

V

ENTRE, *ouacourou*. Ex. : *ouacourou koutou sakenaï*, j'ai mal au ventre.
Viande, gibier, *ioti*.
Vouloir, *ecé*.

QUELQUES MOTS

DE LA

LANGUE DES INDIENS TRIOS

Par M. le Docteur CREVAUX

ALLONS ! *baah baah!*
BAGAGES, OBJETS D'ÉCHANGE, *arépété.*
BEAU, BON, *mounou.*
CAPITAINE, *tamouchi.*
CHIEN, *caïcoui.*
CASSAVE, *ouï.*
COUATA, *alimi.*
CURARE, *ourari.*
COUTEAU, *chipara.* Car. *echoubara,* épée.
EAU, *touna.* Ex. : *touna ioouaï,* j'ai besoin d'eau.
ENFANT, *pitani.*
ENNEMI, *toto.*
FEMME, *oeï.*
FEU, *mato.*
HACHE, *boucoco.*
HAMAC, *oueïtapi.*
HOMME, *kiri.* Gal. *okiri.*
MAMAN, *mango.*
MAISON, HUTTE, *pacolo.*
NUIT, *oueï toukouné,* soleil couché.
ŒIL, *yenourou.*
PAPA, *paco.*
PAPIER A CIGARETTE, *pono.*
PHTHISIE PULMONAIRE (tousser), *tiontion.*

Soleil, *oueï*.
Tabac, *touïca*.
Tapir, *paï, maïpouri*.
Ventre, *ouacou*.
Vouloir, désirer, *téké*.

Une femme trio accuse les Blancs d'avoir introduit une épidémie qui a fait mourir ses enfants : *Panakiri ouani oua, ala pikinini alele,* — Blancs besoin pas, là enfants morts ; *nono poti, echimeu ouaca, cassava mia oua,* — terre trou, vite pars, cassave manger pas.

LANGUE

DES

INDIENS OYAMPIS DE L'OYAPOCK

Pa M. le Docteur CREVAUX

A

GOUTI, *acouri*. M. *acouchi*.
Aï, ou PARESSEUX, *ahu*. M. *ahi*.
AÏMARA, *taléhourou*.
AMI, *banaré, cémou*. M. *sèmou*.
ARA, *arara*. M. *arara*.
ARC, *païra*, M. *païra*.
AVOIR, *oué*.

B

ACOVES, *baco*. M. *bacowe*. Gal. *baccoucou*.
BAMBOU, *couroumouri*. M. *courmouri*.
BEAUCOUP, *taïao*. M. *jathew*.
BICHE, *cariacou*, M. *cariacou*.
BOIS, *yapeao*. M. *ewirapoko, eïboura*.
BON, BEAU, *icatou*. M. *icatou*. T. *catou, ecatou*.
BONJOUR, *yakété*.
BOUCHE, *elemeu*, M. *ecourou, eïcou* bouche; *irémé*, lèvres.

C

ABIAÏ, *capioura.* M. *capivoira.*
CALEBASSE, *couï.*
CAÏMAN, *yakaré.* M. *yakaré.* T. *yakaré.* Gal. *acccalé, akaré,*
CAPITAINE, *tamouchi.* M. *tamouchi, tamoui,* vieillard.
CARBET, *oca.* M. *oka,* maison. T. *óca.*
CANOT (grand), *ouraou.*
CASSAVE, *meïou.* Gal. *meïou.* M. *meyou.*
CEINTURE, *ecouam.*
CIEL, *iritata.*
CHEVEUX, *yapira.* M. *apira.*
CHIEN, *aem.* M. *yawar.*
CONTENT, *erourou,* M. *erourou.* Gal. *aouerlé.*
COQ, *massacara.* M. *massacará.*
COURONNE, (en plumes) *cantara.* Gal. *caneta,* bonnet à deux plumes.
CUISSE, *eïou.* M. *evakoua, erapo.*

D

ANSER, *apolaï,* T. *poracé.*
DEMAIN, *cobi.* M. *covi, coyé.*
DENT, *enaen.* M. *erâi.*
DESSINER, *coussiouar.* T. *coatiar.* Les indiens Oyampis ont le corps couvert de dessins au génipa.
DEUX, *mocogne.* M. *moucougué.* T. *mocói.*
DOIGT DE LA MAIN, *epo.* M. *epoua.* T. *po.*
DORMIR, *coïamahen.* M. *okette,* T. *oker.*

E

AU, *uh.* M. *ih.*
ENCENS, *touli.*
ETOILE, *caritata.* M. *yâé-tata.*

F

EU, *tata.* M. *tata.* T. *tata.*
  FLÈCHE, *ourapara.* M. *ourapara.* Gal. *ouraba, ourapax,* arc.
FORÊT, *uwara.* M. *iwira,* arbre.
FUMÉE, *atancyn.*
FEMME, *eréquar.* M. *nimene,* femina.

G, H

ENIPA, *yenupa.*
  GRAND'PÈRE, *paï.* M. *pâi,* oncle.
  HAMAC, *ini.* M. *tya, tià.*
HOCO, mouton. M. *Mountou, mouitou.*
HOMME, *coïmaé.* M. *yo, teco,* vir.
HOTTE, *panacou.*

I, J

GNAME, *cara.* M. *cará.*
  JAMBE, *erétouman.* M. *eretouma.*
  JE N'AI PAS, *naïcoï.*
JOUR, *coeni.*

L, M

OIN, *coïpé.*
  LUNE, *yary.* M. *yáé.* T. *jacy.*
  MAIN, *epopouita.* M. *epapoui.*
MAÏS, *aouassi.*
MAMELLES, *sousou.* M. *assoussous.*
MANGER, *imio.* M. *eyemiyon.* Gal. *amina.*
MONTAGNE, *eoutoro.* M. *iwitira.* T. *oitéra.*
MARTIN-PÊCHEUR, *atoura.*
MASSUE, *séorapa.* M. *cawarapa.*
MAUVAIS, *nicatou.* M. *nicatou.*

N, O

EZ, *essi.* M. *inci.*
  NUIT, *toupoutonn.* T. *pitouna.*
  OISEAU, *cotinga.*

OMBILIC, *epouroua*. M. *epouroua*. T. *porouam*.
OREILLE, *nami*. M. *nami, i-nami*. T. *nambi*.

P

PAPILLON, *panama*. M. *panama*. T. *panama*.
PAKIRA, *caïtetou*.
PERROQUET, *coulé*. M. *courey*.
PESANT, *ippouï*.
PLOMB, *piroto*. M. *piroto*.
PLUIE, *amon*. M. *amanne*. T. *amana*.
PLUME, *ipepo*. M. *ipepo*. T. *pypo*.
POITRINE, *etourou*. M. *epocia*, pectus.
POUDRE, *couroupara*. M. *couroupara*.
POULE, *iouïra*.

R, S

ROUCOU, *ouroucou*. M. *roucou*.
SCORPION, *iaouaïr*.
SOLEIL, *couyary*. M. *cayaré*. T. *coaracy*.
SOURCILS, *enapoucan*. M. *eropoucaraba*.

T

TABAC, *petum*. M. *petemna*.
TÊTE, *yancan*. M. *eacang*. T. *acanga*.
TIGRE, *yaouar*, M. *yawar*, canis.
TONNERRE, *toupan*. T. *toupa*.
TORTUE, *yaouy*. M. *yaoussi, yawi*.
TROIS, *moapouit*. M. *mapour*. T. *moçapyr*.

U, V, Y

UN, *amou*. M. *pessou*.
VENTRE, *epocia*. M. *eroué*.
YEUX, *eréa*. M. *erea*.

VOCABULAIRE
FRANÇAIS-OYAMPI

(Extrait du Vocabulaire latin-oyampi, publié par M. Martius)

A

BATTIS, *ecco.*
AIGUIÈRE, *macoua.*
AIGUILLE, *cacoussa.*
AILE, *ipepokang.*
AIMER, *eraréou.*
ALLER PÊCHER, *iaé iapi naeti.*
ALLUMER, *amoini.*
ANIMÉ, AUDACIEUX, *nokiyéye.*
APPORTER, *eroute.*
ARBRE, *iwira,*
ARC, *païra.*

B

BANC, *apoca.* T. *apicaba.*
BARBE, *eacouara, eacouawa.*
BARBE au menton, *eratoubapé-piraba.*
BARBE à la lèvre, *nemeraba.*
BATEAU, *igara.* T. *ygára.*
BATON, *epouïtou.*
BEAUCOUP, *jathew.*

Bec, *icic, incic.*
Bien, *naycoye.*
Blanc, *sing.*
Bouillir, *emonmoye,*
Briser, *eouka.*
Broyer, *eapika, ekilik.*

C

amarade, *iya, atewawa.*
Chapeau, *camererou.*
Charbon, *tata-rapoing.*
Chasseur, *oyouka, iporang.*
Chemise (de femme), *tilou.*
Cinq, *jateuté.*
Colère, *aymouroume.* T. *ojemoiron,* se fâcher.
Corde d'arc, *ourapama.*
Cou, *couroukawa,* T. *couroucaba,* gorge.
Coudre, *emoupoupouk.*
Couleuvre (à manioc), *tapici.*
Couper, *acoussi.*
Courir, *eniane.* T. *nhane.*
Cousin, *taïro.*
Cousine, *cacagne.*
Cuire, *oyippe, oyouppc.*
Cuissard, *siroa, chirolles.*

D

éplumer, *eawat.*
Devoir, *naponme.*
Disque, *parapi.*
Doigt de pied, *epoüia.*
Donner, *hemeheng.* T. *meéng.*
Dos, *eapé, tappé.*

E

corcer, *epirok.*
Enfant, *yawira.*
Epaule, *éribapoui.*
Epine, *guiou* T. *jou.*

F

aim, *amouaem.*
    Faire rotir, *ennite.*
    Femelle, *niméne.*
Fendre, *icoka, eoka.* T. *jica.*
Fièvre, *carayeu, carayou.*
Fille, *nimeni.*
Fleuve, *euyée, ihée.*
Frère, *érôi.*
Front, *erouwapé.* T. *ç-erouá.*
Fumer (du tabac), *emououk.*

G

enou, *énépouissamé, énépouang.* T. *jenepyám.*
    Grains (de plomb), *pirato wassou.*
    Grains (de verre), *mohira.*
Grand, *tourou.* T. *tourouçou.*
Grêle, élancé, *ekôi.*

H

abile, *omounian.*
    Hache, *you, wiwi.*
    Haïr, *naorewi.*
Hameçon, *pina.* T. *pyndá.*
Haut, *ipoko.*
Hier, *coué,* T. *coicé.*
Huile, *jandé, yiandi.* T. *jandi.*

I, J

mbécile, *nokouwaye.*
    Inepte, *necacoye, nocacoye.*
    Ivre, *wawépore.*
Joues, *eroba, eraya.*

L

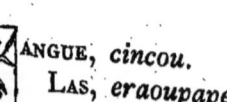angue, *cincou.*
    Las, *eraoupape.*
    Laver, *ecoutoug.*

Lèvres, *irémé, erembé.*
Lier, *evonkouate.*
Long, *ipocamoi.* T. *pouckou.*

M

aigre, *ocining.*
Maillet, *epéréna.*
Malade, *ikaraw.*
Marais, *ipawa.*
Matin, *oyéiwé.*
Mauvais, *nicatou.*
Menton, *erediba.*
Midi, *avicateu.*
Miel, *eïra.* T. *yra.*
Miroir, *warawa, warwa.* T. *oarouá.*
Montrer, *onpia mou-em.*
Mortier, *eïnaca, eïnoua.*
Moucher, *eoutim.*
Mourir, *omanou.* T. *manó.*
Murir, *ipirang.*

N

ager, *eyayou.*
Nègre, *mecrou, necrou.*
Nid, *wira.*
Noir, *epïou.*
Non, *nani.* T. *aani.*

O

euf, *oupia.* T. *çopia.*
Oncle, *pâi.*
Ongle, *epampé.* T. *poampé.*
Os, *canguera.* T. *caungéra.*

P

aresseux, *niawari, yniawane.*
Peau, *pirera.* T. *pirera.*
Pécheur, *okouwa.*
Pendre, *moyassiko.* T. *mojatiço.*
Petit, *missig.*

— 49 —

Phalanges des doigts, *epouakang.*
Pied, *epoucoupé.*
Pilon, *eimoura.*
Piquer, *fössok.*
Pleuvoir, *amanout, okite.* T. *amána, okir.*
Poil, *haba, hava.*
Poitrine, *epocia.* T. *potia.*
Poisson, *pira.* T. *pira.*
Pot, *touroua missig.*
Pouvoir, *eïnoug.*
Prendre, *ekik, eiki.*
Profond, *japoua.*
Promettre, *emoumeau.*
Provoquer, *namé, niamé.*
Puanteur (puor), *jouïra, counoumi, kïrey.*

Q

uatre, *moypeuté.*
Quereller, *jawon.*
Querelleur, *nérécassi.*
Queue, *waya.* T. *çobaya.*

R

ame. *epoucoita.*
Rasoir, *naway*e (navalha, mot portugais.)
Regarder, *emaëa.*
Respirer, *emoting.*
Réunir, *eoupite*
Rocher, *tacourou.*
Rouge, *pirang.* T. *piranga.*
Ruisseau, *taca, yarapé, tacarerew.*

S

alut ! *copei.*
Sans doute, *tô.*
Sel, *soato, corey.* T. *joukyra.*
Sentier, chemin, *pé.* T. *pé.*
Sœur, *niania.*
Soif, *eïwate.*

Sordide, *okia.*
Sot, *yawette.*

T

alon, *epouita.*
    Tandis que, *courmou.*
    Tante, *pipi.*
Terre sablonneuse, *issing.*
Tibia, *erotoumakang.*
Timide, *okiyé.*
Tisser, *epoawne.*
Travail, *morico.* T. *morauky.*
Tuer, *eyouka.* T. *ajouca, jouca.*
Tunique, *temoukourou.*

V

ent, *wetou.*
    Vert, *saheuk.* T. *suckéra.*
    Vieux, *tamoui, tamouchi.*

QUELQUES MOTS

DE LA

LANGUE DES EMÉRILLONS

Par M. le Docteur CREVAUX

Caïman, *caïman*.
Capitaine, *tamouchi*.
Chien, *malimba*.
Couata, *alimi*.
Feu, *tata*.
Hamac, *kia*.
J'ai, *ouété*.
Je n'ai pas, *naïcoï*.
Sel, *saoutou*.
Tigre, *caïcouï*.

QUELQUES MOTS
DE LA
LANGUE TAMA

Parlée par les indigènes du Rio Caguo affluent de gauche du Yapura, les indiens Coreguajes et les indiens Macaguajes.

Pa M. le Docteur CREVAUX

Couteau, *ouati*.
Deux, *eachapa*.
Eau, *oko*.
Feu, *toa*.
Hache, *soupo*.
Lune, *païcouchi*.
Montagne, *yaïro*.
Panier, *touroupoui*.
Soleil, *insi*.
Tigre, *echaï*.
Un, *téhé*.

VOCABULAIRE

FRANÇAIS-GALIBI

Par M. le Docteur P. SAGOT.

A

Abandonner, *ieropononeiné.*
Abaisser, *ienitohago.*
Abattis, *maina.* Gal. Bi. *mayna.*
Abattre, *akootago.* Car. *akêtae-ba,* abats !
Achever, *tchikapomoï.*
Acheter, *épéémako.* Car. *ebema-pa-ti,* il n'a pas payé ; *k-ebemato-a-li,* il a été acheté. Gal. Bo. *epeman,* donner. P. *an-abéma-pa,* n'avoir pas acheté.
Agile, *takaanépolé.* Car. *tikénné-ti,* il est agile ; *tikénné,* vite. Gal. B. *tegané,* aller vite, courir.
Agiter, *osikogo.*
Aime (j') *ichiepoléoua.*
Aliments, nourriture, *alépa, aléapa.* Gal. P. *ereba,* pain, cassave. Car. H. *aleiba,* cassave.
Amarrer, *imoiko.* Gal. P. *yeimoi.* Bi. *ch-imigué, ch-imugué.*
Altéré, (je veux de l'eau), *tona seoua.*
Amasser, *veria.*
Amener, *alotango.* Gal. Bi. *alitangue,* porte !
Amer, *tombéna.*

Ami, *iakouno*. Gal. *acconno*, compagnon ; Cum. *y-acano*. Chayma, *y-acono*.
Ancien, *péénatoména*.
Anse, bord de l'eau, *touna kaouomaï*.
Appuyer (s'), *iriapaséousa*.
Arbre, *vévé*. Gal. Bi. *vuévué*.
Arriver, *tontaï*.
Assez, *aembo*. R. *aouempo*, finir.
Attendre, *moomoko*. Gal. P. *an-imomoké-pa*, n'attends pas ! Cum. *muimuekia-ze*, tu attends.
Attraper, *apoiko*. Gal. Bo. *apouiké*, prends !
Auprès, *singéna*.
Aurore, *némamoui*. Gal. Bo. *emamory*, aube du jour, aurore. P. *ïemamoui*.
Aussitôt, immédiatement, *koitagolo, koipolé*.
Autre, *am*. Gal. P. *amou*.
Avant, *ataraousa*.
Avoir, *sapoi*. Gal. Bo. *sapouy*, prendre.

B

Babiller (disputer, injurier), *séiofotemoï*.
Badiner, *sapim*.
Baigner, *akoopi*. Gal. Bo. Bi. *opi*. Car. *n-icobi*.
Baiser, *kobochimainé*.
Bambou, *kouama*.
Banane, *palourou*. R. *parourou*.
Barbe, *atachipote*. Gal. P. *atasibo*. Bo. *tacibo*. Cum. *yetachir*.
Beau, *irokouméné*. Gal. P. *iropaconéman*, bon, beau.
Beaucoup, *apoiméné*. Gal. P. *tapouimé*.
Beau-père, *métamoro*. Car. *i-metamoulou*, mon beau-père.
Bec, *ipootolé*. Car. H. *iboutali*. Gal. Bo. *empatoli*.
Besoin (j'ai), *séwa*.
Bête, sot, *iawanoumba*.
Bien, *irakouméné*.
Blesser, *ouowoï*.
Bon, *airolo*.
Bonjour, *montoliboma*.
Bord de l'eau, *tounachio*.

Boucaner, *anookago*.
Boue, vase, *akoolo*. Gal. Bi. *acourou*.
Bout, extrémité, *atélélé*.
Branche, *ipoliré*. Car. *ibouliri*.
Branler, ébranler, *itchiosikago*.
Bras, *iapolé*. Gal. P. *yaboule*.
Brave, *kousa*.
Briser, *néémoï*. Car. *nemoin-tou*, elle est brisée.

C

Cabane, case, *aiaoto, aiaouté*. Gal. P. *auto*.
Cacher, *ikoolamaté*.
Calebasse, *omorotoa*. Car. H. *mouloutou-cou*.
Canard, *apoono*. Gal. *opano*.
Canari (chaudière), *toumaiene*. Gal. P. *touma*.
Canot, *kouliara*. Gal. P. *colliara*. Car. F. *coulialla*.
Cap, *apootelé*.
Capitaine (homme en dignité), *ouapotomé*. Gal. *y-apoto-li. apoto*, gros. Car. H. *ouboutou*.
Causer, *kolobaino*.
Cela, *moonii*.
Chanter, *oalitago, aoualétago*.
Chercher, *épooko*.
Cheveu, *iouncéto*, Gal. P. *yoncetti*.
Choisir, *iméinkago*.
Clair, lumineux, *nofikaï*.
Colère, *oolékohéi*.
Collier, *iénikalé*.
Connaître, *soukoufsa*.
Consoler, *oonomengaï*.
Coquin, *iaoména*.
Corde, *kooiamota*.
Corrompu, pourri, *tékékowa*.
Côte, bord de la mer, *palana apo*.
Coucher (se), *oonéka*. Cum. *hu-enikia-ze*, je dors.
Couper, *ikotogo*. Gal. Bo. *s-icoté*. Cum. *hu-aketa-che*, je coupe.
Court, *saniména*. Gal. Bi. *seminé*.
Cracher, *idatamago*.
Craindre, *vétékaï*.

D

ANSER, *aiouako.*
DÉFENDRE, *iénénosa.*
DENT, *iéri.* Car. *iéri.*
DESCENDRE, *otétobaïn.*
DÉSIRER, *ichiepoléwa.*
DESSOUS, *molokoinovo.*
DESSUS, *ierobonéiné.*
DEUX, *oko.* Gal. Bo. *ouecou.* P. *occo.*
DIABLE, *irouka.* Gal. Bi. *iroucan.*
DIEU, *tamouchi.* Gal. *tamoussi*, vieux, chef.
DONNER, *iaroko.* Gal. Bi. *iaré*, donne!
DONNE-MOI, *amiarou.* Gal. Bo. et P. *amiaro.*
DORMIR, SE COUCHER, *ouonésa, oonébé.* Car. H. *n-aoni-ca-yem*, je dors.
DROIT, *sabatolon.*

E

AU, *tôna, touna.* Gal. *touna.* Car. *tona.*
ÉCHAPPER, *nééton.*
EMPLIR, *anokago.*
ENCEINTE (FEMME), *monoto.* Car. H. *mounoute-menhen-rou*, elle est enceinte.
ENFANT, *pito.* Gal. Bo. *pitani.*
ENFANTER, *nonémaï.* Car. *neumain.*
ENFERMER, *étaabo.*
ENNEMI, *iakona.*
ENNUYER (s'), *oonomégaï.*
ENTENDRE, *tchiitaï.* Gal. Bi. *setaï.*
ÉPINE, *aouarakuru.* Gal. Bi. *aouarakeli.*
ÉPOUSE, *poété.* Gal. Bo. *a-pouiti-mé.*

F, G, I, J

EU, *ouato.* Gal. *ouato.*
FILLE (petite), *ouoli.* Gal. Bi. *ouali.*
GARÇON (petit), *oumoro.* Car. H. *mouléké.*
INJURIER, *iropoumenolena, iciouia.*

Jaguar, *kaikechi*. Gal. P. *caicouchi*.
Je, moi, *aou*. Gal. *aou*.

L; M

oin, *téséna*. Gal. Bo. *tissé*.
Lune, *noonéboi*. Gal. *nouna*.
Main, *iaineri*. Car. *iaon*, la main droite.
Maïs, *aouachi*. Gal. Bo. *aouassi*.
Malade, *ietomenena*.
Marcher, *itango*. Gal. Bo. *itangue*, va !
Marécage, *pripri*. Gal. Bi. *piripiri*.
Marron (aller), *notoalikaï*.
Mauvais, *ouamepolena*. Gal. P. *yaouame*.
Mentir, *aenapiré*.
Mer, *palana*. Gal. P. *balana*.
Mettre, *sééné*.
Moitié, *ichiikirimako*.
Mouillé, *iepolena*.
Mourir, *niiromboi*. Gal. P. *nirounboui*.

N, O

ommer, *éété*. Gal. P. *été*.
Non, *oua*. Gal. *oua*.
Obscur, sombre, *taouaroumena*. Cum. *taouaroune*.
Œil, *iénoro*. Gal. P. *yénourou*.
Œuf, *himo*. Gal. P. *imon*.
Oiseau, *mokinoro*. Car. *kimoulou*, arras, oiseau.
Oublier, *toarigoboi*.
Oui, *téré*. Gal. P. *teré*.
Ouvrir, *étabouri onagaga*.

P

Pagaïe, *apokoita, aboucouita*. Gal. Bi. *aboucouita*.
Panier (pagara), *amatou*. Gal. Bi. *amati*.
Pareil, *acewalana*.
Patate, *nâpi*. Gal. Bi. *napi*.

— 58 —

Père, *paapa.*
Peu, *anchikokono.* Gal. Bi. *anchiké*, un peu.
Pied, *pooukourou.*
Pierre, *toobou.* Gal. Bi. *tobou.*
Planter, *ipomoko.* Gal. P. *an-iboumoui-pa,* je ne plante pas.
Pleuvoir, *konoopo moomaï.* Gal. Bi. *conopo,* pluie.
Poisson, *ooto, oto.* Gal. Bi. *oto.*
Porter, *halooko.*
Prendre, *arooko.* Car. *eré-ba-e,* prends-le !
Prends ! *apouchi.* Gal. Bo. *s-apouai,* prendre.
Prés, *téséaté.*

S

able, *saapa.*
Savoir, *sobosa.*
Sel, *ouaio.*
Soif (j'ai), *touna sewa.*
Soleil, *vééiou.* Gal. Bo. *veïou.*

T

apir, *maïpouri.* Gal. *maypouri.*
Tortue, *ouaimo.* Gal. Bi. *ayamon.*
Tourner, virer, *ootomako.*
Tout, *iromoro.*
Trois, *oroua.* Gal. Bo. *oroua.*
Tromper, *aenapiré.*
Trouver, *épéooko.*

V

enir, *okone.* Gal. Bi. *acné,* viens ! P. *acconé* (1).
Vent, *pépéito.* Gal. P. *bebeito.*
Veux (je), *ichiéoua.* Gal. *icé ;* je ne veux pas, *ichiepaoua.* Gal. Bo. *icé-pa,* ne vouloir pas.
Voir, *tsééné.* Gal. Bi. *sené.*

---

(1) *Acconé,* ne serait-il pas pour *accono hé,* eh ! camarade ?

M. le docteur Sagot a joint à ce vocabulaire les quelques phrases suivantes :

Ootoli cimokago, fais bouillir les aliments. Gal. Bi. *otoli*, viande. Gal. Bi. *timoca*, bouillir. Car. *chimoucae niarou*, je l'ai fait bouillir.

Ouepe potomépolé kawapolewa, au bout de cette montagne il y a de gros rochers. Gal. P. *ouiboui*, montagne.

Aiapoéré oina oomoo, le chemin est à droite, *aiaboto oino ooma*, le chemin est à gauche. Gal. Bi. *oma*, chemin.

Calina eciéwa (ou *ichiéwa*) *talimatoton*, j'ai besoin d'Indiens pour pagayer. Gal. Bi. *calina*, indien, *icé*, vouloir. Car. H. *na-nalimain-tina*, je rame. Gal. Bi. *ataiman*, ramer.

Kouliara gema, as-tu un canot ?

Kookoro oto poba oustagé, demain de grand matin j'irai pêcher. Gal. Bi. *coropo*, demain ; *oto*, poisson ; *oto-bo-gué*, pêcher ; *-ba*, indice du futur.

Koinaro ouopoi a Mana hier je suis venu de Mana. Gal. P. *coignaro*, hier ; *oboui*, je suis venu.

Kaama mar-ou, veux-tu venir avec moi. Gal. P. *cama* ou *caman*, allons ! partons ! *mar-ou* pour *maro aou*, avec moi.

Oiagato aiaouté, où est ta case ? Gal. Bi. *oïa*, où ? Gal. P. *auto*, case.

Oiagato ouonta, où dormirai-je ? *aiaoto-ta oonébé*, je dormirai dans ta case.

Aiaora anetapa, je ne t'entends pas Gal. P. *anetapa*, tu n'entends pas ?

Ouopoi inkiabo tiapoma, au-delà de cette montagne est un marais. Gal. Bo. *tiabomé*, torrent.

Aboutan atampoo, Aboutan (nom d'un indien) est vieux.

Felix ouoli tolimosé, la fille de Félix est morte.

Poetou kenopoia mainao, ma femme plante du manioc.

Aoto ma sé, il n'y a pas de poisson.

Crijan kaléké poléma, Crijan est querelleur. Car. *allélégai*, riotter ; *k-allélégai-ti-bou n-one*, tu te ris de moi.

Ouato iotemokago, allume du feu.

Aou irokomboua kouliara marona, j'ai un beau canot.

Koroko Toussaint kenesa napa, demain Toussaint viendra dans son village.

Aou ichiewa vévé sakotoia, je veux abattre un arbre. Gal. Bo. *vuévué sicoté*, couper du bois.

Eremechi makaine amatou, bientôt j'acheverai le panier. Gal. Bi. *eremé*, à cette heure, tout présentemeut.

Aou ichiépoléwa Marie, j'aime Marie. Gal. Bo. *cipouymai*, aimer.

Palana touna tékétouké, l'eau de la mer est amère.

Aou anooka séwa himo, je vais boucaner des œufs.

Noms de nombre écrits sous la dictée de différents Indiens.

Oi, un.
Oko, deux.
Oroua, trois.
Okobae ou *okoubaié*, quatre.
Eiotone ou *ainatone*, cinq.
Ointoi ou *oioima*, six.
Oidoio ou *okotoeima*, sept.
Obotoina ou *orouatoeima*, huit.
Obotchipérébatoié ou *oinabochikoroutououaié*, neuf.
Aiabatora ou *einabatoro*, dix.

Noms de nombre d'après Pelleprat : *ouin*, un ; *occo*, deux ; *oroa*, trois ; *accobaimemé*, quatre ; *atonéigné*, cinq ; d'après Boyer : *auniq*, un ; *ouecou*, deux ; *ououa*, trois ; *acourabamé*, quatre ; *oeétonai*, cinq ; d'après Biet : *auiniq*, un ; *ocquo*, deux ; *ououa*, trois ; *ouiȝabama*, quatre.

Noms de nombre Roucouyennes : *aouini*, un ; *sakéné*, deux ; *héléouaou*, trois.

Noms de nombre Caraïbes : *aban, amoin*, un ; *biama*, deux ; *éléoua*, trois ; *bianbouri*, quatre ; *ouacabo apourcou*, cinq, (*apourcou*, l'autre).

VOCABULAIRE
FRANÇAIS-ARROUAGUE

Par M. le Docteur P. SAGOT.

A

ABAISSER, *bonaboutan.*
ABANDONNER, *iakotoi.*
ABATTIS, *kabouia.* H. *kabbeja.*
ABATTRE, *bousoukan.*
ACHEVER, *daiboa.*
ACHETER, *boiaountan.* H. *aijaontîn.*
AGILE, *kaalitchi.*
AGITER, *boolomoledan.*
AGOUTI, *pokeler.* H. *poukoulerou,* lapin.
AIMER, *dainchikan.* H. *kanissin* ; *dansika,* j'aime.
ALLER, *bosa.*
ALTÉRÉ, *alokochiadé.*
AMASSER, *bouirikedan.*
AMENER, *bouichikiban.*
AMER, *chipèné.* H. *sipen.*
AMI, *débétiratchi.*
ANCIEN, *ouoadoukan.*
ANSE (bord de la mer), *datima.*
APPELER, *meerabate.*
APPÉTIT (J'AI), *aamouchiade.* H. *ahamoussiatin,* donner faim.
ARBRE, *adda.* H. *adda.*
ARC, *tchimalaabo.* H. *simarahabu.*
ARRACHER, *bereken.*

Arriver, *danda*. H. *danda*, je viens ; *andin*, venir.
Assez, *habi*.
Attendre, *bouabada*. H. *aobaddin*, attendre.
Attraper, *bobokotan*.
Auprès, *omonikano*.
Aurore, *kasakokao*. H. *kassakouhou*, jour.
Aussitôt, *meerakeben*. H. *meheren*, vite, promptement.
Autre, *aba*. H. *abba*.
Avoir, *damonikabo*. H. *damunnikan*, j'ai cela.

B

Babiller, (gronder), *daimaakan*.
Badiner (jouer), *debiraka*. H. *ibirân*, jouer, plaisanter.
Baigner, *dakaaka*. H. *akân ; dakaka*, je me baigne.
Baiser, *dainchitebo*.
Balancer, *bouioudotoa*.
Bambou, *beioukaé*.
Banane, *platena*. H. *pratanna*.
Barbe, *datima*. H. *ittimahu*, la barbe.
Battre, *daparaka*. H. *aparrân ; daparraka*, je bats.
Beau, *esakebeta*.
Beaucoup, *iookan*.
Beau-père, *damadokotchi*. H. *damadoukourti*, mon beau-père.
Bec, *tchichiri*. H. *issirihi*, nez ; *issihi*, tête.
Besoin (avoir), *dainchikan*.
Bête (stupide), *okaiato*.
Bien, *sakébéta*.
Blesser, *dasoukoua*.
Boire, *datépa*. H. *attin ; datta*, je bois ; *dattipa*, je boirai.
Bon, *sanewoï*. H. *ussanouai*, bien, c'est bon.
Bonjour, *boili*.
Bord de l'eau, *ouni-lebo*.
Boucaner, *boutibalida*.
Bouche, *dalero*. H. *ulleroukouhou ; dalléroukou*, ma bouche.
Boue, *ouaia*.
Bouillir, *bouloka*.
Bout, *tabouloko*.

Brai (poix), *pêchi*. H. *pessi*, poix.
Branche, *tédénabo*.
Branler, *tirakaṣan*. H. *arrakassun*, secouer, hocher, branler.
Bras, *dadéna*. H. *adenna*, partie inférieure du bras.
Brave, *daousa*.
Briser, *touagedoa*. H. *attukedun*, briser.

C

Cacher, *biisadan*.
Calebasse, *oloto*.
Canard, *ipa*. H. *ipa*.
Canari (marmite), *daouda*. H. *oudoudan*, pot.
Canot, *kouliala*. H. *kouljara*.
Cap, *tchichirima*. H. *issihi*, tête, extrémité
Capitaine, *toioutchi*.
Caleçon, *dikimisen*.
Carbet, *banabo*.
Case, *bahou*. H. *bahu*.
Cassave, *kali*. H. *calli*.
Cassé, *boukérédan*. H. *akarridân*, casser.
Casse-tête, *mouchi*.
Causer, *dadiabo*. H. *adiân*, parler.
Chemin, *waboroko*. H. *wabouroukkou*.
Chercher, *bootchikan*.
Cheveu, *dabara*. H. *oubara* ; *dabara*, mes cheveux.
Choisir, *banaouan*. H. *anoân*, choisir.
Clair (lumineux), *saouka*. H. *ussaoukan*, être brillant, clair.
Colère (être en), *daimatoa*.
Collier, *daiédi*.
Commander, *dadekabokone*.
Connaître, *daitaï*.
Cochon marron, *kééroun*. H. *keheroun*, sanglier de la grosse espèce.
Consoler, *noukamoukadé*.
Content, *dainchikébéda*.
Coq, *ouadide*.
Coquin, *okaeto*.
Corde, *boudeitimé*.

Corrompu (putréfié), *toboadoa*. H. *aboân*, se gâter.
Côte (bord de la mer), *bara élébo*. H. *bara ulleboumun*, au bord de la mer.
Coucher (se), *bodoounka*. H. *adoumkin ; badoumka*, tu dors.
Coui, *ivida*. H. *iwida*.
Couleuvre (à manioc), *ioro*. H. *jourou*.
Couper, *balikan*. H. *allukan*, couper ; *ballukan*, tu coupes.
Courir, *dadalida*.
Court, *moaéikan*.
Couteau, *iadoala*. H. *jadolle*.
Couvrir, *baadotan*.
Cracher, *bokoida*. H. *akouidin*, cracher.
Craindre, *amaroukado*. H. *hammaroukkade*, j'ai peur.
Crique (petite rivière), *oueni kale*.

D

Anser, *bibina*. H. *ibinin ; bibinaka*, tu danses.
Défendre, *adiakai*.
Dehors, *baasabolé*.
Dent, *dari*. H. *ari ; dari*, ma dent.
Descendre, *dotoboda*.
Désirer, *dainchikebenan*.
Dessous, *ierabouiba*.
Dessus, *iakoté*.
Deux, *biama*. H. *biama*.
Disposé (a), *ochika*.
Donner, *bouchikadan*. H. *boussiketén*, donne, mets !
Dormir, *dadonkoa*. H. *adoumkin ; dadoumka*, je dors.
Droit, *michito*. H. *missirén*, droit, directement.
Droite (a), *biasavari*.

E

Au, *ounia*. H. *wouniabou*.
Échapper, *tétéda*. H. *attûdun ; tattuda*, elle s'est échappée.
Emplir, *bogesan*.
Enceinte (femme), *kadivéiéto*.
Enfant (garçon), *daiti*. H. *aditti*, fils ; *daditti*, mon fils.
Enfant (fille), *dato*. H. *outtou, dattou*, ma fille.
Enfanter, *temeioda*. H. *emeudoun ; temeuda*, elle accouche.

Enfermer, *bousetagan.*
Ennuyer (s'), *nokomokade.*
Entendre, *dakanaban.*
Épine, *iouroua.* H. *araia, jouroua.*
Épouse, *dereito.* H. *derétou,* mon épouse.
Espérer, *bouabadédé.*
Excrément, *dikiava.*

F

aible, *béléédé.*
Fainéant, *oiouéen.* H. *houjouehên,* nonchalant.
Fatigué, *méêtédé.* H. *mihitédé,* je suis fatigué.
Femme, *iarou.* H. *hiaerou.*
Feu, *ikii.* H. *hikkihi.*
Feuille, *adokona.* H. *addoubouna.*
Flèche a poisson, *akoachi.*
Fleur, *totokolo.* H. *attoukourou.*
Flot, vague, *apopolo.*
Flute, *boufouidan.*
Forêt, *conono, oloro.* H. *kounnoukou.*
Fort, *tatalokona.* H. *tattaoukan,* être fort, dur.
Fourré, *tibokan.*
Frère, *daoukitchi.* H. *kahouketin,* être frère.
Fripon, *katchikeben.*
Froid, *imilikadé.* H. *himilikadé,* j'ai froid.
Fumée, *kouléeli.* H. *koulehelli.*

G

auche (a), *dabarou.*
Genou, *dakoura.* H. *oukkourou; dakkourou,* mon genou.
Grace, *samari.*
Graine, *tchiivi.*
Grimper sur un arbre, *bamoda adachi.*
Guetter, *badekan.*

H

Habile, *habicano.*
Hache, *balou.* H. *barou.*
Haïr, *mainchidabo.* H. *mansin; mansidabo,* je hais.
Haler, *boiourokan.*

HAMAC, *hamaka*. H. *hamaka*.
HAUT, *aioumoikan*. H. *aijoumunnikai*, il est en haut.
HOMME, *wadiili*. H. *wadili*.
HOUE, *hassahoni*. H. *kassaroune*.

I, J

NJURIER, *okaeto*.
　　IMPOSSIBLE, *maintchilan*.
　　INCLINÉ, *bouilamadan*.
IGNAME, *inicona*.
ILE, *kapaikaï*. H. *kai-iry*.
JAGUAR, *aroua*. H. *arouwa*.
JAMBES, *dadam*. H. *udanna*, os, jambe.
JE, MOI, *dama*.

L, M

LUNE, *karaia*. H. *karaiaen*, paraître, se montrer.
　　LOIN, *taan*.
　　MAIN, *dakabi*, *dakapo*. H. *ukkabou*; *dakkabou*, ma main.
MAÏS, *maritchi*.
MALADE, *karikaï*. H. *karrikade*, je suis malade.
MANARÉ (tamis), *manari*. H. *mannali*.
MANGER, *dakotoa*. H. *akouttoun*; *dakoutta*, je mange.
MANIOC, *calôli*.
MANIOC (TIGE DE), *canôkedi*.
MARCHER, *dakounaaka*, *bokona*.
MARÉCAGE, *pripri*.
MARI, *keikapa*, *deretchi*. H. *deréti*, mon mari.
MARRON (ALLER), *tchiakatoa*.
MAUVAIS, *okaiakebela*.
MENTIR, *bomoliga*. H. *amoullidan*, *moullikan*, mentir.
MER, *bara*. H. *bara*.
MÈRE, *atéité*. H. *attete*.
MÈRE (GRAND), *hébé*.
MOIS, *abaaroupatchi*.
MOITIÉ, *bokolébétan*.
MONTER. *domouda*. H. *amoudun*; *damouda*, je monte.
MOURIR, *kovoda*.

N, O

AGER, *datima.* H. *attimun,* nager.
NON, *mainchidan.*
ŒIL, *dakouchi.*
ŒUF, *tesa.*
OISEAU, *kodibio.* H. *kouddibi.*
OUBLIER, *daikachia.* H. *ahaikassiân,* oublier.
OUVRIR, *botorodan.* H. *atoulloudoun,* ouvrir.

P

AGAIE, *naané.*
PANIER, *kéréké.*
PARLER, *dadiaba.* H. *adiân; dadiapa,* je parlerai.
PATATE, *aletchi.*
PÉCARI, *aboia.* H. *abuja,* sanglier de la petite espèce.
PERDRE, *totoledoa, daboledan.* H. *abouledin,* perdre.
PÈRE, *awawa.* H. *awawa.*
PERROQUET, *kouleaka.* H. *koulaou.*
PEU, *ichoukoto.*
PIED, *dakoti.* H. *oukoutti; dakoutti,* mon pied.
PIERRE, *tchiba.* H. *siba.*
PIMENT, *atchi.*
PLANTE, HERBE, *ouakaouteli.*
PLANTER, *bobounano, bobouinan.* H. *abbounun,* planter.
PLATINE A MANIOC, *bridali.*
PLEURER, *dekira.* H. *dikira,* mes larmes.
PLEUT (IL), *ounikia.*
POISSON, *himé.* H. *hime.*
PORTER, *daaborokoua, danekepan.* H. *annikin.*
PRENDRE, *banokan.*
PRÈS, *omonikan.* H. *oumun,* près de.
PRET, *ouachika.*

R, S

IRE, *dimitadaga.* H. *imitadân,* rire.
RIVIÈRE, *oueni piroto.* H. *wouini.*
SABLE, *motoko.* H. *mouttoukou.*
SABRE, *kachipara.* H. *kassipara.*

SAGE, *sakebena*.
SAVANE, *karaou*. H. *karaou*.
SAUT, (en rivière), *maláli*. H. *mallâli*, le courant.
SAVOIR, *daitan*. H. *adittin; dadittân*, je sais.
SEL, *pamp*.
SOIF (AVOIR), *alokéchiadé*. H. *haloukoussiade*, j'ai soif.
SOLEIL, *hadali*. H. *haddali*.
SOMBRE, NUIT, *olirokoka*. H. *wouliroukouhou*, obscurité.

T

APIR, *patororo*.
    TAYOVE, *tayo*.
    TORTUE, *ikori*.
TOUT, *tchikengé*.
TROIS, *kaboli*. H. *kabbouhinnihi*.
TROUVER, *bootchikan*. H. *aouttïkin; bououttika*, tu trouves.
TUER, *dapara*. H. *aparran*, frapper, tuer.

U, V

N, *abaro*. H. *aban*.
    VENT, *awadeli*. H. *awadoulli*.
    VIEILLE FEMME, *hebeto*. H. *ebbetou*.
VIEILLARD, *hebetchi*. H. *hebbeti*.
VIENS ! *méérahaté*.
VIRER, *bechépoda*. H. *assipouddun*, tourner, retourner.
VOIR, *dadéka*. H. *addikin; daddika*, je vois.

ARAWAKISCH-DEUTCHES

WÖRTERBUCH

*Abschrift eines im Besitze der Herrnhuter Bruder-Unität
bei Zittau sich befindlichen-Manuscriptes.*

A

AALLAKADDUN, *aollakaddün*, auseinander treiben, z
B. einen Corjar; *aallakaddünnua*, sich auseinander
gehen, aus einander gehen; *elonti ubukü aállakad-
doa*, des Kindes beine sind weit aus einander.

ABALLADIN, schiessen (mit Blei); *aballaballadin*, zu
wiederholten malen schiessen.

ABÀLLALASSIN, abkörnen, z. B. Welschkorn.

ABALLALADUKUTTUN, rund machen (von *Balladan* rund
sein).

ABALLIN, vorüber gehen, weggehen; *daballika huúria*, ich
gehe vor euch vorüber; *aballên*, oft vorbeigehen; *nabal-
léka namünnikoawa*, sie gehen einander oft vorbei; *aballi-
kittin*, vorübergehen machen.

ABALTIN (*aballatin*), sitzen, in der Versammlung sein
(und sitzen); *aballadikittin*, sitzen machen, in der Ver-
sammlung sitzen machen; *abaltikoana* oder *abaltikoanahü*,
ein Bank, ein Stuhl.

ABALLIDÜN, kämmen; *abállidunnua*, sich selbst kämmen;
abállidikittünnua, gekämmt werden; *abálliadikittün*, käm-

men lassen; *búbarra aboáke abállidikü*, dein Haar ist schlimm zu kämmen.

ABAN, unterschieden sein; handeln, Handlung treiben; *balla abáka bulum uwuria*, Blei ist von Zinn unterschieden; *abahü*, das Handeln.

ABANNABUTTIN, Hütten machen, bauen (v. *ubanna*); *Abannabuttunnua*, sich Hütten bauen; *Bannabuhu, bannaburen*, eine Hütte.

ABASSADAN, nach und nach, langsam; *abassáda akúnnun* oder *abassádakoade akunnan*, ich gehe noch langsam.

ABASSABÜN, *abásabu*, mehr; *abassabünninu lukunnu*, mehrere Arawacken.

ABBA, einer, eine, eines; *abbá*, ein Anderer, ein Fremder; *abbákurru*. niemand; *abbába*, noch eins mehr; *abbáluai wadili*, eine Mannsperson; *abbáruai hiaeru*, eine Weibsperson; *abbáruai adda*, ein Holz oder Baum; *abbárunuman*, einzeln, wenig, auseinander; *abbáruti*, der erste, einer; *abbárutu*, die, das erste, eine, eines; *abbahü*, einmal, ein andersmal, dereinst; *abbahüluai kurru*, niemals; *abbahürên*, einmal; *abbahürkénu*, mit einander; *abbálukku*, zwanzig; *abbamaria*, anderwärts, anderswo; *abbámün*, anderswo; *abbámün abbámün*, hier und dort; *abbámuníru*, anderswohin; *abbánu*, andere, fremde; *abbáti*, eigentlich: Fremde; *abbannubán*, hie und da, dann und wann; *abbánnubuin, abbánnubánu*, einige; *abbahürkénubuin*, einige mit einander; *abbásabu*, mehr; *abbádakábbu*, fünf; *abbátekábbüli*, der fünfte; *abbádakábbehü*, fünfmal, *abbátiman*, sechs; *abbatimánili*, der sechste; *abbatimanihü*, sechsmal; *abbatimanninuman*, je 6 und 6; *abbawaria*, anderswoher.

ABBÜN, auskörnen, z. B. Cacao; *abukittin*, auskörnen lassen; *abuti*, der auskörnt, die auskörnene.

ABBÚNAHAHÜ, Knochen, Gebeine, Gräte: *dabbúna, babbúna, tabbúna*, etc.

ABBUNAHAHÜ, Pfad, Weg.

ABBUNÜN, *abunün*, pflanzen; *abbunün kalli*, Cassabi pflanzen; *dabbuuüpa*, ich will pflanzen; *dabbunübi*, ich habe heute gepflanzt; *abbunükittin*, pflanzen lassen; *abbunükittittunnua,,* gepflanzt werden.

ABOAN, verderben, krank sein, schlechtsein: *daboán, baboán, laboán*, etc., mein, dein, sein schlechtsein; *aboákil*, der da krank ist; *bussika lihi aboákil umünnin*, gib es dem

Kranken; *aboati,* ein kranker, oder verdorbener Mann; *aboatu*, eine kranke Frau; *aboamâru*, etwas geringes, schlecht; *aboáki,* garstig, verdorben; *aboahü,* das garstige, verdorbene; *aboaukil,* trübes Wetter, bewölkter Himmel; *abboahüddün,* etwas verderben, stören, ärgern; *aboakil* oder *aboaukil,* Sumpf, Morass, Swamp; *aboahüddikittin,* zu Grunde richten.

ABÔRDUN (von *Bôr* ein Bohrer) durchbohren; *abôrdukuttun,* durchbohren lassen; *abôrdukuttunnua,* durchgebohrt werden.

ABOMINEDUHÜSSIAETI, ein mit dem Aussatz Behafteter.

ABU, ABBU mit, von, vor, bei; besser *abbu; bakunnate báru ábu* gehe mit einem Beil; *dallikada jadolle ábu* ich schneide mit einem Messer; *lussukussa lüttenna ábu* er wäscht mit seinem Blut; *dánuhu waria ábu* von heute an; *abün* haben; *hime abukade* ich habe Fische; *Abuhüti,* besser *abuti,* ein Nachbar; *abbuwa* oder *abboa* mit sich selbst; *dawaja dabboa dakunnupa* ich würde für mich selbst gehen; *dabbuti* mein Haushälter, mein Hausherr.

ABUDEDIN, mit Angeln fischen; *buddehi* Fischangel; *bubudidabuka* fischest du? *mabudidinnikade* ich angle nicht; *dabudidipa* ich will angeln, — *didibi* ich habe heute geangelt; *mabudîssiade* ich habe nichts gefangen; *bubudidissia ibenna bussikate damün* gib mir von dem was du geangelt hast; *abudidikittin* fischen lassen.

ABÜJA, ein Wildschwein (von der kleinen Art).

ABUHUJATTÜN (von *buhuijaen*), balsamischen Geruch geben: *abuhujattikittin* machen dass es balsamisch riecht, *-ttúnnua* balsamisch riechen gemacht werden sein.

ABUJOAHÜ, was man zur Nothdurst zu sich nimmt, essen und trinken; *tumaqua waddakütti abujoahü* alles was im Garten gepflanzt wird, ist dienlich zu essen; *abujunnua* Speise zu sich nehmen.

ABUKÓAWA, mit einander; *nahürkedaka nabukóawa* sie versammeln sich mit einander.

ABUKÜN, empfangen zum Geschenke.

ABUKUN, ABUKUNNUA, kochen; erschrecken, angst bekommen, angst und bange sein; *wuniabu abukoà* das Wasser kocht; *kia abukáka daija* das hat mir Angst gemacht; *dabukunnua üja* ich bin ängstlich, *babukunnua üja* du bist..., *labukuunua üja* er ist..., etc.; *abukunnua üjahü* unruhig sein; *abukáti* ein Koch, *abukátu* eine Köchin; *abúkuttun* kochen lassen.

Abúttun, anfassen, greifen, halten; regieren, dirigiren; *abukuttúnnua* angefasst, gehalten sein; *dabukúttoa lukunna* ich fasse ihn an; *dabukúttupai* ich will ihn greifen; *abukúttunin temona* steuern; *nabukuttanati* Steuermann; *tubukúttukoanahü* der Handgriff znm anfassen; *abukúttükúttunnua* erlangt werden.

Abuledin, wegwerfen, verlieren; *abulehedin* weit wegwerfen, wegschleudern; *dabúleda däurian* ich habe es von mir verloren; *abuledúnnua* verloren werden.

Abuledúnnua, eine Quelle.

Abulitin, schreiben, mahlen, bunt machen (von *bulün* bunt sein); *tuhu kimissa tibuloa* die Leinwand ist bunt; *tuhu aboake abulitikü* dies ist schlimm bunt zu machen; *dabulita adda üja* ich mahle einen Baum; *abulitahün* geschrieben sein; *abulitikoanahü aeke* ein Tintenfass; *abulitikittin* schreiben lassen; *abulitikittunnua* geschrieben werden, gemahlt werden; *abulitikoanahü* eine Schreibfeder. Wenn sich die Indianer mahlen, so heisst es wohl auch *abulitin*: sonst aber ist *nakule* die rothe Farbe, damit sie sich mahlen; *nakulétoa sirabuli abu* sie mahlen sich roth mit Sirabulu. *Lana* ist die schwarze Farbe, *nalanata nakunadiwa* sie mahlen sich schwarz.

Abulukkuhu, oder abulukkun, an der Spitze, von dran; *abulukkulukku* oben darauf, der Hirnschädel; *kuddibiu attenna adda abulukkulukku* der Vogel sitzt oben auf dem Baum.

Abumün, darunter; *abumünnîn* unten sein, *buppüda hikkihi hamaka abumün* blase Feuer an unter der Hangematte; *hadalli abumün* Osten, Sonnen Aufgang; *hadalli abuaria wandatc* wir Kommen von Osten.

Abúrahadün, sauer machen (von *burahán* sauer sein); *aburehadikittin* sauer machen lassen, *-kittúnnua* sauer gemacht werden.

Aburaka, die Grenze.

Aburuattün, helfen, *-ttunnua* sich selbst helfen; *maburuattünnibupade*, willst du mir nicht helfen? *aburuatikittin* helfen lassen, *-ttunnua* Hülfe bekommen.

Aburükün, aburükan, schlagen, *-küttün* schlagen lassen, *-küttunnua*, geschlagen werden; *daburükáka bukúnna*, ich schlage dich; *aburükunnua*, abfallen, als die Blätter von den Bäumen; *aburükükoanahü*, das womit man schlägt, der Schlägel.

Aburussudun issirukuhu, wild Fleisch wachsen.

Abuttin. von der Erde auffassen, abpflücken; rauben, mit Gewalt wegnehmen; *abuttabuttadin*, rauben, plündern: *abutikittin*, einsammeln lassen, *-ttunnua*, eingesammelt werden.

Adaja, alles worauf sich etwas lehnt; *bahü adaja*, die Säulen, Steilen des Hauses, die Steilen heissen eigentlich: *addikiba, addikibàlli;* der Balken aber heisst: *bahaijura. Wádan*, unser Stab in der Hand, sonst heisst auch: *wallukkude*, unser Stab; *dallukkude*, mein Stab, etc.; *adaijatin*, einen Stiel machen.

Adaijahü, Herr; *adaijahünu*, mehrere Herren, *wadaijahün*, unser Herr.

Adaijahün, gross sein, über jemand sein, erwachsen sein; *adaijahülti*, ein vornehmer Herr, *-hürutu*, eine vornehme Frau; *adainassiahü*, Herr, Oberster; *ipillti adaija*, der Gouverneur.

Adaünti, der Onkle, Muttersbruder.

Adallêdan, abprallen, z. B. ein Pfeil, eine Kugel.

Adawandunnua, schweben, z. B. ein Raubvogel.

Adallidin, springen, entspringen, entlaufen; *dadallidipa luuria*, ich will von ihm laufen.

Adda, Holz, Baum; *addaüina*, ein Stumpfen; *adda alin*, ein Zimmermann; *addassi (adda issi)*, der obere Theil des Baumes; *adassidi*, oben auf dem Baum; *addadün*, mit einem Stück Holz schlagen.

Addaban, die Milz.

Addakalaru, ein Insekt, Gespensterpferd.

Addakaan, pissen.

Addaku, ein Arm eines Flusses, oder ein Arm von der See.; *bara addaku*, ein Fluss der ins Meer fällt.

Addaküttehü, allerlei gepflanzte Gartenfrüchte, ausser Cassabi.

Addarüdün oder addürüdün, anstrammen, stramm machen.

Addapudan, betrüben, erschrecken.

Addebüina (venter, abdomen), der Unterleib; *taddebüina*, uterus, matrix.

Addehidin, hüpfen, springen; *addehidehidin*, sehr hüpfen; *-hidikittin*, sehr hüpfen machen; *-hidikittunnua*, zum starken Springen gebracht werden; *addehire*, ein grosser Springhahn.

Addarradün, kleine Risse bekommen, *-düküttün*, machen dass, etc., *-düküttunnua*, gerissen sein; *hammà udumma tuddarradikittoa kia kuljara*, warum ist das Corjar so gerissen?

Addibeju, der Bauch, bei Manns- und Weibsleuten; *addibeju ullukku*, im Bauche; *taddibeju ullukkuaria luputtukida*, aus ihrem Leibe ist er geboren.

Addibísin, jemandem eine Arbeit in seiner Statt auftragen, oder wünschen.

Addikkiba, addikkiballi, Pfeiler, Steile.

Addikin, sehen; *daddika*, ich sehe, *daddikibi; daddikipa; maddikinnimahüssiannu*, ungesehen; *addikittin*, sehen machen; *addikikoanahü*, ein Spiegel.

Addibóahu, ein Gespenst.

Addikiddün, etwas drücken, dass es fest wird; *hessukan abu naddikiddân kalli*, mit dem breiten Hölzchen drücken sie das Cassabi.

Addikoadiwahü, addikoahülukku, an dem Orte, oder Zustande, in dem man vorher gewesen.

Addikoahü, vor dem Weggehen, vor der Abreise: *daddikoa, baddikoa*, etc.

Addubúna, Blätter;. *tumaqua tabukoabumuttu addubúna bahü adiakumüntu*, das ganze Dach auf dem Hause ist von Blättern.

Addukkudun, losbinden, auslösen.

Addugudun, Fischgräte in den Hals bekommen.

Adduran, flechten; *addurahü*, Rippe.

Adenna, untere Theil des Armes, vom Ellbogen bis an die Hand, die Flügel eines Vogels; *adennadi*, neben, zur Seite; *adennadikoawa*, nebeneinander; *adennaina*, der obere Theil des Armes, Schulter; *adennabu*, Zweig, Glied; *adda adennabu*, Zweige am Baum; *adennakurrulukku*, das Gelenk am Arm gegen den Ellbogen; *adennassalle*, Ellbogen.

Adepussuhu, Band um den Leib, davon sie die Schürze oder den Lappen hängen.; *adepussutunnua*, ein solches Band machen.

Adi, adihü, über; *lussonnukan lüttenna dádi*, er giesst sein Blut über mich; *kia hiaeru ipirruka turreha adin*, dieses Weib ist grösser als jenes.

Adian, reden, sagen: *dadiaka, dadiapa; dadiárubukanika*, ich rede nur ein wenig; *dakannaban badián*, ich verstehe deine Rede; *lukkunu adián*, die arawackische Sprache; *adiakuttun*, reden machen; *adiahü*, ein Wort.

Adibaldin, adibalLadin, berbekutten, d. i. am Feuer trocknen; *-dikittin*, berbekutten lassen, *-kittunnua*, geberbekuttet werden.

ADIBESSABUN, ein wenig mehr (von *adi*); *tuhu adibessabutu ipirrun*, das noch ein wenig grösser ist als dies.

ADIKITTIN, einwickeln: *dadikitta, budikitta, lidikitta, tidikitta,* etc.; *adikittunnua*, eingewickelt sein, *-ttikittin*, einhüllen lassen, *-kittikittunnua*, eingewickelt werden.

ADIKKEHI, das Ohr, aber nur das äussere: *dadikke, badikke, ladikke,* etc.

ADIKIDDI, der Jünger, der nächstfolgende (von *adikki*).

ADIKKI, nach; in Compositione, *dikki*; *nandin dikki*, nachdem sie gekommen sind; *mendake adikki*, nach dem Mittag.

ADIKKIHI, (von *adikki*), die Fussstapfen.

ADIMISSIN, riechen: *dadimissan, budimissan; -ssikittin*, riechen machen, *-ssikittunnua*, machen dass etwas gerochen wird.

ADIN, bei sein; *kirtiannu adikai*, er ist bei Blanken. *adinamün*, stehen, aufstehen; *badínama*, stehe auf; *badinamáka*, gehst du spatzieren? *dadinamáka*, ich gehe spatzieren; *adinamukittin*, aufstehen machen; *adinamukóanahü*, Steife, Stütze.

ADINTÜN, gar machen (vom Essen); *adintunnua*, gar sein; *adintikittin*, gar machen lassen; *-tikittunnua*, gar gemacht werden.

ADISSA, der Trog worin den Cassabi reiben: *dadissárra, badissárra,* etc.

ADISSABUN, drüber, drüber sein; *adissábukan*, ein wenig drüber.

ADIRIKIN, barbieren, abscheren; *adirikittin*, machen dass der (Bart) abgenommen wird, *-kittunnua*, abgeschoren werden; *adirikunnua*, sich selbst barbieren; *adirikikoanahü*, das Schermesser; *littima aboáke adirikü*, sein Bart ist schlimm abzunehmen.

ADISSIADUNNUA, gewohnt sein.

ADITTI, ein Sohn: *daditti, buditti, laditti,* etc.; *addittikan*, Söhnlein; *adittebóati*, ein Stiefsohn, plur. *-boanutti; dadittiuti*, meine Söhne, *wadittiuti*, unsere Söhne, aber dafür sagen sie lieber: *dassanuti wadili*, meine Söhne, *dassanuti hiaeru*, meine Töchter.

ADITTIN, wissen, erkennen, verstehen; *dadittán*, ich weiss es; *madittindán*, ich weiss es nicht; *madittiñikoabán*, weisst du es noch nicht; *adittikittin*, zu wissen thun, *-kittuñua*, bekannt sein; *adittîssiannu*, bekannte; *aditti-*

koanahu, das woran man etwas erkennt, eine überschrift, aufschrift.

ADU, Sonnenschirm: *ladu, tadu, nadu*, etc.; *meikurrunu aijabutta uaduabuge nadainassiañu*, die Neger machen mit dem Sonnenschirme ihrem Herrn Schatten.

ADUIDIN, abbrechen, z. B. Welschkorn.

ADUKUTTI, der Grossvater.

ADUKUTTUN, zeigen, weisen: *dadukutta; adukuttukuttun*, machen dass einer zeigt, *-kuttunnua* gezeigt werden.

ADÜLLEBU, die Rippen.

ADUMKIN, schlafen, gerinnen: *dadumka* ich schlafe, *badumkipa* willst du schlafen? *pattahüpa badumkin* wieviel Nächte willst du ausbleiben; *adummekittin* schlafen machen; *badummekittati elontikan* bringe das Kind in Schlaf; *adumkikoanahü* die Schlafstelle.

AEBESSUNNUA, blühen, die Frucht ansetzen, nach der Blüthe; wird auch gebraucht vom Ei, wenn das Küchlein schon angesetzt hat vom Brüten, *tibessunnuka danuhu kia adda* wenn doch der Baum blühete; *kalli iwi aebessoa badia* die Frucht an den Cassabistöcken blühet auch? *hamma udumma tuhu adda maebessukuttukoama*, warum blühet der Baum noch nicht? *dahuduparuka jawale bia daebessupa baba* wenn ich sterbe, so werde ich vielleicht wieder als ein Iltiss aufleben (sagte ein heidnischer Arawacke.)

AEBURIN, frühe, *mauti aeburin* morgen frühe.

AEHAE, Urin; *aehaeke, taehaeke* die Blase, Urinblase.

AEHAEHAEDIN, blass machen (*haehaen* blass sein); *aehaehaedunnua* blass sein, *-dikittin* blass machen lassen, *-dikittinnua* blass gemacht werden; *bussibu aehaehaedoa* dein Gesicht ist blass.

AEHEHEBUDAN, *aeheherudunna*, gähnen.

AEKE, das Futteral, Behältniss, Kleid: *daeke, baeke, laeke*. etc.; *juli aeke*, Tabaksdose; *kaeketi* die Kleider anhaben, *maeketi* die keine Kleider anhaben; *aeketunnua* bekleidet sein.

AEKE, essen: *daeke. baeke, laeke*, etc,; *daekibi* ich habe gegessen, *bikibi, likibi*, etc,; *dikipa*, ich werde essen, *bikipa, likipa*, etc,; *aekitti* die da essen, *mikinnikoamutti* die noch nicht essen.

AEMAMÜN, Ausfluss, Mündung eines Stromes,

AEME, gegen; wird construirt mit *assikán* gehorsam sein: *dassikáka baeme* ich bin dir gehorsam; *bussikáka daeme* du bist mir gehorsam; *likia kaeméli wassikân* dem wir gehorsam sind.

AEMÈ, oder AEMEHÜ, der Geruch eines Dinges, den es von sich gibt; *daeke kaeme pessi udumma* mein Kleid riecht nach Pech; *aemetikittin* riechen machen, *-tikittunnua* riechend gemacht werden.

AESSE, AESSI, der Stein worauf sie Cassabi reiben.

AESSUKUTTU, AESSUKURRU, klein, ein kleines Stückchen; *assukurru jadolle* das kleine Messer.

AHABU, der Rückgrat; *ahaburúkku* der Rücken.

AHABULA, ein Stuhl.

AHABURITIKITTIN, beschämen (*haburin* sich schämen), *-tikitunnua* beschämt gemacht werden.

AHADAKUTTUN, fragen, *-kuttukuttun*, fragen lassen, *-kuttukuttunnua* gefragt werden; *bahadakutta lumün*, frage ihn.

AHADUBUTTI, der Schweiss (*hadubuttin* schwitzen); *-ttikittin* schwitzen machen; *kia demekebbün ahadubuttikittade* die Arbeit macht mich schwitzen.

AHADUN, schlitzen, der Länge nach aufschlitzen, *-dükittün* aufschlitzen lassen, *-dükittunnua* aufgeschlitzt werden; *dahada jadolle abu* ich grabe mit einem Messer; *ahadükü* aufzuschlitzen

AHAIARUDUN, zum Sclaven machen, *-rudukuttun* zum Sclaven machen lassen, *-rudukuttunnua* zum Sclaven gemacht werden.

AHAIKASSIAN, vergessen (von HAIKAN, entgehen), *-ssiakiitin* vergessen machen, *-ssiakittunnua*, vergessen gemacht werden; *mahaikassiakittikikoata daüria*, ich habe es noch nicht vergessen.

AHAKAN, sagen, reden, sprechen, *dahakáka. bahakáka*, etc.: *ahakakuttun*, sagen lassen; *hallikaba dauün* was sagst du mir? *hallikala bumün* was hat er dir gesagt; *manikäi* er hat nichts gesagt; *ahakáhakadin* viel reden machen.

AHAKIN, sagen: *nahàkin nariwaje ukunna* (beim Abschied).

AHAKKUNNUA, schwellen, *-kkukuttin* schwellen machen; *tahakkoa* er schwillt, oder ist geschwollen.

AHAKUBUN, Athem holen, verschnauben, ruhen: *dahakuba, dahakubupa*, etc.

AHALLIKEBBETUNNUA, sich sehr freuen (von *hallikebben*), *-bbetikittèn* erfreuen lassen, *-bbekittunnua* erfreuet werden; *ahallikebbedün*, erfreuen, trösten; *ahallikebbetoahüa*, mit grossen Freuden.

AHALLIRADÜN, weiss machen, weiss anstreichen, -*radikittin* weissen lassen, -*radikittunnua* weiss gemacht werden.

AHALLÚKUSSIATIN, Durst machen.

AHAMUSSIATIN, Hunger machen.

AHANNAHANNA, etwas dickes, z. B. *dallerukku ahannahanna*, meine Lippen; *dadikka ahannahanna*, mein Ohrläppchen.

AHANNUBAN, wachen, -*nnubukittin*, wecken.

AHANU, Consorten, Gespielen, die von einer Art und Classe sind.

AHARASSALE, der Schulterknochen, das Schulterblatt.

AHARU, eine Art kleiner Ananas die in der Savanna wachsen.

AHATI, Camerad; *laháti*, sein Landsmann, der seines Gleichen ist, etc.

AHAULETAN, krumm machen.

AHU, Wilde.

AHUDAHÜSSIAEN, krank sein (wenn kein gewisses Glied Schmerzen hat, sondern einem im Ganzen nicht wohl ist); *ahudahüssiaeti*, ein Kranker, mehrere Kranke.

AHUDUDUNNUA, sich bücken, krumm gehen: *dahududoa, buhududoa*, etc.; *ahududukuttun*, bücken machen, -*kuttunnua*, gebogen werden.

AHUDUN, sterben: *dahuda, buhuda*, etc.; -*kuttun*, sterben lassen, todt machen, -*kuttunnua*, todt gemacht werden; *ahudahü*, der Tod.

AHÜIDIN, klemmen, ausdrücken, -*dikittin*, klemmen lassen, -*dikittunnua*, geklemmt sein; *ahüidunnua*, sich andrängen.

AHÜKÜDÜN, husten, räuspern, -*dükütttin*, räuspern machen.

AHUKUDIA, ein Furz; *ahukudun*, Winde lassen.

AHUKAN, erreichen, z. B. etwas das hoch hängt, genug sein.

AHULADIN, durchlöchern.

AHUNNUHUNNUDAN, murren gegen Jemanden.

AHÜRKEDAN sich versammeln, beisammen sein; *ahürkedün*, zusammenbringen, versammeln; -*kedikittin*, zusammenkommen machen; -*kedikittunnua*, versammelt werden; *ahürkedakoanahü*, ein Versammlungsplatz, Saal, Tempel.

AHURRUSSIDIN, sättigen.

AHUHUTTUN, mit den Händen zerreiben.

AHÜTIBISSIN, wälzen; -*bissunnua*, sich wälzen.

AIDIN oder AÜDIN, Knoten machen, umgürten: *daidá, büida*, etc.; *aidikittin*, knoten machen lassen.

AIJABEBEDIN, mit den Augenwimpern blitzen.

AIJABUDÜN, braten: *daijabudabü,* ich brate; *aijabudükittunnua,* gebraten werden; *aijabudahüssia hime,* gebratene Fische; *hamma bujabüika,* was bratest du? *büjabudân,* brate es.

AIJABUSSÜN, schlummern, nicken von Schlaf, Schläfrig sein; *-ssikittin,* blenden; *-ssikittunnua,* geblendet werden, schläfrig sein: *aijabussiti,* ein von Schlaf Nickender.

AIJABUTTIN, beschatten, Schatten machen.

AIJAHADDAN, ausgraben, Cassabiwurzeln herausnehmen, *-ddakuttun,* Cassabiwurzeln herausnehmen, *-ddakuttunnua,* herausgenommen werden.

AIJAHADDIN, gehen, wandeln; *-ddikittin,* gehen lassen, machen; *aijaijahaddin, aijahaijahaddin,* immer fortgehen.

AIJAHAKANDUKUTTUN, klein machen; *-kittunnua,* klein gemacht werden.

AIJAKASSAN, mit Füssen stossen, *-ssakuttun,* stossen lassen; *-ssakuttunnua,* gestossen werden.

AIJAKATTÜN, verstecken; *-ttükuttün,* versteckt lassen machen, *-ttükuttunnua,* versteckt werden; *hamma udumma büjakattibüna jadolle,* warum hast du gestern dein Messer versteckt; *aijakattunnua,* sich unsichtbar machen durch verstecken oder entlaufen.

AIJAKKADDAN, liegen im Bett oder in der Hängematte, *-dakuttùn,* liegen machen, *-dakuttunnua,* gelegt werden; *büjakkadakuttùpai elonti hamakka ullukkumün,* willst du dein Kind in die Hängematte legen?

AIJAKUN, AIJAKUNNUA, durchdringen, durchziehen; *-kukuttun,* durchdringen lassen; *-kukuttunnua,* durchgezogen werden.

AIJAKUSSUN, auslöschen: *daijakussa, büjakussa, lüja-,* etc.; *-ssukuttun,* auslöschen lassen; *-ssukuttunnua,* ausgelöscht werden; *hüjakussan hikkihi waniábu abu,* löscht das Feuer mit Wasser aus.

AIJALIDIN, AIJALIDAN, vergiften, mit Giftholz schlagen; *-dikittin,* vergiften lassen; *-dikittunnua,* vergiftet werden; *aijalidunnua,* vergiftet sein; *aijalidikoanahü,* was zum vergiften gebraucht wird.

AIJARADAN, einen Zaun machen, umzäunen, *-dakuttun,* umzäunen lassen; *-dakuttunnua,* umzäunt werden.

AIJAIJAI, ein gewisser Vogel, der Löffler (holl. Lepel).

AJÉRETIN, den Kopf kahl scheren, *-retahün* geschoren sein,

-*retikittin* scheren lassen, -*retikittunnua*, geschoren werden.

Aijaontin, kaufen, bezahlen, vergelten, -*tikittin*, Kaufen lassen. -*tikittunnua*, gekauft werden; *aijaontahalin* ein kaufmann; *üjawuna* oder *tüjawuna* die Bezahlung, der Werth einer Sache.

Aijaontunnua, vergelten, sich rächen, wieder schlagen, -*tukuttùn* vergelten lassen; *daijaontúpa laba*, ich werde ihn wieder schlagen.

Aijaparrudakuttun, Leinwand ordentlich zusammenlegen; *aijaparruduku*, der Saum.

Aibun, lassen, unterlassen (wird construirt mit *uwuria*: *daiiba, büiba, lüiba, tüiba, waiiba, hüiba, naiiba; daiiba, daiirian*, ich lasse es von mir; *aiibunnua taddiki*, eine Sache fertig kriegen; *karrîn aiiboa däúria*, die Krankheit hat mich verlassen; *aiibukuttunnua*, aufhören gemacht werden, -*kittunnua* zurückgelassen werden, *aiibunnua laddikóa* eine erwachsene Mannsperson; *aiibùtibu laddikóa*, ein grosser Knabe, *aiibutubu taddikóa* ein grosses Mädchen.

Aiimóra, ein guter grosser Fisch.

Aiijin, weinen: *daija, biija, liija*, etc.; *daiipa*, ich werde weinen, *büipa; danuhu daiibi*, ich habe heute geweint; *aiikittin*. weinen machen; -*kittnnnua* zum weinen gebracht werden.

Aiikin, Ins Fahrzeug steigen, *aiikittin*, ins Fahrzeug steigen machen, -*ttikitunnna* genöthigt werden ins Fahrzeug zu steigen.

Aiikittan, blasen, wie die Indianer bei Juling thun. *Sende* ist das lange Rohr darauf sie blasen; *aiikittakuttûn*, einen blasen machen.

Aiimattunnua, böse werden, zürnen; *daiimattoa bumün*, ich bin böse auf dich, *büimattoa. lüimattoa*, etc.; *maiimattunnua bumünde*, ich bin nicht bös auf dich; *aiimattúti* ein Böser, die Bösen; *aiimattútu* eine Böse (Frau).

Aiimahan, oder kaimahan, feindselig sein, feindselig behandeln mit Wörten oder Schlägen; *aiimahakuttun, kaimahakûttun* böse machen.

Aiintunnua, singen: *daiintoa, biintoa, liintoa*, etc., *daintúpa* ich will singen; *aiintukuttùn* singen machen; *aiintoahü* das Singen; *aiintoakoanahü*, der Gesang, ein Vers.

Aiinadutun, von aussen hervormachen.

Aijoa, spät; *aijoa wandin*, wir kommen spät; *aijoa lakunna*, er ist spät gegangen; *aijoa daijahadda, waburukku lukkudi*, ich gehe spät auf dem Pfad spazieren.

— 81 —

AIIJOAKÜAEN, unreif sein, von aufwachsenden Personen beiderlei Geschlechts, auch von Geschwüren.

AIJUBUSSIN, sieben, durchsieben.

AIJUHUDUN, aufhängen, -dunnua, hängen, -dukuttun, hängen machen, aufhängen.

AIJUJUTTUKUTTUN, feucht machen; *daijujuttukúttan lukutti dikira abu,* ich netze seine Füssen mit meinen Thränen *aijujuttukuttunnua.* befeuchtet werden.

AIIKAN, heirathen, -*kakutun,* heirathen machen, trauen; -*kakuttunnua,* getrauet werden, *aiikahü,* die Hochzeit.

AIJUEHÊN, faul sein, -*hêde,* ich bin faul, -*hedukuttun,* faul machen: *hamma aijuehedukuttábu,* was macht dich so faul?

AIJUKUN, schiessen (mit beigefügtem Object), *aiijukân,* schiessen (wenn das Object nicht ausgedrückt ist), eigentlich heisst: mit der Flinte schiessen; *daijukápa,* ich will jagen; *aijukuttùn,* schiessen lassen, -*kuttunnua,* geschossen werden.

AIJUKARRAN, verkaufen; *maijukarránikoabân,* hast du es noch nicht verkauft? *miake daijukárrabünán,* gestern habe ich es verkauft.

AIJUKOANTIN, stützen, steifen, verbinden: *daijukoantán,* etc.; *aijukoanahü,* Baud, Steife, was gegen etwas angestüzt wird.

AIJULADDUNNUA, herunterhängen.

AIJULATTUN ANSSI, plagen, quälen beschwerlich fallen, Bekümmerniss machen; -*ttiikiittunnua anssi* geplagt verden, -*ttiikiittin* plagen lassen.

AIJUMUDASSIA, -DASSIANNU, Vorältern, Altväter (von *aijumudân*).

AIJURUDAN, Cassabi pressen: *daijúrudábu,* etc.; *daijùrudápa, bujúrudápa,* etc.; *aijurudahüssia,* ausgepresster Cassabi.

AIJURUKUN, führen, ziehen; schleppen; mit Gewalt wegnehmen: *daijuruka, daijurukupa,* etc.; -*rukuttukuttùn,* führen lassen, -*rukuttukuttunnua,* gezogen, geführt werden; *katti aijurukùssiannu,* Mondsüchtige.

AIJURADIN, auf dem Wasser treiben machen.

AIJUMÜN, AIJUMÜNDE, in der Höhe; -*müntunnua,* hoch sein, -*münnîn,* hoch sein: *aijumünnikai,* er ist in der Höhe; *nakia aijumünti,* die im Himmel sind; *aijumünneria,* -*munnúaria,* von Oben, von Himmel; *aijumünniru,* iu die Höhe, nach Oben zu, nach Himmel zu; *aijumünnimaria,* oberwärts.

AKABBURATIKITTIN, weit geräumig machen, *tikitunnua,* passivé.

AKAKATTAN, mit der Hand unter einander mengen, -*ttunnua,*

mit den Händen unter einander gemengt werden, *-ttakuttün* mit den Händen vermengen lassen, *-ttakuttannua*, passivé.

AKAHARU, eine Art von Krebse.

AKAHÜATIKITTIN, machen dass das Brod nicht sauer wird (sie verstehen dadurch, es auf der Blatte oft umkehren, dass es ausbacke; *kalli kahüa*, das Brod ist nicht sauer, süss.

AKAKÜTTIN, beleben, lebendig machen; *dakakütta, dakaküttüpa;* *-küttüküttin*, lebendig machen lassen, *-küttüküttunnua*, lebendig gemacht werden; *lükakütta lüttenna abuwu* er belebt uns mit seinem Blute.

AKALLEMETTIN, scheinen, glänzen, anzünden; *-mettunnua*, scheinen, leuchten, intransitivé, *-mettikittin*, scheinen machen, *-mettikittunnua*, angezündet werden.

AKALATIKITTIN, aufhören, genesen, heilen.

AKAMONAIKATTIN, arm machen, *-kattunnua*, arm sein.

AKAN, sich waschen am ganzen Leib, sich baden: *dakáka, bakáka, lakáka*, etc.; *akakuttün*, sich baden machen; *kuttunnua*, gebadet werden. Das Gesicht waschen heisst: *assukussún*, oder so: *dassiboa dehépuda*, ich wasche mein Gesicht.

AKANNABÜN, AKANNABAN, hören, verstehen, gehorsam sein; *-nnabuküttün*, hören machen; *-nnabüküttunnua*, hören gemacht werden; *akannabáti*, ein Verständiger Mann; *akannakü*, der Schall, Laut.

AKARASSAN, -RRASSÜN, abbürsten, abkrazen, abschaben; *-ssüküttün*, abschaben lassen; *-ssüküttunnua*, geschabt werden.

AKARRASSÜN, zerreissen, die Haut zerreissen; *-ssükittin*, zerreissen lassen; *-ssunnua*, zerrissen sein.

AKARRASSIAEN, einen Bach (Krieck) versetzen; *-ssiaekuttin*, ...lassen; *-ssiaekuttunnuâ*, passivé; *akarrássiaehü*, das Zusetzen, Hemmen; *akarrássiaekóanahii*, was man zum versetzen braucht.

AKARRATAN, AKARTAN, begraben; *-rratikittin*, ...lassen; *-rratikittunnua*, passivé; *makárratinnikoanân lipíru*, sie haben seinen Leib noch nicht begraben.

AKARRIDAN, zerbrechen (transit. und intransit.), begraben; *-rridunnua*, brechen, intransit.; *-rridakuttun*, ...lassen; *-rridakuttunnua*, passivé.

AKARRITIKITTIN, krank machen.

AKATTADÜN, anstossen, sich an etwas anstossen.

AKATTII, etwas gewebte kattunen Hängematte, und überhaupt etwas gewebtes, aber grosses.

Akaussan, umringen, umgeben; *-ssakuttùn*, ...lassen; *-ssakuttunnua*, passivé.

Akka, ach! *akkaka tuhu! akkakae!*

Akkabbatin, -tün, salzig machen, einsalzen nach europäischer Art; *-ttúnnua*, salzig sein; *-ttikittîn*, ...machen, *-ttikittunnua*, passivé.

Akkarküdün, -dan, binden; *-dükittín*, ...lassen; *-dükittunnua*, passivé.

Akillekakoanahü, der Zeigefinger.

Akkillikün, reichen, darbieten, geben.

Akkakardin, beissen; *wuri akkakârdali*, der von einer Schlange gebissen ist.

Akkarrupairan, der Knöchel am Fuss.

Akkassakkabudunnua, den Tag verbringen; *nakkassakkabudoa kallimahüa*, sie verbringen den ganzen Tag ohne etwas zu essen zu haben.

Akkissin, hereinschütten; einfädeln.

Akkuaria, der Breite nach gegenüber.

Akkuba, der Kern vom Holz; *addakuba* der Kern vom Baum; *kakkubán*, Kern haben; *makkubán*, keinen Kern haben.

Akkubani, der Tuyn (jardin): *dakkubáni, bakkubáni* und *bukkubani*.

Akkudan, stricken, weben; *-dakuttùu*, ...lassen; *-dakuttunnua*, passivé; *-dakoánahü*, Gewältschaft zum weben; *bakkudabüka dakkura*. webst du meine Hängematte?

Akkudun, flechten; *-dukuttùn*, ...lassen; *-dukuttúnnua*, geflochten werden; *-dunnua*, geflochten sein.

Akküdün, akküdan, wegjagen, wegstossen; *-diikittin*, ...lassen; *-diikiitunnua*, passivé; *dakküda däúruabù*, ich jage dich von mir.

Akküllidun, akküldun, abbrechen, abreissen (transitivé); *-dunnua*, id., intransitivé; *-dükittin*, ...lassen; *-dükittunnua*, passivé; *kia adda adennabu toája akküldoa tipiru ukunnaria*, der Zweig ist von selbst von seinem Stamme abgebrochen.

Akküllekün, ausstrecken nach etwas; *-kunnua*, ausgestreckt sein; *-kukuttun*, ...lassen; *-kukuttunnua*, passivé; *wakilli lakküllekakuba ladenna wibiti*, er hat längst seine Arme nach uns ausgestreckt.

Akkürrün, binden; *-rrunnua*, gebunden sein; *-rrüküttün*, ...lassen; *-rrüküttunnua*, gebunden werden; *akkür-*

rahü, das Binden, wickeln; *-rrakuttùn*, oft umwickeln lassen; *dakkürra*, ich binde; *bakkürra, lakkürra*, etc.; *akkürrükoanahü* oder *akürrakoanahü*, womit man bindet.

AKKÜRRÜHU, einer Frauensperson Schwiegermutter.

AKKÚJURU, eine der Aura ähnliche, aber grössere, essbare Frucht.

AKKULEHEDIN, räuchern, Rauch machen.

AKKUMMUDÜN, in der Sonne trocknen; *-mmudúnua*, getrocknet sein; *-mmudakuttùn*, ...lassen, *-mmudakuttunnua*, passivé.

AKKURRAN, backen; *-rakuttùn*, ...lassen; *-rakuttunnua*, passivé; *akkúrukukálli*, gebacken Brod, Cassabikuchen.

AKURRAKALLI, der Donner; ein dem Gespensterpferd ähnliches grünes Insekt, dessen Flügel wie Blätter eines Baumes aussehen; *akkurrakálli adiaka*, es donnert.

AKKURRUKUDUNNUA, ein Recidiv von einer Krankheit kriegen.

AKOAMATTUN, eine Mütze aufsetzen; *-mattikittin*..... lassen, *-mattikittunnua*, passivé.

ÁKOADUNNUA, rund sein; ganz sein; *-dukuttùn*, rund machen, *-dukuttunnua*, passivé; *akoadutu kujára*, ein ganzer Hirsch; *danuhu haddalli akoadupa akündün*, heute wird die Sonne den ganzen Tag scheinen.

AKU, in, an, auf, über (« in über » sonderlich vom Feuer und Wasser), *hime aijabudahüssia bia wassika hikkihi aku*, wenn Fische sollen gebraten werden, so legen wir sie an das Feuer; *akulukku*, in (wird vom Feuer und von den Augen gebraucht), *hikkihi akulukkukán*, es ist im Feuer; *dakulukkukán adda óala* ich habe einen Splitter im Auge; *akulukkumün*, hinein (sonderlich vom Feuer und von den Augen); *akulukkuaria*, heraus (insonderheit vom Feuer), *buttikannu doada hikkihi akulukkuaria*, nimm den Topf aus dem Feuer.

AKUBUDIN, fehl schiessen.

AKUDDIKIDIN, AKUDDIHIDIN, zusammenlegen, zusammenwickeln.

AKUDUN, das Haar zusammenflechten, binden, wie die Weiber thun; *-dukutun*... lassen, *-dukuttunnua*, passivé; *bubara aboake akuduku*, dein Haar lässt sich übel flechten.

AKUDUN, AKUDUNNUA, hineinkriechen, hineingehen, untergehen (von der Sonne, Mond und Sterne); *mabba uju akudun adda ullukkumün*, die Biene kriecht in den Baum; *hadalli akudoa*, die Sonne geht unter; *akudukuttun*... machen, *-kuttunnua*, passivé; *-kakudúnnuán*, tief.

Akündün, scheinen, glänzen, leuchten, -dükittin ...machen, -dükittikittunnua passivé: hádalli akünda, die Sonne scheint, es ist gutes Wetter.

Akünnekunnua, aufstehen; -nnekukuttùn ...machen; bakünnekoa, stehe auf; makunnekunnuai, er ist nicht aufgestanden.

Akuttan, aküttün, stechen, zur Ader lassen einem andern; -ttükittin, eine Ader öffnen lassen, aküttunnua, zur Ader lassen, intransitiv.

Aküttüka, die langen Spitzen an Dornen, taküttüka, die Dornenspitzen.

Aküssa, die Blätter an den Ananas, wenn sie dürre geworden sind und herunterhängen.

Aküssan, nähen (anfädeln, z. B. Fische, Corallen, etc.); -ssakuttùn, ...lassen; -ssakuttunnua, passivé; laküssabü, er nähet; baküssábîn danahu, hast du es heute genähet?

Aküttühü, die Grossmutter: daküttü, laküttü, etc.

Akuï, Speichel: dákuï, búkuï, lúkuï, túkuï, wákuï, húkuï, nákuï. Akuidin, ausspeien, spucken; -dikittin, ...machen; -dikittunnua, passivé; aküiditi, einer der spuckt.

Akujabuan, bitten, beten; -bunnua, bitten; -bukuttùn, ...lassen; -kuttunnua, passivé; hallikaba akujabuân, was bittest du?

Akujaha, ein grosser Fisch, der grösste in dieser Gegend; perukujaha, Seehund.

Akujakuttun, sammeln.

Akújali, Cedernholz, roth und weiss.

Akújamadan, pumpen machen, oder stellen: dakujamadáka, bukujadamáka, etc.; tiména bussika kujama ullukkumün, lege Lockspeise in deine Pumpen.

Akujúnnua, weggehen, zurückgehen: dakujoa, bakujoa, lakujoa, etc.; -jukuttùn, ...machen; -jukuttunnua, passivé; bakujabu, gehst du weg? akujoakujoadin, immer hin -und wieder zurukgehen.

Aküikittan, zuruckkehren; -ttakuttùn, ...machen; -ttakuttunnua, passivé; naküikittábi buuria, sind sie heute von dir zuruckgekehrt.

Akuke, die Augenlieder: dákuke, bákuke, lákuke, etc.

Akulattün, klopfen; -lattúnnua, geklopft werden; -lattüküttùn, ...machen; -lattüküttúnnua, passivé; -lattükükoana, das womit man klopft, ein Hammer; dakulátta, ick klopfe.

9

Akulettün, roth machen; *-lettúnnua*, roth sein; *-lettikittin, -lettikittunnua.*

Akúllebettün, zertheilen (*allukkudán*, austheilen); *-bettikittin*, ...machen; *-bettikittunnua*, passivé.

Akullissibatunnua, knien; *nakullissibátoa biamannuman*, sie knien je zwei und zwei.

Akullissadün, holzreich machen; *-ssadúnnua*, holzreich sein.

Akullissittunnua, einen Hübel machen; ein Nest von den Haaren auf dem Kopf haben, wie die Weiber zu thun pflegen; *-sittin*, ein Nest ...machen; *-ssittikittin*, ...machen lassen; *-ssittikittunnua*, passivé.

Akulludun, akuldun, durchziehen, durchweichen (von Wasser, den Cassabi oder Zucker); *-ldunnua*, durchzogen sein; *-ldukuttùn*, ...lassen; *-ldukuttunnua*, passivé.

Akulluhudun, akullehudun, über dem Feuer dörren, brennen, rösten; *-hudukuttün*, brennen lassen; *-hudukuttunnua*, gebrannt werden.

Akulutan, mit den Händen unter einander mengen; *-lutunnua*, auf die Weise vermengt sein; *-lutakuttùn*, so vermengen lassen; *-luttakuttunnua*, passivé.

Akumurdunnua, Winde gehen lassen; *-murdukuttùn*, Winde verursachen; *-murdukuttunnua*, passivé.

Akúnnun, akunnan, gehen (abire, ire); doch ist es mit Unterschied zu gebrauchen, wie aus folgenden Exempeln hervorgehen wird: *bakúnnabüna miáke*, bist du gestern gegangen? *hikkulikai, mammalika lakunnán*, er ist lahm, er kann nicht gehen; *hallika bakunnápabà wuri ardini bennábù*, wenn wirst du wieder gehen können nach deinem Schlangenbiss? *moaikille jaharia bussikoamün akunnuku*, es ist nicht weit von hier nach deinem Hause zu gehen; *akúnnukuttùn*, weggehen machen; *akunnukoanahü*, eine Rinne, Canal, etwas das zum gehen dient.

Akurdun, Unterbusch kappen; *-dukuttùn*, ...lassen, *-dukuttunnua*, passivé.

Akússa, *akússadi*, vorn, neben; *dabálta tafel akússa*, ich setzte mich vor den Tisch.

Akússa, Nähnadel; *aküssân*, nähen.

Akússi, die Augen: *dakússi, bakússi, lakússi; daddika dakússi abui*, ich sehe ihn mit meinen Augen; *akússihibina*, Arzneimittel gegen Augenkrankheiten.

Akussakúnduhu, die Augenbrauen: *dakussakúndu, bakussakúndu*, etc.

Akúrrubudün, -budin, voll sein, vom Monde : kátti akúrrubuda, der Mond ist voll; kátti ukúrrubu, Vollmond; kátti háika, es ist Neumond.

Akurrukussun, zittern (wird von Menschen gebraucht); -ssukuttùn, …machen; -ssukuttunnua passivé.

Akuttun, essen : dakutta, bukutta, lukutta, etc.; -ttukuttùn, zu essen geben; -ttukuttunnua, gespeist werden; dakuttupa kalli abu, ich will Brod essen; bukúttabü, issest du? akúttahü, das Essen, die Speise.

Allammadan, wackeln, sich wiegen; háddalli allammadaka, sagen sie von der Sonne vom 12 bis 3 Uhr des Tages : es ist zwischen 12 und 3; nikebetupa háddali allámmadân, es wird gleich über Mittag sein; wábuka tüllammadábi háddali, es ist lange über Mittag.

Alantina, soll ein Stuhl, Sessel heissen.

Alaossün, anstammen, ziehen.

Alassu, Schildgatten, die hier oben in den Wässern gefunden werden, so gross wie ein hikkuli, die sich mehrentheils auf dem Lande aufhalten.

Aleledün, durch einander plaudern.

Aléru, ein gewisser Vogel.

Alesedin, lesen : daléseda, ich lese; -sedikittin, …lassen; -sedikittúnnua, passivé.

Alin, der etwas macht, Instrumente, Sachen die zu etwas gebraucht werden aber doch nicht das Materiale ausmachen (Muss allemal bei einem andern Worte stehen); kimíssa álin, einer der Lappen macht, oder zurecht macht, it. ein Schneider; adda álin, ein Zimmermann, und Instrumente die zum zimmern dienen.

Allebüttan, mit dem Fahrzeug ankommen, aus dem Fahrzeug angehen, anlanden; -ttakuttùn, machen dass…

Allammadúnnua, wackeln; -llammalammadün, -llammalammadünnua, sehr wackeln, sehr schranken; -llammalammadikittin, wackeln machen; -dikittunnua, berregt werden.

Allakkadün, werfen, bewegen; -düküttün, werfen machen lassen; -düküttunnua, passivé; allakkalakkadün, viel durch einander werfen, gegen einander bewegen.

Allalidin. neben einander legen, in eine Reise legen, in Haufen gehen, neben einander gehen; -lidikittin, -ldikittin, neben einander legen, -ldikittunnua, passivé.

Allebuttúnnua, sich bücken, -ttukuttùn, sich bücken lassen, -ttukuttunnua, sich bücken müssen.

ALLEHINTUNNUA, schwartz sein, -hintin... machen, -hintikittin, schwartz machen lassen, -hintikittunnua passivé.

ALLIBÜTTIN, schmieren, -ttikittin... lassen, -ttikittunnua, passivé; *nallihütta kaiuru ukunna auléara*, sie schmieren weisse Erde auf die Schur.

ALLEPEKATTOAN, angeben, verklagen, verklatchen, in gutem und bösem Sinne, es sei wahr oder falsch; -*pekattukuttùn*, machen dass einer verklagt; *dallepekattoáka bukunnamün*, ich verklage dich.

ALLIKÜSSIN, schütteln.

ALLÜKAN, schneiden, zerschneiden, abschneiden; -*kakuttùn*... lassen, -*kuttunnua* passivé; -*kükoanahü*, eine Schere, -*kükoanahükan*, eine kleine Schere; *nikébe búpa allükan adda saege abu*, du musst den Baum gleich versägen.

ALLUKKUDAN, austheilen; -*dakuttùn*... lassen, -*dakuttunnua*, passivé.

ALLUKKUNTÚNNUA, ein Mensch werden; *dakia umün bulukkuntuakuba*, mir zu gut bist du Mensch geworden.

ALOMESÜN, ALOMOSSAN, etwas von einem Orte zum andern bewegen; *alomossúnnua*, von einem Orte zum andern ziehen; -*mossikittin*... machen; -*mossikittunnua*, passivé.

ALTADÜN, umthun, anthun, -*dükittùn*... lassen, -*dükittunnua*, passivé; *altadahü*, das Umthun, Anziehen.

AMABANNADIN, die Blätter abstreifen, abblatten.

AMABÜJADINNUA, seine Wohnung verlassen.

AMADIANDÚNNUA, nicht antworten; -*diándikittin*, machen dass einer nicht redet, -*diántikittunnua*, passivé.

AMAHAIARUDUN, aus der Sclaverei frei machen; -*dukattùn*, id, -*dukattunnua*, passivé; *amahaiarudáhükai*, er ist frei gemacht.

AMAHAIKADIN, erretten (aus Lebensgefahr, vom Tode).

AMAHAIKADIKITTIN, unvergesslich machen; -*kitunnua*, passivé; *amaháikassiadikittin*, unvergesslich machen.

AMAHALLIKEBBETIKITTIN, missvergnügt machen.

AMAJAUDUNNUA, bleiben, still schweigen; -*dukuttukuttùn*, ...machen; -*dukuttukuttunnua*, passivé; *damajaudoa*, ich bleibe.

AMAIKADIN, taub machen; -*kadikittin*, ...lassen; -*kadikittunnua*, passivé; *maikatti*, ein Tauber; *bumaikadáde*, du machst mich taub.

AMAIMADIN, versöhnen, zahm machen.

AMAIMATTUNNUA, ausgebreitet werden (von *Amainattin*, ausbreiten, bekannt machen).

AMAJÚDUKUTTUN, Mutterloss machen; -*ttunnua*, passivé.
AMAJUEDIKIKITTIN, die Faulheit vertreiben, fleissig machen.
AMAJÚJUDUKUTTUN, machen das etwas nicht nass wird.
AMAKABBATIN, die Salzigkeit benehmen, z. B. wenn man gesalztes Fleisch auswässert; *amakábbadikittin*, die Salzigkeit benehmen; -*kittunnua*, passivé.
AMAKKÜRADIN, (das Wasser) fallen oder abnehmen lassen.
AMAKABURUKKOADUNNUA, thöricht, nicht gescheut, nicht bei sich sein; -*kkoadikittunnua*, unverständig gemacht werden.
AMAKUDUNNUADIKITTIN, machen dass einer nicht hineingehet.
AMAKÜDDIDIKITTIN, leicht machen; -*ttunnua*, passivé; -*ddükuttün*, leicht machen.
AMAKUJADIN, zähmen, zahm machen.
AMAKUSSIDUNNUA, blind sein, werden, keine Augen haben; -*kussidikittin*, verblenden, -*ttunnua*, verblendet werden.
AMALIKUTTAN, -*likuttün*, lehren, (manchmal auch) lernen; *amalikuttuân*, -*likuttunnua*, lernen; *damalikúttoa kia ukunna*, ich lerne das; *amálikuttakóanahü*, ein Lehrer.
AMALITIN, machen: *damalita*, *bumalita*, *lumalita*, etc., *damalitipa*, etc.; -*litikittin*, machen lassen; -*ttunnua*, passivé; *amalitakoanahü*, -*koanti*, ein Macher, Schöpfer.
AMALLADIIN, fliessen, mit dem Strome wegtreiben; -*dikittin*, ...machen; -*dikittúnnua*, passivé; -*dunnua*, fliessen; *amallakadiin*, fliessen; -*kadiikittin*, ...machen; -*kadiikittunnua*, passivé.
AMAEMAERETIDUKUTTUN, machen dass eine Frau ledig, ohne Mann ist, -*retidukuttunnua*, des Mannes beraubt, -*reudukuttün*, machen dass einer ohne Weib, unbeweibt ist, -*reüdukuttunnua*, des Weibes beraubt werden.
AMAMAIMADUKUTTUN (von *amáimadin*), versöhnen, -*ttunnua*, passivé.
AMAMANDIN, stumpf machen, -*dikittin*, stumpf machen lassen, -*mandunnua*, stumpf sein.
AMAWAWORADUNNUA, frei sein, kein Sclave sein; -*radikittin*, frei machen, -*radikittunnua*, passivé.
AMAMOLEDUNNUA, nüchtern, nicht trunken sein; -*ledikittin*, und -*ledukuttun*, nüchtern machen, -*ttunnua*, passivé.
AMAMONAIKADIN, reich machen, der Armuth abhelfen; *kadikittunnua*, passivé; *damaimonaikadábu*, ich dich..., *bumamonaikadikade*, du mich..... etc.

AMAMARUNDUNNUA, sich nicht fürchten, -*dikittin*, -*dikittinnua*.

AMANTIN, AMANTAN, schleifen, scharf machen: *damanta, bumanta;* -*tikittin,* -*tikittunnua;* *amantunnua*, *amanatunnua*, scharf sein.

AMAPPADIN, blenden, -*ppadikittin,* -*ppadikittunnua;* *tumappada laddikin,* es blendet ihn.

AMARAIADUNNUA, nicht zum Vorschein kommen; -*dukuttùn,* -*dukuttunnua*.

AMARIBENDIKITTIN, reinigen, -*dikittinnua;* *mamaribendikittinnikoabân bahü wakkaukilli uwuria,* hast du das Haus noch nicht gereinigt von dem Unrath?

AMAROADAN, Vögel schiessen, eigentlich mit dem hölzernen Pfeil schiessen, aber nur nach Vögeln (von *úmaroan, dámaroân,* ein hölzerner Pfeil); *dakuttùn*.

AMARUHUDUN, die Spitze von etwas abbrechen; -*dukuttùn,* -*dukuttunnua,*

AMASSEMEDIKITTIN, unfreudlich machen.

AMMASSUKKUNDUNNUA, die Pocken nicht haben; -*dukuttùn,* -*dukuttunnua*.

AMASSUNNUA, untergehen, sinken, sterben; *kuttùn,* -*kut tunnua*.

AMASSÜRÜDÜN, AMASSÜRDÜN, aufdrehen; -*dükittin,* -*dükittunnua, amassürdahü,* das Auf-und locker andrehen.

AMATIDIKITTÚNNUA, Vaterlos sein, oder gemacht werden; -*tidikittin,* einen Vaterlos machen.

AMAUAHÜNNATUNNUA, sich nicht vermehren.

AMIBILUKKUDÚNNUA, schmal sein; -*kkudukuttunnua,* ...werden, -*kkudukuttùn,* ...machen.

AMOAKÜDÜKÜTTÜN, machen dass etwas nicht zerbricht; -*küttunnua,* nicht zerbrochen sein.

AMOLLEDUNNUA, trunken sein; -*dikittin,* ...machen; -*dikittunnua*.

AMONAIKATTIN, arm machen; -*kattikittunnua,* passivé; *kattoân,* arm sein; *danssika düüssadakoanti amonáikattannibia dallua ullukkuadè,* ich wünsche dass der Heiland mich arm mache in meinem Herzen.

AMUDÜN, aufsteigen, in die Höhe steigen: *dámuda, bámuda, lámuda;* -*dükùttin,* ...lassen; *amudükoanahü,* eine Leiter, alles woran man in die Höhe steigt; *amudükil,* der Landeplatz.

AMÜHÜRKAN, etwas schlingen, dass es einem dem Athem versetzt, insonderheit unterm Wasser; -*kürkakuttùn,* jemand das Wasser in den Mund einfliessen machen durch untertauchen; *-hürkakuttunnua*, passivé; *dattubadduparuka wuin irrakumün, damühürkapa, mammalin dattimün udunna,* wenn ich mich untertauche, so wird das Wasser gleich in Mund und Nase hineinlaufen.

AMÜJAMÜJATTIN, gefüge, weich machen; *-jattikittin*, weich machen lassen; *-jattikittunnua*, weich sein; *tuhu kalli amüjamüjattoa mimiliaen udunna,* das Brod ist weich wegen der Kälte.

AMÜKÜDDÜN, schlingen, hinunterschlucken; bedeutet manchmal auch wohl: trinken: *dámüküdda, bumüküdda,* etc.; *amüküddahü*, das Schlucken.

AMÜN, zu, bei, an; *umamün*, zu, bei; *bakúte damün,* komm zu mir; *bukúttate damün,* iss mit mir; *wakúnnupa lumamuniru,* wir vollen nach ihm, zu ihm gehen.

AMUKUNNEBUNNUA, sehr schläfrig sein.

AMULI, eine Art Fische, etwa eine Spannung lang, breit, fleischig.

AMÚLLIDAN, belügen, betrügen; *-dakuttin*, lügen machen; *-dakuttunnua*, passivé; *-llidahün*, belogen werden; *-dahü*, das Belügen; *-dáku,* belogen; *-llikatoân,* lügen und betrügen; *bumullidákade,* du belügst mich; *mamullidanikoadàbu,* ich habe dich noch nicht belogen; *amullikáttoahü,* das Lügen.

AMÚLLISSIN, so viel als *ábun*, auskörnen.

AMULUKKUHU, ein Wind, Furz.

AMURÚDUN, AMURDUN, AMÔRDUN, fliegen; *amûrdukuttùn,* fliegen machen, *-kuttunnua,* zum Fliegen gelassen werden.

AMÚRRUMÚRRUTUN, machen dass etwas nicht reif wird, *-tunnua,* nicht reifen können.

AMUTTAN, tadeln, verachten, *-ttunnua,* eine Furcht, Hochachtung vor etwas haben.

ANAWANEHÉRO, ein Kraut, das den Urin stark treibt.

ANDAKA, das Gelenk; *bandakamün karrika,* thut es dir im Gelenk wehe? *turubúddipárukäu, ika, wakutti andakamün karrika wamün,* wenn wir müde sind, so thun uns die Füsse im Gelenk wehe.

ANDAN, sich durchschneiden, in einander fallen (von Wegen); *andakuttün,* machen dass etwas zusammenstösse, z. B. die Manikolen in einem Zaun, etc., *-andakuttunnua,* passivé; *nikebe tupa andan waburukku,* der Pfad wird gleich diesen durchschneiden.

Andin, kommen: *danda, banda, landa,* etc., *dandibi, dandibüna; andikttin,* kommen machen, erlauben zu kommen; *-kittunnua,* kommen gemacht werden; *andikittikittin,* kommen lassen (machen), liefern lassen; *anditi,* einer der da kommt; *nakia andánute wakilii namamün,* die vorlängst zu uns gekommen sind; *bandikittate baditti damamün,* lass deinen Sohn zu mir kommen, bringe ihn zu mir,

Anebettan, auseinander gehen, *-bettunnua,* zerstreut werden; *anebettin,* zerstreuen, *-ttikittin*... lassen, *-ttikittunnua,* passivé *nanebettáka ahürkedakoanahü ullukkuaria,* wir gehen aus der Versammlung auseinander.

Ani, es gehört, ist eigen; *tuhu dani,* das gehört mir; *kia bani,* je was dir; *tain (ta ani),* nach seiner Art; *aninuti, es* gehört, ist eigen.

Anin, thun, machen, *-kittin,* machen lassen, *-kittunnua,* passivé; *anti,* einer der da macht; *hamma bánibüka,* was machst du? *dánika bahü,* ich mache ein Haus; *maninikoaban bahü dábburanuin,* hast du noch kein Haus (korjar) für mich gemacht? *hánitèn bahü,* machet ein Haus; *danibükan dikiruhudullia,* ich drehe die Spindel, ich spinne.

Annakü, die Mitte, *tánnakü tuhu,* das ist die Mitte; *ánnaküdi,* in der Mitte; *dáddikân kuljara Wiron annaküdi,* ich sehe das korjar mitten in der Wironje; *annakdditi,* einer, oder mehrere die in der Mitte sind; *annakittunnua,* nach der Mitte zugehen; *-ttukuttün,* nach der Mitte zugehen machen; *-ttukuttunnua,* passivé; *annakümün,* in die Mitte hinein; *kümuníru,* nach der Mitte zu; *-kuária,* aus der Mitte heraus; *annakaniruku,* in der Mitte; *annakanirukudi,* id.

Annakúnnua, rudern, riemen, schöpfen; *-kukuttün,* ...machen; *-kukuttunnua,* im Wasser fort geschoben werden; *annakukoanahü,* Ruder, Riemer, Schöpfer; *nannakoa,* sie rudern; *mannakunnuapabü bokkia,* willst du nicht rudern.

Ananaka, ein Scorpion, von der kleinen Art.

Annekan, umfassen; *-kakuttùn,* ...lassen; *-kakuttunnua,* passivé; *dannekáka* oder *dannekákan jadolle uma,* ich umfasse das Messer; *dannekánika búma,* ich möchte dich umfassen.

Annikiddin, heben, in die Höhe heben; *-ddunnua* in die Höhe gehen; *-ddikittin,* in die Höhe heben lassen; *-ddikittunnua,* passivé.

Annikin, nehmen, tragen; *-kittin,* ...lassen; *-kittunnua,* passivé; -*kikoanahü,* das womit man etwas trägt, eine Trage.

Annikuhu, Geräthe, als: Hängematte, Pfeil, Bogen.

Annikiddunnua, ausgespannt, ausgedehnt sein; *-ddukuttùn, -ddukuttunnua.*

Annoana, der Stinkvogel; es ist kein Raubvogel.

Anoân, anuwân, aussuchen, auslesen.

Ansán, ansîn, reiben, Cassabiwurzeln, etc.; *-kittin,* ...lassen; *-kittunnua,* passivé; *ansakoanahü,* der Trog worin Cassabi gerieben wird; *bansabü,* reibst du Cassabiwurzeln?

Ánsi, ánissi, ánsiwa, Wird zu einigen Worten gesetzt, und formirt schöne Redensarten, z. B. *jurán ansi,* verlangen; *júra dánsi,* ich verlange, *júra bánsi,* etc.; *likia tatta ánsi,* der ist sehr stark.

Aobaddin, warten; *-ddikittin,* ...lassen; *daobadda bubura,* ich warte auf dich.

Aohüntin, pflanzen; *-tikittin,* ...lassen; *-tikittunnua,* passivé.

Aojadattikittin, wehe thun, machen.

Aojin, aujin, abpflücken; *-jikittin, -jikittunnua.*

Aokattunnua, überlaufen (vom Wasser in einem Gefäss wenn es zu voll ist; *-ttukuttùn, -tukuttunnua.*

Aolassân, auseinander gehen, spalten; transitivé et intransit.; *-ssakuttùn, -ssakuttunnua; -ssakóanahù,* Riss, Spalte.

Aollakaddün, ausspannen, ausbreiten; *kaddúnnüa,* ausgebreitet sein; *-kaddüküttün,* ausbreiten lassen; *-kaddüküttunnua,* passivé.

Aonnabân, antworten, sich verantworten; *-bakuttùn...* machen: *daonnabákan badián,* ich antworte dir; *aboake irennu aonnabán nattinuti naijunutiküssa adián,* es ist garstig wenn Kinder gegen Vater und Mutter sich verantworten.

Aonnahaddin, fleissig machen; *haddannua,* zergehen fleissig werden.

Aonnaháwa, Essen zum Brod; *kalli aonnaháwa,* was man zum Brod isst.

Aonnakin, abholen; *-nnakakuttùn,* holen lassen; *-nakakuttunnua,* abgeholt werden.

Aora, áwara, áuora, die Frucht eines gewissen Baumes, sie ist roth, der Baum ist ebenso; *kuléttu adda iwi nappatân nattannua bia,* das Holz ist roth, und von der Frucht machen sie Trinken.

Aôrdün, aordan, spinnen, -düküttün... lassen, dükütut-tunnua, pass.

Apaddukuddunnua, aufgehen, auseinander gehen ; sich aufthun, als Kohlblätter, Banane, etc.

Apaddukkuddùn, die Haare losmachen; etwas auseinander gehen lassen, -kuddukuttùn, -kuddukuttunna.

Apaküttün, vorbeigehen ; -ttüküttün, -ttüküttunnua.

Apanassiakittin, Hunger leiden lassen; -ssiakittunnua, Hunger leiden müssen.

Apappassün, sich ausbreiten, gross werden.

Aparradün, Holz kappen, insonderheit Brennholz ; -rradunuua, zersplittern ; -rradüküttün, Holz machen lassen ; -rradüküttunnua, gekappt werden ; -rradakóanahü, ein Instrument zum Holz kappen.

Aparrân, aparrün, schlagen, todt schlagen, tödten; apparrunnua auf etwas aufschlagen wenn man herunterfällt, sich Schlagen ; aparrahüssia, das Geschlagene, Getödtete ; -rrahü, das Schlagen, das Tödten ; apárkü, das geschlagen werden; kapárkati, ein Mörder; apárküttün, schlagen oder todt machen lassen ; -küttunnua, geschlagen oder getödteter werden; aparrükütiúti, ein geschlägener, getödteter ; apárrüköanahü, das womit man schlägt.

Apáttadün, mit der Hand schlagen ; -düküttün... lassen, -ttüküttunnua, passivé.

Apattün, brauen, trinken machen; ttüküttün... lassen, -ttüküttunnua, passivé; apáttahü, das Brauen; -ttükü, das Brauen, zu Brauen; -ttükoanti, ein Brauer.

Appapurru, böses, wildes Wasser, heftige Brandung.

Appüdün, blasen ; -düküttün, ...lassen ; -düküttunnua, passivé; -dukoánahü, ein Blasebalg; dáppüda, ich blase ; buppüda hikkihi hamaka abumün, blase Feüer an unter der Hängematte; buppüda hittika juli, willst du gern Tabak rauchen ?

Appüldin, losmachen.

Appüddi, unter, niedriger, geringer, kleiner, in gewissem Verstand auch « neben »; nabatta lúkkura áppuddi, sie sitzen neben seiner Hängematte, doch niedriger; Joseph jahakánika Joel apüddii, Joseph ist kleiner als Joel.

Apujuttün, begreifen, befühlen, belassen ; apujuttán, id. ist gebräuchlicher ; -ttukuttün, ...lassen ; -ttukuttunnua, passivé.

Apukudun, scheiden, trennen.

Apúllipullitin, glatt machen; *-tikittin, -ttikittunnua.*

Apúllitin, wachsen, von Gras, Holz und dergleichen.

Apurissân, abschaben; *-ssakuttun, -ssakuttunnua.*

Apússidin, los machen von etwas; *-dikittin,* los machen lassen; *-dikittunnua,* los gemacht werden; *apússidunnua,* los sein, los werden; *wüssadakoanti akürrüküttuákuba lupussidinni bia jawahü akürrünikubáü uwuriäu,* unser Heiland ist darum gebunden gewesen dass er uns von des Teufels Banden los mache.

Apussikân, verwenken; *dakkábbu apussikân,* meine Hand ist verwenkt.

Apússu, was von Bäumen herabfällt, es seien Blätter oder Früchte, aber nicht die Zweige.

Aputtükidin, hervorgehen, herausgehen; *-kidikittin,* ...machen; *-kidikittunnua,* passivé; *aputtükidiliáeti,* neulich geboren; *lupputtükida luju addibeju ullukkuaria,* er ist aus seiner Mutter's Leibe hervorgegangen, d. i. geboren worden; *patta wijua luputtükidinni benna,* wie viel Jahre ist er alt?

Apúttuputtúllidùn, nageln; *-llidikittin,* ...lassen; *-llidikittunnua,* passivé; *Pilatus apúttuputtúllidikitta Soldaten umün adda ukunnamünni,* Pilatus lässt ihn durch die Soldaten ans Holz nageln.

Araia, eine Spinne.

Araiatin, zum Vorschein kommen machen; *-ttunnua,* erscheinen, zum Vorschein kommen; *-tikittin,* hervorkommen machen; *-tikittunnua,* zum Vorschein gebracht werden.

Araka, eine Art dicker Muskiten die sehr beissen.

Arakarrahadün, hin -und her schieben; *-diikittin,* ...lassen; *darakarrakadân abattikona,* ich winke den Stuhl hin -und her.

Arantan, aranatun, vermengen, vermischen; *arantunnua,* vermengt sein; *arantakuttùn,* vermengen lassen; *-takuttunnua,* passivé.

Aránsu, Apfelsine.

Arara, ein sehr grosses Krokodil.

Araudün, abtrocknen, abwischen; *araudunnua,* sich abtrocknen; *araudüküttün,* ...lassen; *-düküttunnua,* passivé.

Ardin, beissen: *darda, barda, larda,* etc.; *dardibi; ardunnua,* sich selbst beissen; *ardikittin,* ...machen; *-kittunnua,* passivé; *haruai wuri ardibirude,* da ist die

Schlange die mich heute gebissen hat; *ardebéru*, was da beisst; *ardeberukuttihi*, was da in die Füsse beisst.

ARRAKABUSSA ARI, Flintenstein.

'ARI, zahn: *dari, bari, lari, nari; arina*, ein Backenzahn; *arissibu*, die vordern Zähne, oben und unten.

ARIBETIN, unrein machen; *aribetikittin*, id.; *-tikittunnua*, unrein gemacht werden; *aribetunnua*, unrein sein.

ARILÚKKU, zwischen; *lábuna arilúkku*, zwischen seinen Knochen.

ARITIN, nennen, einen Namen geben; *-tikittin*, ...lassen; *-tikittunnua*, gennant werden; *aritunnua*, heissen; *hallika búpa aritin bussakan*, wie willst du dein Kind nennen? *maritikoala*, hat er noch keinen Namen? *marikai*, er hat keinen.

AROADÜN, kriechen (von Kindern, Würmern, Fliegen, etc.); *aroadunnua*, kriechen; *aroadukuttùn*, ...machen; *irennu aroadaka nakkulussi à tükkáblu muttu abu*, die Kinder kriechen auf ihren Knien und Händen; *aroadurubumutti*, was nur kriecht, serpentia.

ARRABOAHATTI, eine Art Pfeffer mit grossen und dicken Körner.

ARRADÜN, all machen; *-düküttùn*, alle machen lassen; *-düküttunnua*, alle gemacht werden; *narradan dakalle*, sie nehmen all mein Brod.

ARRAKABUSSA, eine Flinte.

ARRAKASSÜN, schütteln, von Bäumen und dergl. transitivé; *arrakassunnua*, erschüttern, sich stark bewegen, intransitivé; *bassabantu adda arrakassoa awádulli udumma*, der kleine Baum wird vom Winde stark bewegt.

ARRARA, Holzlaus.

ARREKUSSÍRI, ein gewisser Baum daraus ein heilsames Harz fliesst.

ARRIRIKUNNUA, fortrücken, rücken.

ARRUKUSSÁN, sich bewegen, zittern (von der Erde, Häusern, etc.; *-ssakuttùn*, ... machen, *-ssakuttunnua*, pass.; *turrukussáka wúnabu, jaha*, die Erde hat sich hier bewegt; *irennu arrukussáka, naijunuti addibeju ullukku*, die Kinder bewegen sich im Mutterleib.

ARRUSSUTTÙN, aufbauen, *-ttukuttun, -ttukuttunnua*.

ARUBUTTIN, herausziehen, abziehen, *-ttíkittin*. ...lassen, *-ttikittunnua*, herausgezogen werden.

ARUBUTTUNNUA, herausfallen (z. B. der Pfeil aus einem geschossenen Wild), *-ttukuttùn, -ttukuttunnua*.

Aruléti, Licht; *bukkalleméttan, aruléti,* zünde das Licht an.

Aruma, die Seite; *láruma ukunna,* in seiner Seite; *arumatunnua,* auf der Seite liegen, *-tüküttün* ...lassen, *-tüküttunnua,* pass.

Aruma, wird auch manchmal für *üllebu* gebraucht: *nakúnna húrruru áruma ukundi,* wir segeln längs der Kuste hin.

Aruma, ist auch die Länge (lange Seite) von etwas; *kuljara áruma haulên,* die Seite am Korjar ist krumm.

Arùnnaha, luciditas, die Helligkeit; *haddalli arùnnaha,* die Helligkeit der Sonne; *arùnnahatün,* hell machen; *arùnnahatúnnua,* hell sein, scheinen; *arùnnahattüküttün,* hell machen, erleuchten, *-hatikittunnua,* erleuchtet werden.

Aruru, ein vierfüssiges Thier mit einem langen Schwanz, seine Haare sind lange Stacheln, es ist eine Art Igel; hat einen dicken kurzen Rüssel, und gleicht an Grösse übrigens einem *Walliti.*

Arurutùn, kothig machen; *-tukuttun,* ...lassen, *-tukuttunnua,* pass.

Aruwa, ein Tiger; *aruwákujaha,* ein Seethier, das wie ein Tiger gestaltet ist.

Assa, eine Art wohlschmeckender kleiner Fische mit harten Schupppen, die quer über den Rücken gehen; bedeckt, hält sich in Morast, Moder auf.

Assabbadün, zusammenschlagen, schlagen, klopfen

Assakadân, begegnen; *-dakuttün, -dakuttunnua; naburukku lukku wassakkadáka nama,* unterwegs sind wir ihnen begegnet.

Assakkadün, dürren, trocknen; *-dunnua,* trocknen sein; *-düküttün* ...lassen, *küttunna,* passivé; *bussakkadábun kalli,* trocknest du Brod?

Assakkassün, dicht machen; *-ssunnua,* dicht sein; *-ssakkuttùn,* ...lassen; *-ssakkuttunnua,* verstopft werden.

Assakkudun, kauen.

Assakkülledun, kraus machen, kräuseln; *-dunnua,* kraus sein; *-dikittin,* kraus machen lassen; *-dikittunnua,* kraus gemacht werden.

Assalarudân, einsalzen, wie die Indianer, d. i. Kerben einschneiden und das Salz hineinreiben; *-dukuttun, -dukuttunnua; üssalárun,* das Eingesalzte.

Assallédün, das Brod umwenden auf der Cassabiplatte, überhaupt: umwenden; *-dikittin,* umwenden lassen ; *-dikit-*

tunnua; massalledikikoata, es ist noch nicht umgewendet.

Assân, nennen; *hallikabà assanîn tuhu*, wie nennst du das? *hallika bupa baha assáni bússakan*, wie willst du dein Kind nennen? *massánikoadân* (oder *maritinnikoadan*), ich habe es noch nicht genannt.

Assárradün, abpfählen; *-düküttün, -düküttunnua; tuhu itirriti hárapa assarrádükü*, dieses Rohr soll alles abgepfählt werden.

Assássadunnua, den Sassahü haben, eine Krankheit; *-düssia*, die daran kranke sind; *-dün*, die Krankheit zuwege bringen.

Assatin, fruchtbar machen, schwängern.

Assekkèh, Dreck, Unflat, hässlich, garstig.

Assemetin, süss machen.

Asseriu, der Knochen am Ellbogen.

Assetin, assetan, Würmer verursachen, es sei in einer Wunde oder im Leibe; *-ttikittin, -ttikittunnua*, Würmer bekommen.

Assiân, fischen mit einem Korb; *-kuttün, -kuttunnua*.

Assikân, begleiten; *-kuttün, -kakuttunnua; dassikáka buma*, ich begleite dich; *Beribissi ema mün dassikápa buma*, bis an der Mündung der Berbice will ich dich begleiten.

Assikân, gehorsam sein; *-kakuttün, -kakuttunnua; dassikáka baeme*, ich bin dir gehorsam.

Assikin, geben, legen; *-kittin, -kittikittin*, geben lassen; *-kittunnua, -kitikittunnua*, gegeben werden; *dassikipa bumünnîn*, ich will es dir geben.

Assikassin, oft hie legen, nimmer mehr dazu tragen.

Assikoatîn, wohnen machen; *-tikittin*, id.; *-tikittinnua*, passivé.

Assilatin, assilatikittin, wehe thun, machen.

Assilladdün, aufraffen, zusammenraffen; *-düküttün, -düküttunnua*.

Assíllakün, abschäumen, den Schaum zusammenraffen, *-llahüttün, -llaküttunnua*.

Assíllikidün, assikildün, zerschmelzen, zerfliessen; *-kidikittin*, zerfliessen machen, *-kidikittunnua*, pass.; *nakia ullua assillikiditu*, deren Herz zerflossen wird; *bussillikidikittipan dallua butenna abu*, zerschmelze mein Herz mit deinem Blute.

Assimakün, rufen, mit beigefügtem Objeckt; *makittin, makittunnua; dassimakabu*, ich rufe dich, *bussimakálede*, rufe mich.

ASSIMAKÀN, rufen, ohne beigefügtem Objeckt; *karrimakèla assimakân*, er schreit jämmerlich.

ASSIMASSIMADÜN, heulen, wie die Arrawacken, z. B. über einen Todten thun, ohne Thränen; *dükuttün* ... machen; *massimassimadünnibupa*, du sollst nicht heulen.

ASSINÀN, sich verirren, *lissinaka*, et ist verirrt.

ASSIPETIN, bitter machen; *-petikittin*, id, *-petunnnuâ*, bitter sein.

ASSIPUDÀN, sich umdrehen, umwenden.

ASSIPUDDÜN, umkehren, umwerfen, transitivé; *-puddunnua*, sich selbst umkehren; *üssipuddü*, der Deckel; *assipussipuddün*, umkehren, umwerfen; *assipuddükuttün* ... lassen, *ddükuttunnua*, pass.

ASSIRITIN, Spitz machen, spitzen; *-tikittın, -tikittunnua*; *issiri*, die Spitze.

ASSISSÀN, legen, stecken, raffen; *-sakuttùn, -ssakuttunnua*; *bussissâpan muttuku*, du sollst Sand aufraffen.

ASSISSIN, neben einander hie legen; *-ssikittün*, neben einander legen lassen, *-ssikittunnua*, pass.; *bussissikittüpan hime jurada adiakumün*, lass die Fische neben einander auf die Berbekutte legen.

ASSISSIDIN, ASSISSIDAN, begehren, ein Verlangen haben.

ASSOADÜN, ausschütten, ein wenig herausgiessen, schöpfen.

ASSONNUKAN, ausgiessen; *-nnukuttün, -nnukuttunnua*.

ASSOMMOLEDIKITTUNNUA, trunken gemacht werden, *-dikittin*, trunken machen.

ASSONNUKÚNNUA, herausfliessen; *-kukuttün, -kukuttunnua*.

ASSUBASSÚNNUA, überlaufen, überschwappern, *-sukuttùn, -kuttunnua*.

ASSUBULE, der Platz draussen von dem Haus.

ASSUDÙN, die Haut abziehen, von einem Baum, Fisch, schaben; *-dukuttun*, schaben lassen, *-dukuttunnua*, pass.

ASSÜRDÜN, spinnen, die Spindel drehen; *-dükuttün, -dükuttunnua*.

ASSÜRRISÜRRIDÜN, die Spindel drehen; *-dükuttün, -dükuttunnua*; *assürridakoanâhü*, die Spindel.

ASSÜRRAKADÜN, spritzen, stark laufen; *-dükuttün, -dükuttunnua*.

ASSUKKASUKKADIN, nachlassen was angespannt war.

ASSUKÙN, kappen, sonderlich grosses Holz.

ASSUKÀN, kappen, wenn das Object nicht beigefügt ist; *ssukuttun* ... lassen, *-ssukutunnua*, pass.; *dassukápa*, ich will kappen.

Assukussùn, waschen, transitivé: *dassukussa, bussukussa,* etc., *dassukussupa,* etc.; *assukussunnua,* sich waschen, *-ssukuttùn* ... lassen, *-ssukutunnua,* pass.; *assukussukoanahü,* was zum vaschen oder zum taufen gebraucht, wird; *assukussati,* der Täufer.

Assuredin, den Durchfall haben: *dassúreda, bussurédipa;* *-redikittin,* den Durchfall verursachen; *-redahü,* Durchfall.

Assúrkudun, sickern, sachte fliessen, schwach laufen; *-kudukuttun,* sickern machen, *-dukuttunnua,* pass.; *wuinikan assúrkuda tubuletunnua ullukkuaria,* ein Bächlein sickert aus seiner Quelle heraus.

Assùrtùn, saugen, küssen; *-tukuttun, -tukuttunnua; elonti assurtan luju idiju,* das Kind saugt an seiner Mutter Brust; *bussúrtatèn dalldruku,* küsse mich

Attáttaddün, hart, fest machen, anschliessen; *-ddüküttün, -ddüküttunnua,* passivé; *attattadoassabukannin,* noch etwas härter werden; *attattadúnnua,* hart, fest sein, sich von der Furcht recolligirt haben, angeschlossen sein, fest setzen; *buttattadán bahássibu,* mache die Thüre fest; *attattadukuttun,* stärken, *-dukuttunnua,* pass.

Atattabuddikittin, stark machen am Leibe, *-ddikittunnua.*

Attabattin, tröpfeln, abtropfen; *-battüküttün...* machen; *attábattiki,* oder *attibittiki,* ein Tropfen.

Attadün, blutig, blutrünstig machen (manchmal heisst es auch: blutig sein;) *dassi âttadahüka,* mein kopf ist blutig.

Attahadun, soll heissen: weit entfernt sein.

Attakün, attakün, bedecken: *dattaka, búttaka,* etc., *dáttakŭpa; attakúnnua,* bedeckt sein; *áttaküttün* ...lassen; *-kuttunnua,* passivé; *attakóanahü à,* das womit man etwas bedeckt.

Attakùn, ist auch so viel als *andakuttün.*

Attáletin, Feuer schlagen; *-tikittin* ...lassen; *-tikittunnua,* passivé; *hüttálletate,* gebt Feuer; *mattalletikikoata bihímewa,* ist das Feuer noch nicht angeschlagen? *attallettunnua,* Feuer geben.

Attammudunnua, erschrecken, intransit.; *littammudoa,* er erschreckt.

Attéllekedán, glitschen, gleiten; *-kedunnua,* gleiten; *-kedakuttun,* ausgleiten machen; *-kedakuttunnua,* passivé; *buttéllekedápa adda adiakuária,* du wirst vom Baum abglitschen.

Atténennua, der Anfang.

Attennun, anfangen; *-nnukuttun.*

ATTENNABIN, ATTENNABAN, borgen, leihen.

ATTENNÁN, ATTENNIN, treten, auftreten; *-nnakuttun, -nakuttunnua; dattennákan*, ich trete es; *dattennabin wuri adiáku*, ich habe heute auf eine Schlange getreten; *atténekoanahü*, eine Sprosse in der Leiter.

ATTERETIN, warm, heiss machen; *-tikittin* ...machen lassen; *-tikittunnua* ...gemacht werden; *-retunnua*, warm sein.

ATTEDIN, niesen; *datteda, butteda; -dikittin* ...machen.

ATTETIN, rein machen, putzen; *attetúnnua*, geputzt sein.

ATTÉTTE, Mutter, Mamma; der Kinder Liebkosungswort.

ATTIADÜN, stechen, durchstechen; *-dúnnua*, sich stechen; *-ddükúttün* ...lassen; *-ddükúttunnua*, passivé; *datiáda dakkúnnua ukúnnua*, ich steche mich in den Daumen.

ATTIADÜKKÜ, eine Wunde, die Wunden; *juhúnukkúla attiadükkü* oder *manswakúta juhùn lüttiadükkü*, er hat viel, sehr viel Wunden.

ATTIKAHADUNNUA, schwären, schwieren; *-dukuttìn* ...lassen; *-dukuttúnnua*, passivé; *attikahádoali*, Geschwur; *bükkábbu attikahádupa*, deine Hand wird schwieren.

ATTIKAHÀN, ersaufen, ertrinken; *-hakuttìn*, ersaufen; *-hakuttunnua*, passivé.

ATTIKEBETIKITTUNNUA, ATTIKEBÉSSIAKITTUNNUA, gestohlen werden.

ATTIKIN, graben, *attikittin* ...lassen, *-kittunnua*, pass.

ATTIKIDÁN, überreden, gute Wörter geben, freundlich zureden; *-dakuttùn* ...lassen; *-dakuttunnua*, überredet werden; *-dahüssia*, einer der überredet ist.

ATTIKIDIN, fallen: *dattikida, lüttikida, buttikidipa, dattikibidi; -dikittùn* ...machen; *-dikittunnua* ...gemacht werden.

ATTIKIDIN heisst auch: reissen, zerreizen, abreissen; *-kidunnua*, reissen; *-kidikittin*, abreissen lassen; *-kidikittunnua*, pass.; *hime nikebèma attikidinnin buddehi ittime*, der Fisch zerreisst gleich den Strick an der Angel.

ATTIKKIN, aus, von dem Feuer nehmen: *attikkittìn, -kkittunnua; nikebè bupa attikkinnîn doada hikkihi akuaria*, nimm gleich den Topf aus dem Feuer ab.

ATTILLIKITU, einer Weibsperson Bruder: *dattikilliti, battîkilliti*, etc.; *tattillikiánuti*, ihre Brüder.

ATTIMÁN, übersetzen, überfahren, wegziehen; *-makuttun, -makuttunnua; wattimápa toallaboa muniru*, wir wollen übersetzen an das andern Ufer; *busikatên adda kaikutin* *adiwákudi, toallaboa muniru watlimakóana bia*, lege einen Baum über die Kaikutin, dass wir darauf übersetzen können.

Attimatúnnua, einen Bart haben : *dattimattoa, bútimatúpa; attimatin, -tikittin*, einen Bart verursachen, hervorbringen, *-tikittunnua*, passivé,

Attimettin, anbinden, fest machen durch ein Tau (*nibi*) oder kette, denn anschliessen heisst : *attáttadün* (es kommt her von *ittime, tittime*); *-mettunnua*, fest sein, *-metikittin*, fest machen lassen, *-mettikittunnua*, pass.; *-mettikoanahü*, womit man etwas fest macht.

Attimün, schwimmen, *-mükittin* …machen; *mammalika dáttimün*, schwimmen, *-mükittin* …machen; *mammalika âáttimün*, ich kann nicht schwimmen; *irennu attimáka*, die Kinder schwimmen·

Attin, trinken : *datta, butta, lütta, tütta, watta, hütta, natta, dátipa, dátttibi; attikittin* ….lassen, zu trinken geben; *-kittunnua*, getrunken werden; *attahü*, das Trinken; *attikoanahü*, ein Trinkgefäss ;. *üttánniwa, üttanni*, das Trinken, Getränk; *abbadóada hára attikü*, ein Topf ist leer, ausgetrunken.

Attíttidán, leise reden, wischeln : *immehuabúka byttittidân*, du redest immer in den Bart; *attittida rubúla adiân damün*, er redet nur ganz leise zu mir.

Attubaddün, untertauchen (transitivé), *-baddúnnua*, id. (intrans.) ; *-báddühüttün* …lassen, *-báddüküttunua* pass.

Attubudán, aufbinden, umbinden, die Hängematte aufbinden, die Schürtze umbinden; in den zwei Fällen wird es eigentlich gebraucht; *-dakuttün, -dikittin* lassen, *-dakuttunnua*, pass.

Attudun, anmachen, ein (machen) rühren.

Attüdün, stechen wie eine Fliege, Mosquito, Scorpion, etc., *-dükütturnnua*, gestochen werden; *attidebéru*, was da sticht; *táttüda lucunnu*, sie sticht die Menschen.

Attüdün, entlaufen, entspringen : *dáttüda buuria*, ich entlaufe dir; *táttüda däuria*, es ist mir entsprungen; *düküttün, -dükütturnnua*.

Attükedün, zerreissen, als Kattunfaden, Zwirntau, etc. (transit.), *-kedunnua*, intransit, *-kedükittin, -kedükittunnua*; *nikebé búpa, attükedünnin, jahu*, du wirst den Kattun gleich zerreissen.

Attürküdün, zerreissen als Leinward, Kleider, und dergl. am Leibe (transit.), *-küdnnnua* intransit., *-küdüküttün, -küdüküttunnua; büttürküdán baeke*, du zerreissest dein Kleid.

ATTÜNDÜN, untersinken, untergehen machen; -dúnnua, sinken, -dükittin, versunken lassen, -dükittunnua, pass.

ATTUTTEDAN, einem ins Ohr lispeln (V. attittidan).

ATTUKUDÚN, heruntersteigen, aussteigen, aus dem Fahrzeuge, Hängematte, etc.; -dukuttùn ...machen, herausbringen, -dukuttunnua, pass.

ATTUKUM, essen, mit saugen, z. B. Früchte; -kuttùn, -kuttunnua; búttukupan juli, willst du Tabak rauchen?

ATTULLATIN (von tullán), mit Wasser bedecken, überschwimmen; -llattunnua, unter Wasser gesetzt werden, überschwimmt werden.

ATTUNDÙN, husten: dattunda, buttundupa, dattúndubi; -dukuttùn ... machen; -dukuttunnua, husten gemacht werden.

ATULÁTTÜN, fein machen; fein, klein stossen; -ttunnua, fein sein, -tüküttün, -tüküttunnua; mattüllün, nicht fein, grob sein

ATÚLLADÁN, ATÚRRADÁN, niederwerfen, auf die Erde werfen; -dakuttùn ...lassen, -dakuttunnua, pass.; datulladabu, ich werfe dich auf die Erde.

ATÚLLADIKITTIN, aufgehen machen.

ATULLUDUN, aufmachen, aufthun; niederfallen auf das Angesicht; -lludunnua, offen sein, offen stehen, lludukuttùn, aufmachen lassen, -lludukuttunnua, pass.

AÚJAMA, Kürbis.

AUJIN, abpflücken (v. áojin).

AUIKI (v. aojin), mauti hárapa kia koffi áuiki (sup.) morgen soll all der Kaffee abgepflückt werden.

AULÉARA, die weisse Erde, damit man Wände weisset. Sie nennen Kreide und Kalk auch so.

AÜSSÜN, anfangen, weggehen, von selbst entsthen; -ssüküttün, anfangen lassen, -ssüküttunnua; pass.; buússüpan badián, fange an zu reden; buússüpa bokkïa kemekébbün, nabŕ bura fange du vor ihnen an zu arbeiten; däússupa, ich will gehen, meine Reise anfangen.

AUTTIKIN, finden: däúttika, buúttika, luúttika; -kittin ...machen, -kittunnua, pass.

AWADIN, winken, -dikittin ...lassen.

AWADIWA, über sich selbst; dassonnukán wuniabu dawadiwa, ich giesse Wasser über mich selbst.

AWADULLI, der Wind; awadúlli tattán, der Wind ist stark, awadúlli kaiman ...sehr stark.

AWAHÜDDÜN, suchen, -ddükűttün lassen, -ddükűttunnua. pass.

AWAIKILLETTIN, AWAKILLETIN, entfernen.

AWAKAIADIN verfluchen.

AWAKÜDDÜN, spalten; transitivé, schränken: -küddúnnua, spalten, intrans.; -kudükűttün, ...machen, -küdükűttunnua, pass.

AVÁLLIWALLIDÜN, mit der Marriwarre wehen; das Feuer anwehen, anfachen; -dikittin ...lassen, -dikittunnua pass.

AWARUKUDUN, fortrücken, schieben, rutschen.

AWATTÜN, trocknen, abtrocknen (*Araudán*, id.); -ttunnua trocken sein, -ttükűttün ...lassen; -ttükűttunnua, pass.

AWATTI, ein Baum dessen Blätter sie kochen, und mit dem Wasser die Augen waschen wenn sie Wehe thun.

AWULIRUKKUDUN, im Lichte stehen, verfinstern.

AWÁWA, Väterchen, Papa; Liebkosungswort der Kinder.

AWULIDADIN, dumm machen.

AWURETTIN, Hure machen, -ttikittin, -ttikittunnua.

B

B mit einem andern Worte zusammengesetzt heisst: du, oder: dem.

BA, wieder; *lissikate wamünnibán*, er gibt es uns wieder.

BADIA, und, auch.

BAHA. BAHÂSSE, vielleicht; *jaerraha bahái* vielleicht ist er da; *jaerraha bahán*, vielleicht ist sie oder es da?

BAHÁSSIDA, ich glaube, masc.

BAHÁRA, ich glaube, femin.; *baha büssè bullua ullúkkumán*, glaubst du von ganzem Herzen? *maddikinnahüade kijia baha gidea náppassè*, die mich nicht gesehen haben, werden aber doch glauben.

BAHÁIJURA, ein Balken; *dabahaijuran, búbahaijuran*, etc.

BAHÁINADIN, ad extremum domum esse, am äussersten der Hauses sein.

BAHÁINADITÚ, was draussen am Hause ist, besonders der Balken der dem Vordach dient.

BAHÁSSIBU, die Hausthüre (von *bahú* und *issibu*, Gesicht).

BAHASSÙBULI, BAHASSUBULÉDDI, vor dem Hause draussen, vor dem Hause herum; ist so viel als: *maukilli lúkku*.

Bahássubumün, im Hause.

Bahü, ein Haus, *bahù álin*, einer der ein Haus macht, was dazu gebraucht wird, ein Haus machen; *bahü ullukku*, drinnen im Hause, der innere Raum des Hauses.

Bahü issi, bahasi, der Giebel, das Oberste am Hause.

Báiara, ein Schwertfisch.

Báiakanna, eine Frucht aus ihren Tuynen, klein und schwarzbaun.

Báijabu, ein Tausendbein.

Báiwaru, der Indianertrank von gekauten Cassabi: *dabáiwarun, bubáiwarun*.

Báka, eine Kuh: *wabákan, bubákan*; *bákaüssa*, ein Kalb; *báka wadili*, ein Ochse.

Bakkubákkuti, ein Wassersüchtiger.

Bakkülámahü, Abend; *bakküláma muníru*, oder *ibiti* gegen Abend; *bakküláma ubura*, vor Abend; *bakülámakan*, ganz kurz vor Abend, da es gleich Abend ist.

Bakúte, komm! *hakúte*, kommt (weiter ist davon nichts gebräuchlich).

Bálika, obgleich, wiewohl, obschon.

Balin, ein Flickwort, ist etwa so viel wie im Deutschen; wohl, mal, einmal; *dáijuka kíttika balin*, ich möchte wohl einmal jagen.

Balliddi, Asche: *dabalíssia, bubalíssia*, etc.

Bálla, Blei, Hagel, Kugel: *dáballan, búballan*.

Bállalán, rund sein.

Bállida, ein Kamm; *ballida waurauráru*, ein weiter Kamm; *sirekurru*, ein enger Kamm.

Bandéru, Flagge, Fahne, Wimpel: *dabanderun*.

Bánia, erst, vorher, derweile; *danuhu majauquabúpa bania*, bleib heute erst zu Hause; *turrubúddikadè, wabáttipa jaha bánia*, ich bin müde, wir wollen hier erst sitzen.

Banabuhuren, eine Hütte.

Bánnije, eine Art Bäume, schwartz und hartes Holz.

Bara, die See; *bara üllebumün*, an der Seekante; *barádi*, auf der See; zur See; *barárrakudi*, in der See, mitten auf der See; *bará ánnakudi*, weit hinaus in die See, mitten auf der See; *bára ánnakuária*, aus der See; *baránnakumün*, in die See hinein; *barati*, die Seekantsfahrer, die an die See gegangen.

Barandina, Brandtwein.

Barakanniru, eine Art Würmer.

Barassúlli, Muschelsand, Muchelbank an der Seeküste.
Báriri, eine Art Raubvögel.
Báru, ein Beil: *dábbarun, búbbarun, lubbarun; dábbarun mámanna*, das Beil ist nicht scharf; *kámanna*, ist scharf.
Bárumálle, eine Art Bäume mit einer Frucht gleichen Namens.
Bassabánti, ein Kleiner, oder ein Knabe von etwa 6 bis 12 Jahren.
Bassabántu, etwas Kleines; ein Mädchen von besagtes Alter.
Bassabántukan, etwas sehr Kleines; *bassabánnibetti*, pl. mehrere Knaben.
Bássia, zum Trinken machen; it. ein wohlschmeckender Fisch, gebackener Cassabi.
Batta, Battole, *kokuliti adaija*, die Stiele von Kokerit blättern, die sie zu mancherlei gebrauchen, z. B. die *dahalibana* an die *Manikole* fest zu machen.
Bátta, so viel als *báha*, vielleicht, etwa, wohl.
Behérun, die Hurerei.
Béju, ein Savana-Hirsch: *débejun, bibejun, libejun, nébejun*.
Béjukahü, ein Blas-Instrument.
Belbedíru, der Blitz.
Belèn, weich sein; *ebéltikittin*, weichen machen.
Béltiri, Baltir, zum Trank zubereiteter Cassabi, den sie nachher mit Wasser mischen und trinken.
Benna, nachdem (von *ebénna*) doch wird es immer einem Worte angehangt, als: *lándinni benna*.
Berkánte, Seekante: *deberkante, buberkante*, etc.
Bèssekinnibèn, klein sein; -*béttu*, etwas kleines; *bèssekínnin*, klein sein; *Anna bèssekínnika Maria táhanu ápüddi*, Anna ist kleiner als ihre Gespielin Maria.
Bi, nota perfecti primi, und ist allezeit heute darunter zu verstehen.
Bia, nota gerundii — bedeutet: auf dass, um zu, mögen; mit, sollen, etc.
Bemerk. Man hüte sich doch ja dieses Gerundium mit dem Imperative oder Futuro zu verwechseln, weil solches die grössten Undeutlichkeiten verursachet. Es ist viele Jahre lang gegen die deutliche Vorschrift des Wörterbuches und gegen den Sprachgebrauch der Arrawacken, von einigen Brüdern dieses *bia* nicht recht gebraucht, und vermutlich auch nicht recht verstanden worden; *landalite damün*, heisst: er soll zu mir kommen,

aber *landinibia damün* oder *landinti damün*: damit er zu mir kommen möchte, auf dass er kommen sollte.

Biama, zwei: *biamánnu wadíli hiaerumu burên*, zwei Männer und zwei Weiber; *biamánnumabumutti lireuka*, er hat zwei Weiber genommen; *biamahürküti*, zwei zusammen; *biamáti hürkürémutti aputtükidin*, ein paar Zwillinge; *biamahü*, zweimal.

Biamátteman, sieben.

Biamantekábbe, zehn; *Biamakuttihíbenna*, zwölf.

Bíbe, du; *bíbe adián*, du sagest; *madián bíbe*, sagst du nicht? *makunnibibe*, bist du nicht gegangen?

Bibíru, die Frucht eines Baumes gleichen Namens die Indianer klein stossen, ins Wasser thun, und alsdann das Wasser trinken zur Arznei gegen Bauchweh.

Bibíri, Wassernymphen, eine Art Schmetterlinge.

Bíbiti, vier.

Bijuruman, der ungebackene Cassabi, der sich lange aufheben lässt.

Bikkibikkin, geschwind aufwachsen, stark werden (von Kindern).

Bímiti, die kleinen Hönigvögel Kolibri.

Bíssa, eine Art Affen, mit einem langen schwarzen Bart.

Bíssi, das treffliche Ouranoque Holz, das beste zu Fahrzeugen.

Bissurúru, eine Art Holz, das sie schaben und als Arznei auf die Pocken legen.

Bíuru, eine Frucht am Gras, insonderheit an der Seekante die sich umhängen.

Bókkia, Bü, du; *bokkiáli*, bist du er? *bokkiáli Jesus*, bist du Jesus?

Bôr, ein Bohrer: *dabôrun, bubôrun*.

Bórudi, ein Pakahl: *dabórudia, bubórudia*.

Bôtel, eine Buttel (bouteille).

Bóter, Butter; *nabóturun*.

Brúku, Hosen, Beinkleider, Brocken; *dabrúkun, lubrúkun*.

Buburu, die Frucht an Dornen; *júrua iwi*, die häufig wachsen.

Buddahalálissi, todte Kohlen.

Búddalli, eine Cassabi-platte zum backen: *dabúdalle, bubúddalle, hubudálle*, etc.

Búddehi, ein Fischangel: *dabúdde, bubúdde; búddehikan*, ein kleiner Angel.

— 108 —

BÚHIRI (sie sagen wol auch: *bühiri*), eine Fledermaus.

BÜHÚRADA, eine Art Bäume, Sinkholz, zur Noth zu Korjaren gut.

BÜIN, ganz; *kassakábuin, kassakkubuin badia,* Tag und Nacht.

BÜILUAI, bist du da? ist der Mannsleute Gruss an eine einzelne Mannsperson; *daúli* oder *dailisè,* ich bin da, ist die Antwort darauf; *hünuai,* ist der Gruss an mehrere Personen, ohne Unterschied des Geschlechtes.

BÜIRU, bist du da? ist der Eintrittsgruss an eine Weibsperson; *daúrura,* ist die Antwort darauf.

BÚLLATA, ein Westindischer Rabe: *bubültatan.*

BÚHUJAEN, einen Balsamischen Geruch haben, von sich geben.

BUKKURÚMANA HATTI, sehr dicker und langer Pfeffer.

BÚLÜN, bunt sein; *búlekan,* es ist bunt; *bulüpan,* es wird...; *bulükúrru,* etwas buntes; *adda bulükúrru,* Letterholz.

BULÙM, BULÚMA, Zinn; *bulúma wulidáttu,* Blech.

BULUSSA, ein Sack, Tasche zum anhängen; *kabulussanti,* der eine Tasche um sich hängen hat.

BUNA, zeigt das Perfectum secundum an.

BÚRADI, ein Vogel mit einem langen gelben Schnabel.

BÚRREHAN, sauer sein; *wuini burrehattu,* saurer, stärker Baiwar.

BÚRRUBURÁRU, eine Art Frösche, die gegen die rothe Ruhe gut sein sollen, wenn man sie zu Brod ist.

BÚRUBÚRRULI, ein Baum, von dessen Rinde sie den rothen *pêssi* schaben, korjare zu dichten.

BÚRUE, das köstliche, dauerhafte Holz, zum bauen, vulgo *buruai.*

BÙSSA, thue es; *däussa,* ich thue es; *lúussa, tússa, húussa, lússia,* er mag es thun; *hússia, tússia, näussia; däussia,* ich möchte es thun.

BUSSULI, süsser Cassabi.

BUTTUBATTI, ein Wittwer; *buttubattu,* eine Wittwe.

D

 von *dakia* einem andern Worte vorgesetzt, bedeutet: ich, oder: mein, meine, meines, it. plural.

DA, ich; wird allezeit einem Worte angehängt.

DAHÁLIBAN, Blätter, womit die Häuser decken.

DÁHARU, dorthin; *küddaharukai*, dort ist er.

DAI, DAKIA, ich; *daikurru, dakia kurru*, ich glaube nicht, ich will es nicht thun.

DAÜLISI, der Mannsleute Antwort auf den Gruss: ich bin da.

DÂÜRURA, die Antwort der Weibsleute.

DAMÜNNIKÁN ich habe es, von *kamonnîn*, haben.

DAMONNÎSSIA, was ich habe (auch: davon); *kia tumaqua damonnîssia ibenna dassikipa bumün*, von allem meinem Vermögen.

DAMONHITÎSSIA, ich habe gern, ich habe nöthig.

DÁLE, eine Art Fische, gut zu essen.

DÁWALU, auch eine Art Fische, eine von den besten zu Lande.

DANI, es gehört mir.

DANUHU, heute.

DANÚKEBE, bald, de tempore preterito; an ebendemselben Tage; *danúkebe landipáte*, er wird gleich kommen; *danúkebe lándibi*, er ist so eben gekommen.

DEBÈ, ich; *debè adiân*, ich sage, *libe adiân, tibe adiân, webe adiân, hibe adiân, nebe adiân; madiân debè, madiánibibe*.

DÉLEHÜ, ein Anker: *wáddele, dáddele, náddele, búddele, lúddele, túddele, húddele; délehü ittime*, Ankertau; *délehu hújurukatè*, lichtet den Anker; *áddeledunnua*, den Anker fallen lassen.

DIÁERU, fem. et neut.: solche, desgleichen; *túrreha diáeru* eine solche Frau; *tuhu diáeru adda*, dergleichen Baum. (*Dili*, ist das Masculinum).

DIÁERU, als, (wird einem Worte angehängt); *dánuhudiáeru*, als heute; *miakediáeru*, als gestern; *mautidiáeru*, als morgen; *wakillidiaerúkebe*, vorlängst.

DIÁMA, DIÁMAN, als, wie; *hüdiaman*, als ihr, wie ihr; *wakia diamutti*, einer der wie wir ist, mehrere die...

DIAMÁRU, als, neutrum; *kuddibiu mámmu diámaru*, ein Vogel der wie eine Mamme ist.

DIKI, nachdem; wird allezeit einem Worte angehängt; z. B.; *nakunnúndiki*.

DÍLI, solcher, masc. (wird allezeit einem Worte angehängt), dergleichen; *lihidíli*, ein solcher als der; *nahadíli*, dergleichen.

Dín, wie, Adverb.

Díngsdaka, Dienstag.

Díssiaen, gern thun, gewohnt sein, pflegen; *dissia demekébbün*, ich thue die Arbeit mit Vergnügen.

Dóada, ein Topf: *dádoadan, búdoadan, lúdoadan, túdoadan, húdoadan, nádoadan.*

Dóndersdaka, Donnerstag.

Dúbuli, ein Rogenfisch: *dádubulin.*

Dúkara, freilich (sagt nur eine Frauensperson).

Dúkessè, dukessi, freilich (sagen Mannspersonen): *hè dukessè*, ja freilich.

Dukkálli, eine Art Bäume.

Dúrrukoáru, Jambes, Janus; eine Frücht in der Erde: *dadúrrukoárun, budúrrukoárun*, etc.

Durrudurru, dulludullu, eine weiche Art Steine, die es, z. B. am Ufer an der Corantyn gibt.

E

Ebébe, ist ein Ehrenwort der jüngeren gegen die älteren, sonderlich in der Familie; doch gibt es auch Fälle, dass ein älterer einen jüngeren so nennt; z. B. Nathanael nennt seines Vaters Bruder, den Philippus, so, wenn Philippus gleich jünger ist als Nath.; *ebébenu*, Plural.

Ebébedin, anfassen, fühlen, begreifen, belassen, anrühren; *abbánu ebébeda láeke*, andere haben sein Kleid angerührt; *ebebedúnnua* sich selbst befühlen, *-bedikittin, -bedikittunnua.*

Ebeherudunnua, Hurereitreiben.

Ebekittin, füllen; *ebekittikittin*... lassen, *-kittunnua; ebekittunnua*, voll sein: *debekitta, bibekitta, libekitta, webekitta, hibekitta, nebekitta.*

Ebéldin, Honig aussaugen (denn davon brauchen sie es eigentlich) it. zu sich nehmen: *debélda, bibélda, libélda, webélda, hibélda, nebélda; bibéldipan; ebéldunnua*, aussaugen; *ebéldikittin*, Honig saugen lassen.

Ebeltin, weich machen, schmelzen, *-tikittin, -tikittunnua; ebeltunnua*, weich sein, werden; *kimíssa ebéltoa tussukússuku abu* Leinwand wird weich durch waschen.

Ebentau verweilen, aufhalten.

Eberunnua, entlaufen, sich entziehen, im Stiche lassen; *likia ebéroa akúnnun lirétu uwuria* er verlässt seine Frau.

Ebessúnnua, erscheinen, sonderlich im Traum: *abba Engel ebéssoa Joseph umün lóakaiúttubünukunna*, un ange apparut en songe à Joseph; *-ssukuttun, -ssukuttunnua.*

Ebessikiddúnnua, erscheinen (dieses brauchen sie mehrentheils von Erscheinungen des Teufels, aber doch auch manchmal in indifferentem Sinn; *jáwahu ebessikíddoa lumün, türáiatoan lumün udumma*, da er sich von ihm sehen liess, da er ihm zu Gesichte kam; *ebessikiddóaka*, Traum.

Ehè, ja; *ehékada*, ich sage ja; *gideada*, ich ein gleiches (sagt der Zweite); *háessè*, ja, oder, *hêssè*.

Ehedunnua, anschwellen, wie die Flüsse, vom vielen Regen.

Ehehi, sagen einige für *aehae* der Urin: *déhe, láehe, taéhe.*

Ehéludun, die Flamme; *híkkiki ehéludun.*

Ehépudán, das Haus reinigen, kehren (ohne das Object beizufügen): *dehépuda, behépuda, tehepudáka, behépudaka; -dakuttin* ...lassen, *-dakuttunnua*, pass., *-dakóanahü*, ein Besen.

Ehépudün, etwas reinigen, kehren (mit beigefügtem Object), *-dunnua*, rein sein, *-düküttúnnua*, gereinigt werden; *dehépudán dassibu*, ich wasche mein Gesicht; *üssahuabúpa behépudün bússibu*, du must dein Gesicht hübsch waschen; *dássibu ehepudükoana*, das womit ich mein Gesicht wasche.

Eheüssün, schaben, z. B. einen Stock mit einem Messer: *deheüssan.*

Ejibarrán oder gewöhnlicher *Jibarrán* bleiben, zurückbleiben; *dakia jíbarra; hamma bia jibarráhu* warum bleibst du zurück.

Elonnin, klein sein, jung sein; *elónnikoala* er ist noch ein Kind; *elónnikoaldnika*, da er noch ein Kind war; *delonnîn uária*, von meiner Kindheit an; *elónti*, ein kleines Kind, männlichen Geschlechts, etwa von 1 bis zu 5 Jahren; *elôntikan*, ein Kindchen bis zu einem Jahre und darunter; *elónnikoamútti* der noch ein Kind ist, *-múttu.*

Ema, der Ausfluss eines Stromes (besser *llima* das Ebbe); *wirón éma* der Mund der Waronje, *virón émamün* am

Ausfluss der Waronje, *téma muniru* den Strom hierunterwärts.

Eméliaen, neu sein; *tuhu bahü emélia*, cette maison est neuve; *eméliaetti*, ein neuer; *-aettu, -aeru,* fem. et neutr.; *hiaeru emeliáeru andin* eine Frau die neulich gekommen ist; *eméliaéli aputükidin* der neulich geboren ist; *eméliaéli akúttun labu,* der neulich zum Abendmahl gekommen ist; *eméliattunnua* neu sein, *-liatikittúnnua*.

Emè, Verwunderungswort, erstaunlich! *emémeti, -metu,* wunderbar, unerhört; *eméhüa,* adverb. wunderbar.

Ememe, eine sehr grosse Wasserschlange; it. der grosse Fisch *tákujaha,* Wallfisch.

Emémkébbudunnua, ohne Arbeit sein, nicht arbeiten, *-bbudukutttùn,* von der Arbeit frei machen

Emenattin, nattân, Lockspeise an etwas machen, sonderlich für Fische; *dábudde deméntipa,* ich will einen Wurm an meine Angel stecken; *eméntunnua,* mit Lockspeise anstecken lassen, *-tikittin, -tikittunnua.*

Eménikuttùn, emekuttùn, willig, munter zu etwas machen; *üssáttu kimíssa emekuttunni biäi,* ein guter Lappen wird ihn willig machen; *eménikuttunna,* pass.

Emennali, ein Scorpion von der grössten Art: *démennali, bímennali.*

Emennali hatti, der lange Pfeffer.

Emériti, die Wittwenchaft, oder überhaupt der unverheirathete Zustand einer Weibsperson; *majaúquata timériti abu,* sie bleibt Wittwe oder ledig.

Emessi, die grossen Ameisen.

Emessiniánna, die kleine Regenzeit, oder wenn es etwas, aber nicht gar zu stark regnet (von *émessi,* die zu der Zeit fliegen.

Emettúnnua, satt sein, zufrieden sein.

Eméudun, gebähren: *demëuda, bimëuda; émëudútu* eine gebährende Frau; *émëukuttùn,* zum gebähren helfen; *emëukuttátu,* eine Hebamme, *-kuttunnua,* dabei Hülfe bekommen.

Emóruben, unreif sein; *emórutu,* etwas unreifes; *emórubetunnua,* unreif sein, *-betukuttùn,* machen dass etwas unreif ist.

Engel, ein Engel; Plur. *éngelnu; wüüssadakoanti éngelnu,* des Heilands Engel.

Epilladunnua, herausfallen.

ERA, der Saft; *téra; limúne éra búrreha*, der Limonensaft ist sauer.

ERABÚDDIKI, entgegen, dagegen; *hamma dassikipa bumün terabúddiki,* was soll ich dir dagegen dafür geben; *erabúddikiddúnnua* entgegen sein, kommen; *-kiddukuttùn*, entgegen kommen machen; *erabuddikíddu,* was entgegen ist, was dafür ist.

ERAKUDÎN, drinne sein (von flüssigen Dingen), *hime wiron erakudika,* il y a des poissons dans le Wironje.

ERAKA, *ewéraka, éreka, éreke,* ein Indianerlappen: *déreke, déraka, bereke, léreke, wéreke, héreke, néreke; patta béraka,* wie viel Lappen hast du? *menerakahüa,* nackt, unbedeckt, bloss.

EREKEDIN, bewahren: *derekédipan, birekedibîn, lirekeda, werekéda, hirekeda, nerekeda; érekedúnnua,* verwahrt sein; *-kedikittin* ...lassen, *kedikittunna,* pass.

EREKÊN, aufräumen: *derekèka, birékeka; lirekéka, tirekeka wérekeka, hireképa, nereképa; èrikittin,* aufräumen lassen, *-kittunnua,* pass.

ERESSÂN, haufenweise gehen.

ERESSIAÊN, mit Schlingen fangen: *deressiaka; -ssiakittin, -ssiakuttunnua,* pass.; *eréssiakóanahü,* die Schlingen womit man Vögel fängt.

ERESSÚNNUA, davon fliegen, auseinandergehen, haufenweise verlaufen.

ERESSÙN, stäubern, herausjagen; *-ssukuttun,* haufenweise laufen machen, jagen; *-ssukuttunnua,* pass.; *neressukúttoa lumün,* sie werden durch ihn gejagt.

ERÉTITTIN, eine Weibsperson verheirathen; *-tikittin,* id. oder sie verheirathen lassen, *-tikittunnua,* pass. verheirathet werden (von einer Weibsperson).

ESSI, v, aesse.

EWÉLEDÚNNUA, *ewéladunnna, ewêldunnua,* segeln: *deweledoa, beweledúpa, liweledúpa, weweledúpa, hüweledúpa, neweledúpa; -dukuttùn* ...lassen; *ewéledoahü,* das Segeln.

F

FLAUTA, eine europäische Flöte; *daflautàn, buflautan.*

FORTALÍSSA, eine von Leime geklebte Wand am Hause.

FRIDAKA, Freitag.

G

GÉMAN, einen Eckel haben.

GÍDEA, GÍDEAMA, GÍDEAMAN, so; Adverb; eigentlich: ebenso, ejus modi, ist also nur relativ zu gebrauchen; *gideabálte ahakân lumün*, so sollst du ihm sagen; *gídea máru*, ebenso, so; *gideamahü*, so, ebenso; *gídeaeru*, ebenso; *gídeaerubù bupa anínîn*, so sollst du es machen; *gídiki*, nachher; *gídîn*, so, ebenso.

GÓLITI, GÓLTI, ein ziemlich grosser Fisch, gut zu essen.

H

H bedeutet, als der Anfangsbuchstabe von *hükia*, in compositione.

HÁBBA, eine Habbe, Indianer Korb: *dahabban, bahabban, lahabban, tahabban, wa-, ha-, na-; simara hábü*, der Bogen zum schiessen.

HÁBURIN, sich schämen.

HÁDDALI, die Sonne; ein Jahr; *háddali abumün*, Osten; *patta háddali lakunnun benna*, wie viel Jahre ist er weg? *hádalli wámünnika*, es ist Mittag; *hádalli utturu*, Westen.

HÁDDIA, so, demonstr. also, folgendermassen: *háddialà adiân*, so sagt er; *háddialákuba adiân*, so hat es gesagt; *háddiatupài*, es mag schon so bleiben, so gut sein.

HÁDDULI, eine Art Kaninchen, die häufig oben an der Berbice sind: *dáhaddulin, bahaddulin*.

HADUBUTTIN, schwitzen: *hadubuttîkadè*, ich schwitze; *hadubuttikabù, -kai*.

HÁEHAEN, blass sein; *líssibu haehae*, sein Gesicht ist blass, bleich.

HÁIAHÁIA HATTI, die kleinste Art von länglichsten Pfeffer.

HÁIAERU, ein Sclave; plur. *háiaerunu; háiaerúni kurrudè*, ich bin kein Sclave; *lihàiàerun*, sein Sclave; *lihàiaerunínu*, seine Sclaven: *dahàiaerun, buhàiaerun*.

HÁIALI, Giftholz: *daháialin, büháialin; aialídikittin*, Wasser mit Giftholz schlagen.

Háiawa, ein Harz aus einem Bäume gleichen Namens, das balsamisch riecht und gut zum räuchern ist.

Háiju, die kleinen schwarzen Ameisen, deren Biss schmerzt.

Háikan, entgehen, entwischen, vorbeigehen; *kia háika däúria*, das ist mir entgangen, ich habe es vergessen, *kia maháika däúria*, ich habe das nicht vergessen; *kátti háikaru*, der vergangene Monat.

Háikahü, der Untergang, Tod.

Hákkia, eine Art Bäume.

Háku, der Klotz worin sie etwas zerstossen, als *kalli ipe*, etc.

Hakurétti, das Holz, womit man stampft.

Hála, ein Indianersessel, ein Bank: *dálan, bálan, lálan, wálan, hálan, nálan, tálan*.

Hála, eine Art Rau.

Hállika, wenn? was? *hallidi*, wie? *hállika lákuba bumün adiân*), was hat er dir gesagt? *hállikaba anîn*, was machst du? *hállikabà damün*, was hast du mir zu sagen? *hállikabúpa aninîn tuhu*, wenn oder wie willst du es machen.

Hállikai, wer? (manchmal heisst es auch: was?) *hállikai ánikubân*, wer hat es gethan? *badittân hállikai udummatúkuba tuhu*, weisst du warum das ist.

Hállikan, wer? fem. gen. welche Frauensperson?

Hállikakè, wie? wenn? warum? *hállikakéba aninîn tuhu*, wie machst du das? *hállikakébupa aübün bumássikân laeme burua*, wenn wirst du dich doch einmal bekehren?

Hallikebbên, -bbéikan, sich freuen, -bbémakên, sich sehr freuen; *hallikébbehi*, die Freude; *hallikébbehi ábu* oder *lukku* mit Freude: *dahállikebbe, bahállikebbe*; *hállikebbehüaen*, erfreut sein.

Hállirân, weiss sein; *hamma udúmma hallirábu, hallirái, hállirân*, wovon bist du, ist er, ist sie, weiss? *hallirátti*, particip. ein weisser; item plur.; -*ráttu*, eine weisse Frau, -*raru*, etwas weisses.

Hálliti, die Frucht an einer Staude gleichen Namens, die sie essen; wilde Banane.

Hállum, wo? *hállumbúkan*, wo ist es? *hállumün*, wo? wohin? *hállumünnikai*, wo ist er? -*nnikan*, wo ist sie, es? *hallumuníru*, wohin? wonach zu? *halluwária*, woher? *halluwáritébu*, wo bist du her? *hallümaria*, wo da? in welcher Gegend?

HÀLPELÉRU, ein Stecknadel: *dalpelérun*, *bulpelérun*, *lulpelérun*.

HÁLTI, HÁLITI, ein Garten- und Erdgewächs, batates genannt.

HALUKÚSSIAEN, durstig sein: *halukussiáde, -ssiábu, -ssiäi, -ssiáü, -ssiáhü, -ssiáje; halukussiápadè; halukússiahü*, das dürsten, der Durst.

HÁMAKA, Hängematte: *dáhamakan, báhamakan*.

HÁMMA, was? (frägt allezeit); *hámma udumma túrreha*, was soll das werden? *hámma banibúka*, was machst du? *hámmahü túrreha*, was ist das?

HÁMMARUN, sich fürchten: *hammarúkka lúburadè, hammarúkka dáburrabù? mammarúnnibánika lúbura*, du solltest dich vor ihm nicht fürchten; *hammarúbidè*, ich habe mich heute gefürchtet; *hammaruhu*, die Furcht; *dámmarun*, etc.

HÁMMATÁLLI, etwas; aliquid; qualecumque; es sei auch was es sei; *dakúnna hámatalli ibiti*, ich gehe etwas holen.

HAMÚSSIAEN, hungern: *hámussiáde, -ssiábu, -ssiäi, -ssiäu, -ssiáhü, -ssiáje; hámussiápade; hamússiahü*, der Hunger.

HÁNIJU, Muskiten.

HANNA, weil (wird allezeit mit einem andern Worte zusammengesetzt, und mehrerentheils in die Mitte).

HÁNNAHANNÁN, dick sein; *hánnahannakán*, id.; *tuhu kalli akkúruka hánnahannakuma*, dieser gebackene Cassabi ist sehr dick; *hánnahannáru*, etwas dickes, grobes.

HÁNUBA, eine Art kleiner Fliegen, die sehr stechen.

HARÁN, alle sein; *kálli hára*, das Brod ist alle, es ist keines mehr da; *mauti haránikán*, morgen möchte es alle werden; *maránikoata*, es ist noch nicht alle.

HARARUBADA, eine Dornfrucht.

HARRAKULLI, eine Art grosse, braune Ameisen.

HÁRU, das weisse, feine Mehl, das sich aus dem Cassabi-Saft zu Boden setzt.

HÁRU, HÁRUAI, da ist es, da hast du es; *háruai, búmünsè*, da hast du es.

HARÚNNAHA, HARÚNNAHAHÜ, das Helle, der Schein, das Licht; *hádalli harúnnaha*, das Sonnenlicht; *harúnnahahüka búmün*, bist du aufgeklärt, heiter? *arunnaúkille*, das Licht; *harúnnahán*, helle sein.

HASSIRU, ein Wasserhund, Seehund.

HÁTTAN, fest bleiben, hängen bleiben; *símara hatta addassí*, der Pfeil bleibt in Baum; *ahattatün*, stecken, oder sitzen bleiben machen.

HÁTTI, Pfeffer: *daháttia, baháttia, laháttia, taháttia.*
HAU, das Faulthier.
HAUBARRIRI, der grosse surinamische Adler.
HAULÊN, krumm sein, schief sein; *hauléru, -létu,* etwas krummes.
HAÚERE, eine Art grosser Ameisen.
HÉBBEHI, das Alter, die Betagtheit: *dehébbe. behébbe, tehébbe; hèbbên,* alt sein, betagt, reif sein: *hebbéde,* ich bin alt; *hébbeti,* ein Alter Mann; *-tu,* eine alte Frau; *-tiu,* pl. beiden; *hebbetikan* ein altes Väterchen, pl. *hebbetiukan.*
HEBBIN, fertig sein, genug sein; *hebbi,* genug! es ist fertig; *hébbipan,* es wird fertig werden; *hébbissè,* gethan! sagen die Mannsleute, *hébbira,* it. sagen die Weibsleute; *mehébbikoata,* es ist noch nicht fertig.
HÉBBIRÁN, HEBBIRÁUKAN, ausgetreten sein, vom Wasser wenn es auf dem Lande steht, es sei aus dem Fluss oder vom Regen; *wuin hébbira mansuákan,* das Wasser ist sehr ausgetreten.
HÉDUKESSI, allerdings, sagen die Mannsleute; *hedukara,* it. die Weibsleute.
HÉHÊN, HAEHAEN, blass sein.
HEKISSÁIRA, allerdings, sagen die Frauensleute.
HESÉ, ja; *ehékada,* ich sage ja, bei es zufrieden.
HEMËUN, gebähren, *-méukuttùn,* zum Gebähren helfen, *-méukuttunnua,* pass.; *heméruliattu,* Kindbetterin.
HÉNDE, ein Hund: *déhenden, behenden, lehenden.*
HÉSSUKAN, das breite Hölzchen das sie beim Cassabibacken brauchen.
HIÁERU, Frau, pl. *hiaerunu; lihíaerun,* aber gewöhnlicher *lirétu; hiaerukan,* ein Weibchen, ein Mädchen.
HIBE, ihr; *hibe adián,* ihr sagt; *madiânhibê,* sagt ihr nicht.
HIBISSU, Motten, Ungeziefer.
HIDA, schon, nun; oft steht es auch ohne besondere Bedeutung.
HIDIA, so, démonstr.: *hadiala anïân.*
HÍKKARROANNAKAN, ein Vogel, etwas in der Grösse einer Taube.
HIKKIAHÁHÜ, der Geist.
HÍKKIHI, Feuer, Brennholz; *hikkihikuddu,* ein Feuerbrunst.

Hikkihikkilissiaen, den Schlucken haben.

Híkkuli, eine kleine Schildpatte, die sich im Busch aufhält. *Alássu*, ist auch eine kleine die sich im Wasser aufhält; *portuka*, ist eine grosse in der See.

Híkkulin, lahm sein: *hikkulikade, -kabu, -kai*, etc.; *hikkúliti*, ein Lahmer, plur. it.; *-llidikittin*, lahm machen; *-ttunnua*, pass.

Hime, ein Fisch, und: Fische: *dihímen, bihímen, lihímen; hállikai ihímen tuhu*, wessen Fisch ist das?

Himekúne, eine Erdfrucht; *himekúne íbissi*, was man pflanzt.

Himílin, kalt sein, frieren; *himílikadè, himílipabu*, etc.

Hissin, hüssin, stinken; *hissihü*, der Gestank.

Hissírriru, eine Art schwarzer Ameisen.

Hítti, Grübe, Grab; ein Bawice, Vogel (Paris); *dihíttiaen tuhu*, mein Grab; *dihíttia*, mein Bawice.

Híttika, gern; *daditta hittikán*, ich möchte es gern wissen; *lakúnna hittipa*, er wird gern gehen wollen.

Híttin, von freien Stücken willig sein; *dahíttin udumma, bahíttin, lahíttin, wahíttin, hahittin, nahittin*.

Hoa, ein Affe: *dahoan, buhoan, luhoan;* it. eine grosse schwarze Spinne rauh am Leibe, mit dicken, rauhen Füssen.

Hóho, der Krieg; *huti*, kriegen.

Hóra, eine aquaische Nuss.

Hórudi, ein Weibespakahlchen (ein unten Viereckiges, oben rundes, geflochtenes Gefäss, worin die Weiber ihre Sächelchen legen) *dahorudia, buhorudia, luhorudia*.

Húbe, eine am Wasser wachsende Baumfrucht.

Húbubálli, ein gewisser Baum.

Hudùn, krumm sein, gebückt sein; *hudùn akunnàn* krumm gehen.

Húahüá, ein Vogel, in der Grösse eines Kreiters, schön von Farbe.

Hússehemérú, ein vierfüssiges Thier, fast in der Grösse einer Katze, das die Hühner würgt.

Hüllábbusa, ein Blutegel.

Hüllissi, eine andere Art Blutegel.

Hüi, Húkia, ihr.

Hürkürên, zusammen; *hándate hürkürên*, kommt mit einander.

Hürrihürre, eine Feile.

Hüijin, drall, starkgedreht sein.

Húrrün, gegresst sein.

Hüwa, eine Indianerpfeile; it. ein Blasrohr woraus man schiesst: *dühüwa, bühüwa, nühüwa.*

Hújuehén, faul sein, träge zu etwas sein; *hujúehe dakunnun huúria*, ich gehe nicht gern von euch; *hújuehébu, hujuehénikabu*, du möchtest faul sein; *hujúehehi*, die Faulheit.

Húkkahúkkan ahákubün, schnauben, beim hurtig und stark Athem schöpfen, wie Kranke oder Sterbende, oder auch lange und stark Arbeitende; *húkkahúkka lahúkubün* er schnaubt.

Húkkuru, ein grosser Seefisch mit Schuppen.

Húli, eine Art mittelmässiger Fische wohlschmeckend aber sehr voll Gräten.

Humuán, so, auf die Weise (dabei wird die Länge oder Grösse der Sache, wowon eben die Rede ist, gezeigt).

Húnnuhúnnuli, grosse Fliegen.

Húnnulli, ein grosser Vogel mit einem Beutel am Hals.

Húrruru, Land, ein Berg; *hurrúradi landa*, er kommt zu Lande; *húrrura münnikai*, er ist auf dem Lande oder Berge; *húrruruária landa*, er kommt von Berg.

Húrrurüssi, die Bergspitze, Gipfel; *húrrurüssimün*, auf dem Berge.

Húrrussün, satt sein, satt werden; *hurrussikade*, ich bin satt; *hurrússühü*, das Sattwerden.

Húrrutu, eine Frucht, die an Ranken auf der Erde wächst, daraus sie ihr *wuniábu áeke* Wassergefäss machen; Flaschenkürbiss, *húrrutu* so ein Wassergeschirr: *dárrutun, búrrutun, lúrrutun.*

J

einem Vocal angehängt, bedeudet: ihn, als: *dansika dansikai.* Manchmal bedeutet es auch das Neutrum «es», *dapai* ich will es thun; manchmal auch das femininum: *dassimakipài* ich will sie rufen; doch heisst dieses eigentlich: *dassimakipàn.* Manchmal steht *i* auch nur überflussig da.

Jábuli, eine Art grosser Tauben.

JADOLLE, ein Messer : *dajadòllen, bujadòllen, lijadòllen,*

JAÉRRAHA, dort ; *jáerrahân,* dort sein ; *jaérrahati,* einer der dort ist, und plur., *-hatu,* fém.; *kálli jaérrahakóama,* es ist noch Brod vorhanden.

JÁHA, JÁHAWA, hier; *jáhan,* hier sein: *jaháde, jahábu, jahái, jahân, jaháwu, jaháhü, jaháje;* parti. *jaháti, jahatu.*

JAHÁKEBE, hier, dicht bei, hier so ; *jahákebekai,* er ist hier dicht bei.

JAHATÜN, hier, einheimisch sein ; *jahatútu túrreha juli,* ist der Tabak hier gewachsen?

JAHAMÁRIA, diesseit ; *bàra jahamária,* diesseits der See ; *húrruru jahamáriakan,* ein wenig diesseits des Berges ; *tahamária,* jenseits.

JAHAMÁRIAEN diesseits sein; *nakia bára jahamáriaeti,* die diesseits der See sind.

JAHAMATÉRU, hieher, hier nach zu.

JAHÁDDIA, nahe, nahe bei; *jaháddian,* nahe sein; *jaháddia waüriai,* er ist uns nahe ; *jaháddiakan,* id.; *jaháddiakánniman, jaháddiamakánniman, jaháddihidíamakánniman,* nahe sein, sich nahen.

JÁHAKANNIN, -NNIMAN, klein sein; *jahakánnikai líhi ápudún,* er ist kleiner als jener ; *jahakántu,* etwas Kleines; *-kántukan,* etwas sehr Kleines; *jahakánnibéssabun,* zu klein sein; *jahakánnibéssabúttukan tuhu,* das ist zu klein.

JÁHU, kattun : *dáijahun, bújahun, tüjahun, wáijahun, hü-, nái-; hállikan újahun túrreha,* welcher Frau kattun ist das ?

JAHUSSI, JÁHUASSI, kattun-saamen (von *jáhu issi*) : *dáijahúnniwassi,* mein kattun-saame, *bújahúnniwassi.*

JÁJA, Hangematte ; so sagen nur die Kinder, für *ukkura.*

JÁKETAHA, dort; *jáketahài,* dort ist er.

JÁKKUTU, ein dem Karpen ähnlicher Fisch.

JÁRA, ein Zaun ; eine Wand am Hause, aber nur die von Manikolen: *dáijaran, büjaran, lüjaran, wái-, hü-, náijaran; áijaradân,* einen Zaun machen.

JÁUALE, der Regenbogen ; *üjáuale,* st. cstr; it. ein vier füssig. Thier.

JÁUJAULI, ein Molkendieb, Schmetterling.

JÁULOAEPÈ, ein grosses, reissendes Thier, das hier weit im Lande drinn ist ; der Beschreibung nach vermuthlich ein Bär.

Jauru, der grösste Vogel.

Jáwahü, die Indianer Chimäre von etwas, das ihnen Schaden thut, sie krank, todt macht, etc.; wir nennen es den Teufel; *jawahünu*, mehrere solche Dinge; *jawahüssiaen*, von dem Dinge geplagt sein, durch den Teufel krank gemacht sein.

Ibbihi, ibbína, ibbihíddikoana, Mittel gegen Krankheit: *díbbihi, bíbbihi, líbbihi, wíbbihi, híbbihi, níbbihi*.

Ibbihikin, boggaiern; manchmal auch: Medicin geben; *ibbihikittin*, boggaiern lassen; *-ttunnua*, pass.

Ibéika, ein indianisches Blas-instrument von Rohr: *débēika, bi-, li-, we-, hi-, ne-*.

Ibèn, voll sein; *ibekittin*, füllen; *hibekittân*, füllet es.

Ibénna, von (wenn ich von mehreren etwas nehme oder gebe); *bánnika kia kálli ibénna*, nimm etwas von dem Brod: *debénna, bibénna, libénna, tibénna, webénna, hibénna, nebénna*.

Ibènti, Anverwandte, die mit mir von einem Stamm, Familie sind; *debénnanuti*, plur. meine Anverwandten; *bibénnanuti, libénnanutínnibiaü*, dass wir von seiner Familie sein mögen: *debénti* oder *debénnati, bibénti* oder, etc.

Ibettirahü, Freunde, Freundschaft; *ibettîrti*, ein Freund: *debettîrti*.

Ibiamatteti, -tu, der Zweite, der Kamerad.

Ibíjù, ein paar Zwillinge; *ibiúnu*, mehrere paare Zwill.

Ibikiddúnnua, aufwachsen: *dibikiddoa, bibikiddupa, libikiddoákuba; ibikidduliaétti*, ein Jüngling von etwa 16 bis 20 Iahren, und wohl darüber; *ibikiddutíbu*, eine heranwachsende Mannesperson von etwa 6 bis 14 Iahren, *-tubu; ibikidduliáli*, ein Erwachsener (etwas grösser als ein *ibikidduliaétti*).

Ibikiddukuttùn, erziehen; *mibikiddukuttahittibäi*, willst du ihn nicht auferziehen?

Ibikin, schneiden; *ibikúnnua*, sich schneiden; *ibikittikittin*, ...lassen; *-ttunnua*, pass.

Ibîn, klein sein, fein sein; *ibítu, ibíru*, etwas feines, kleines; *tuhu jahu ibika*, diese Kattun ist fein; *ibikan*, es ist klein; *ibínikán*, es möchte fein sein; *ibissábukan*, es ist zu fein; *ibíru dakútti*, meine Vier Zehen, ausser der Grossen; *dakkúlle*, meine kleine Zehe; *ibíru hime*, kleine Fische.

Ibinin, tanzen, wie die Arawacken thun: *dibináka, bibi-*

náka, libináka; mansuakúna ibinîn nebeíka abu, sie tanzen sehr mit der Pfeife in der Hand.

IBIRÂN, spielen, scherzen, im Guten und Bösen: *ibiráhü rubuün ukunna münikaje,* sie spielen nur mit einander.

IBISSI, ein Schössling zum pflanzen.

IBITI, zu, nach, um zu holen; *dáňda bíbiti,* ich komme zu dir, nach dir, dich zu holen; *dánda dakuttúnni bia ibiti,* ich komme um zu essen; *hámma ibiti bánda,* wozu kommest du? *ibitiwa* (reciproce) zu sich selbst; *lissímaka líbitiwáu,* er ruft uns zu sich.

IBÍTTIN, brennen, transitive; *ibittúnnua,* brennen, intrans.; *ibítikittin,* brennen machen; *-ttunnua,* pass.; *ibittútu ullua,* ein brennend Herz.

ÍDÊN, gar sein; *adíntin,* gar machen.

IBITTÚNNA, die Wade: *dibittúnna, bibittúnna, lib-,* etc.

ÍDIBALLE, geberbekuttetes, auf der Berbekutte gar gemachtes; *dadibálledibîn,* ich habe es geberbekuttet.

ÍDIJU, die Brust: *budiju, tidiju; idiussi,* die Warze an der Brust; *idiúra,* Milch: *didiura* oder *díjura, tidiura.*

JE, pronomen: sie, plur.; wird einem Worte angehängt.

JEKILLISÍLI, kraus, wie, z. B. der Neger Haare.

JÉKUNNE, eine Sorte leichtes Holz.

JERAU, JARAU, eine gute Art Fische in Surinam, *warappa* genannt.

JÉRIN, abgeschoren sein vom Haar auf dem Kopf, am Haar auf dem Kopf verschnitten sein; *jéritu issi,* ein abgeschorener Kopf.

IHI, ein Schwanz; *ihikin, ihikân,* concumbere con muliere; *hámma udúmma bihikkan turreha hideru? ihíkkahü,* das Vermischen; *ihíkitikittin,* dazu behülflich sein; *-ttunnua,* stuprari.

IHI, das obere von einem Rohr, woraus sie ihre Pfeile machen.

IHÍKKULIDIKITTIN, lahm machen; *-ttunnua,* pass.

IHIME, -MEWA, Brennholz; *ihímewa,* Feuerfunke.

IHÍMEN, ein Fisch, in statu constructo; *N. ihímen tuhu.*

IHÍRI, ein Aal: *dihírite, bihírite.*

IHITIN, zerstossen; klein stampfen; *-kittin, -kittunnua; ihitikoanahü,* das womit man stampft.

IHITTARRATOÁN, verklagen, beschuldigen.

IHÍTTIA, ein Berbice-Vogel, in st. constructo. *N. ihíttia tuhu*

Ihíttiaen, Grab, Grube, in st. const. *N. ihittiaen tuhu.*
Ihittura, die Arschbacken: *dihíttura, bihíttura, líhittura.*
Iíbarrân, zurückbleiben; *-rrikittin, -rrikittunnua.*
Ika, nachher.
Ikana, eine Art Nibi (Buschtau). womit sie die Manikolen, wie auch die *Daháliban*, etc., etc. fest binden: *dikánate, bikánate.*
Ikiahaddin, nöthigen zum da bleiben; von etwas zurückhalten; *nikiahaddáde*, sie nöthigen mich zum bleiben; *ikiahaddikittin,* ...lassen; *-kittunnua,* pass.
Ikiahân, ikiahatunnua, geizig, zurückhaltend sein.
Íkkihidün, fett machen, mästen; *íkihi*, fett; *ikihitikittin,* ...lassen; *-ttunnua,* pass.
Ikin oder âkin, essen: *dikíbi,* ich habe heute gegessen, *bíkibi; dikipa tabu,* ich will davon essen; *ikínniwa,* das Essen: Brod, Fleisch, Fisch, Gartenfrüchte, etc.
Ikîn, aekîn, regnen; *ikikíttin* ...lassen; *wuin ikípa,* es wird regnen; *wuin ikínika danuhu,* es möchte heute regnen.
Ikin, einzig; *likínnikan, likínnekewai,* der einzige; *likínnikan baditti lihi,* ist das dein einziger Sohn? *tikínnekewai,* adverb; *tikínnekewai dándin,* ich komme so eben, oder ich komme nur das einzigemal.
Ikíra, eine Thräne, die Thränen; *dikíra akúnna dáwalakundi* (v. *oala*) mes pleurs vont sur mes joues, *bikíra akúnna boalakundi.*
Ikirawadiwa (reciproce), *likirawadiwa* rings um sich selbst herum; *ikirédi,* rings herum, *nikiréddikai,* er ist rings um uns her; *ikireddin, ikireddikin,* umgeben.
Ikíssihi, der Indianer Charte mit Knoten, die die Nächte anzeigen, so viel sie ausbleiben wollen; it. Zahl; manchmal auch Elle und Maass: *dikíssi, bikíssi, likíssi, tikíssi,* etc.; *ikíssidan,* eine Charte machen, geben; zählen; messen; dafür halten; probiren; *-dakuttùn, -dakuttundua; ikíssidin,* messen; probiren; schmecken; kosten, prüfen; *-dikittin, -dikittunnua; ikissidúnnua,* sich selbst vor etwas halten; *ikissikittin,* Charte machen lassen; *ikissin,* dafür halten; *ikissunnua,* dafür halten, meinen; *ikissitúnnua,* belieben; *dikíssitu,* ich habe eben keine besondere Ursache dazu, es ist mir so, es beliebt mir.
Ikittân, bedienen; aufpassen; wehren; abhalten: *dikittábu,* ich bediene dich; *îkittakóanahü, îkittakóanti,* ein Diener; *ikittakuttùn,* aufpassen lassen, *-kuttunnua,* pass.

IKÍTTIHI, das Haar in den Augenliedern: *dekitti, bikitti*, etc.

IKKIÁN, seine Nothdurft verrichten, kacken: *dikkiáka; -kuttùn, -kuttunnua.*

IKKÍMAN, ein Korb für Fische (in stat. constr.) mit einem grossen Sprengel darüber; *hállikai ikkiman túrreha?*

IKKIWÉJUN, stat. constr. (von *kiwéjun*), eine Weibesschürze: *dekiwejun, bikkiwéjun, tikki-, wekki-, nikki-.*

ILLIKIN, lebendige Kreaturen die einem zugehören, Vieh; darunter sind begriffen: Rinder, Hühner, Vögel, Hunde.

IMEKUDÙN, senden: *dimekuda, bimekudubi*, etc.; *imekudukuttùn* ...lassen, *-kuttunnua*, pass.; *imekudahüssia*, ein Gesandter.

IMÈN, willig, munter sein zu etwas; *iménikuttùn*, willig machen; *imekûn*, willig sein, *imekúkun* id. *imekumakên.*

IMEKÈ, fleissig, sehr viel, oft.

JEMÉNE, IMÉNAHÜ, Lockspeise, insonderheit die Würmer.

IMILITIKITTIN, *imímidikittin, imimîldukuttun, imimîldikittin*, erkälten, kalt machen, abkühlen; *imílitikuttunnua*, etc. kalt gemacht werden; *imimihi*, die Kälte; *imimîldunnua*, kalt sein; *imimidün*, intrans.

ÍMIRI, eine Art kleiner Fische, die nicht viel Gräten haben und gut zu essen sind.

IMÍRIKÁN oder IMIRITÁN, verfluchen; *-ritakuttun, -ttunnua.*

IMÍSSIDIN, gerade machen, den Arm ausstrecken; *-ssidunnua*, gerade sein, den Arm ausstrecken; *-ssidikittin, -ttunnua.*

IMÍSSIDÁN, gerade zugehen, gerade weg-gehen; *-ssidakuttùn, -ttunnua.*

ÍMITADÁN, lachen; *-dakuttùn, -ttunnua,* zum lachen gebracht werden; *imitíntadin*, sehr lachen.

ÍMITÁN, verspotten: *nimitákade, dimitákabú*, etc.; *-takuttùn, -takuttúnnua*, verspottet werden.

IMIWIDÚNNUA, unfruchtbar sein; *-widikittin*, machen dass etwas keine Frucht trägt.

IMMEHUÁBU, allezeit.

IMMIHÎN, frisch sein (nur vom Getränk).

JÓANA, ein Levan, grosse Eidechse, die man isst.

JOANDÁLTE, die grosse, trockene Zeit.

IPA, eine Ente, wilde oder zahme: *dípate, bípate. wípate.*

IPE, Unrath, das Zurückbleibende, was abfällt; *pimíttika mábba ipe*, Wachs ist das Zurückbleibende vom Honig.

Ipilladün, hinwerfen, wegwerfen wegschmeissen.

Ipíllibén, gross sein (wird nur vom männlichen Geschlecht gebraucht); *ipíllibewa lihi*, der ist ein grosser Kerl.

Ipírrubén, gross sein (de gen. fem. et neutro); *ipírrubétu*, etwas grosses oder eine grosse Weibsperson; *ipírrun*, gross sein (auch wohl vom männlichen Geschlecht; *ipirrutunnua*, gross sein; -*tukuttùn*, gross machen; *ipírrubéssabün*, etwas gross sein, zu gross sein; *ipírrutân*, gross werden, hochsteigen; *wuin ipirrutoa*, das Wasser steigt hoch; *ipírrutakuttun*, ...machen; -*takuttunnua*.

Ipíru, der Leib: *dipíru, bipíru, lipíru, tipíru, wipíru, hipiru, nipiru; adda ippíru*, der Stamm vom Baum.

Ipíssudàn, zupfen; vom Brod kleine Bisse abbrechen; -*ssudukuttùn*, ...machen; -*ttunnua*.

Ipittin, fest machen; -*ttikittin*, ...lassen; -*ttikittunnua*, pass.; heisst auch: anstecken.

Iréte, eine vereherlichte Mannsperson: *deréti*, mein Mann; *biréti, tiréti*; plur., *iretiuti, werétiuti, hirétiuti*,

Irétu, eine vereherlichte Frauensperson: *derétu, birétu, lirétu*; plur., *irénuti, werénuti, hirénuti*, etc.

Irénnu, Kinder (allezeit von mehreren) *wirénnuti, hirénnuti*.

Iribén, unrein sein: *iribébu*, du bist unrein; *iribéti*, ein unreiner; *iribétu*, fem. et neut.; *maribêntu*, etwas reines; *dáribên*, mein Unrein sein, meine Unreinigkeit; *búribên, líribên, wáriben*.

Irihi, ein Name: *dári, búri, líri, tíri, wári, híri, nári; hámma tíri*, wie heisst sie? *líripan Johannes*, er soll Johanes heissen; *aritin*, nennen.

Irraku, in (von flüssigen Dingen); *irrakudi*, drinne; *irrakumün*, drinne, hinein; *irrakûn, -kúdin, -kumünnîn*, drinne sein.

Issale, was am Cassabistock über der Wurzel, aber noch in der Erde ist.

Issehi, ein Wurm.

Issibu, das Gesicht: *dássibu, bússibu, lissibu, tissibu, wássibu, hússibu, nássibu*; heisst auch: superficies, die Oberfläche; *bahássibu*, die Hausthüre; *báhü íssibu*, Oberfläche des Hauses, superficies tecti; *hurrurússibu*, die eine Vorderseite des Berges, it.: superficies montis, die Oberfläche des Berges.

Issibarúkkuhu, die Stirne: *dássibarúkku, bússibarukku*.

Íssihi, der Kopf, das Äusserste, der Gipfel: *dássi, bússi, líssi, tíssi, wássi, hússi, nássi;* heisst auch: Saamen; *jáhu íssi, jahússi,* Kattun-Saamen.

Íssimuddu, der Leberaal.

Íssínihi, penis: *dássîn, bússîn, lissîn; tissina,* id quod est in nymphis; *naruku,* nymphae; *tiwere,* penis: *dewére; ínissi,* cuniculi: *dêsse, bêsse, lêsse; elonti ínissi.*

Íssipe, die Galle, das Bittere: *dássipe, bússipe, tíssipe.*

Issipúddi, in superficie, von aussen herum, im Gesicht.

Issipúddu, was oben darauf ist, der Deckel, die Oberfläche eines Dinges.

Issírema, *bahü issirema,* der vordere und hintere Theil des Giebels am Hause; *a, b, c, d* ist das Haus, *c* und *d* ist *tissírema*.

Issírihi, die Nase, Spitze, Ecke: *dassíri, bussíri, lissíri.*

Issírabulúkku, die Spitze von etwas, z. B. am Messer; *tissírikil,* der an der Spitze ist, z. B. der vorn am Corjar sitzt.

Issíriman, der Erstgeboren sein: *dassírima, bussírima; Maria kassírimakubäi Jesuskan,* Jesulein ist der Maria erstgeborenes Kind; *issírimakan,* das erstgeborene Kind; *issírimánu,* die Erstgeborene.

Issírukuhu, Fleisch: *dassíruku, bussíruku, lissíruku,* etc.; *wuin issíruku,* alvus oder tractus fluvii versus frontem.

Itíriti, das Rohr, davon sie allerhand machen.

Ittabárra, ein Sparren am Hause; *bahü ittabárra, bahúttabára.*

Ittabu, ein Durchschnitt zwischen zwei Flüssen, Vereinigungsgraben zweier Wasser.

Íttara, eine Frucht, von einem Baume gleichen Namens.

Itte, Hittapfelbaum, Hittäpfel.

Íttewisíri, die jungen Blätter an Hittäpfel Zweigen.

Ittéballi, ein leichtes Holz, daraus man Fahrzeuge macht.

Ittebehi, ein Maal, das man mit auf die Welt bringt: *líttebe,* sein Maal, *títtebe.*

Ittebóati, Stiefvater, auch: Vatersbruder; *dattebóati, buttebóati, littebóatti.*

Íttehi, Eingeweide: *dátte, bátte, lítte, títte, wátte, hítte, nátte; dátte ullúkku dansikan,* ich liebe es sehr.

Ittennamalli, ein Eigenthümer, dem die Sache gehört.

Íttere, die Hitze; *háddali íttere abukákate dáija*, die Sonnenhitze macht confus im Kopf.

Ítti, Vater, Vaterbruder, Mutterbruder, etc.; *dátti, bútti. lítti, wátti* oder gewönlicher *wattínati, wattínti; hüttínati, nattínati; wattínuti*, unsere Väter; *wattinatikai*, er ist unser Vater.

Íttiju, einer Frau Schwiegertochter: *títtiju*, plur. *ittijunuti*.

Íttikahân, begehren.

Ittika, excrementa, Koth: *dáttika, búttika, líttika*.

Ittikapé, die allerkleinste Sorte von Munnpiren.

Ittilátu, üttilátu, einer Weibsperson ältere Schwester; *wattilántu*, unsere ältere Schwester; *dáttilánuti*, meine ältere Schwester.

Ittímahü, der Bart.

Íttimehü, das womit man etwas fest macht; ist auch das Gewebte, worin sie die Kinder herumtragen.

Ittiti, einer Weibsperson Schwiegersohn: *dáttiti, búttiti títtiti; tittitíuti*, ihre Schwiegersöhne.

Ittiwíru, ein Vogelskolbe.

Íttuli, ein Pavian.

Íttuliwállaba, ein gewisser Baum.

Juária, von dort her; *juáriaen*, von dort her sein.

Júau, eine Art Muskiten, deren es im Busch viele gibt.

Juhuhúkkün, juhun, viel sein; *juhuhüaje, juhúlli, juhutti,* viele; *juhullíkebe*, sehr viele; *juhuhússabün*, etwas viel sein.

Jujùn, feuchte sein, nass: *jujukade, jujupabu; jújukoamàn*, noch feuchte sein.

Juli, Tabak: *dajúlite, bujulite; juli íssi*, Tabak-Saamen; *juli attukun*, Tabak rauchen.

Júlika, ein am Wasser wachsendes Gestäude mit grossen breiten Blättern, Mokkomokko.

Júliwihi, die scheinenden Würmer, die in der Nacht herumfliegen.

Jumária, von daselbst her, in dortiger Gegend; *jumáriaen* von daselbst her sein.

Júmassi, schwarze Korallen.

Jumùn, daselbst; *jumündi*, daselbst; *jumündin, jumünnin*, daselbst sein.

Jumuníru, dorthin.

Jumüntù, daselbst, woselbst, wo (wenn es nicht fragt).

Júra, ein dickes Rohr.

Júrada, die Berbekütte: *daijuradalle, bujúradalle; ujuradalle,* sind auch Gestirne, complexus stellarum.

Júraha, gepresster Cassabi: *dajúrahan, tujúrahan,* etc.

Júrahü, das Verlangen; *júrahü lúkku,* mit Verlangen.

Jurân, oben auf dem Wasser treiben.

Júran ansi, verlangen; *jura dánsi bibiti,* mich verlangt nach dir; *juramakemüküttün ansi,* Verlangen machen.

Júru, das lange, geflochtene, worin man Cassabi presst.

Júrua, Dornen.

Júruka, Schneidgras.

Iwe, Dechsel: *diweja, biweja.*

Iwéra, penis: *dewére; deweraäke,* meine Hosen.

Iwéraka, ein Indianerlappen: *diwéraka, dereke.*

Iwi, die Frucht an allerlei Bäumen.

Iwida, ein Trinkgeschirr, *wida,* genannt: *diwidale, biwidale.*

Iwihi, geschossenes Wild: *diwihi, biwihi, liwihi; iwihittin,* schiessen; *iwihittunnua,* geschossen werden; *-hittikittin,* schiessen lassen; *-hittikittunnua,* geschossen werden.

Iwikiddúnnua, aufgehen; *-ddukuttün...* machen; *-ddukuttúnnua,* zum aufgehen gebracht werden.

Iwíltân, Brod oder Trinken zurecht machen; *-takuttün ...machen lassen, -ttunnua,* pass.

Iwissi, cuniculi, die Hoden; auch wohl: penis; *diwissi, liwissi* oder *dêsse, lêsse; iwissi lúkkudu,* die Hoden; *iwitikittin,* fruchtbar machen; *-ttunnua,* pass.

Iwùssia, verlassen, v. *üwüssiatin.*

K

K gehört mit zur Formation des pronominis relativi von *kia,* z. B. *likia kassikóamünnibúkil badúmkin,* in dessen Hause du schläfst. Es steht sonst vor manchen Worten, nicht ohne Bedeutung, insonderheit, wenn aus nominibus verba formirt werden, z. B. *Boas Johannes uhukíttika,* Boas ist Johannes jüngere Bruder; *Johannes kahukittikai Boas,* mit Johannes ist als jüngerer Bruder verwandt der Boas; *Johannes kadittínni Christian,* dem Johannes gehört als Sohn der Chr.

KA, (er, sie, es) ist; *jahákebékai,* er ist hier.
KÁBARA, eine Ziege: *bukábaran, wakábaran.*
KABÁURU, kleine Fliegen.
KÁBBA, Salzwasser.
KÁBBAN, salzig sein, brack sein.
KÁBBEJA, (vulgo *kábbejau*) ein Garten; *kábbeja alin,* der einen Garten macht, Gärtner.
KABBIÚLTI, der Hauswirth, pater familias, plur. *kabbiúli.*
KABBUHÍNNIHI, drei, *kabbuhínteman.*
KÁBBUKÁLLI, ein Baum, daraus dauerhafte Fahrzeuge gemacht werden.
KABBUKÜLLÂN, breit sein.
KABBURÂN, weit sein; *kia bahú kábbura namaqua wabu,* dies Haus ist weit genug für uns alle.
KÁBUKÜN, kriegen, bekommen: *kabúkükade, kabúkükabu.*
KÁBUKÚRRU, wowon; *kabukurru likin,* wovon er isst.
KABULUSSANTI, der eine Tasche um sich hängen hat.
KABUMÜNNEKABUMÜNNEMAN, nimmer eins niedriger sein als das andere, unter dem andern.
KADAHÚLI, ein so genannter Kadauer; Fliege.
KADANNÎN ALINUA, (oder *adannin*) überwinden.
KADDIBËUN, einen dicken Leib haben, schwanger sein.
KADIÁKUKÚRRU, worauf.
KÁDIKKÈKÁDIKKA, einzeln, einer nach dem andern.
KADUKKUN, im Schoos, oder auf den Armen haben (von *udukku*); *kadukkussiannu,* Schooskinder, Armkinder.
KÁDULLÎN, Wurzeln haben (vom Cassabi); *kadúllikan kálli,* das Cassabi hat Wurzeln.
KADÚMMATU, weswegen; *kadummatúkuba luhúdun wamün,* weswegen er für uns gestorben ist.
KAÉKÊN, bekleidet sein; *kaekéi,* er hat Kleider an.
KAÉMÊN, einen Geruch von sich geben.
KAHALÊN, genug sein, hinreichen.
KAHÓRAN, einen Buckel haben.
KÁHUANÁLLI, ein sehr festes und dauerhaftes Holz, das zu Zuckermühlen gebraucht wird.
KÁHÜAEN (vom Brod) nicht sauer, ausgebacken sein; *kálli kahüa,* das Brod ist süss.
KAHUKETIN, Bruder sein, verbrudert sein.
KÁIABA, ein Floh.
KÁIJAHUNNÎN, Kattun haben.
KÁIJAONÁN, kosten, werth sein, theuer sein; *hámmahü*

bukkuljáran, kaijaónna búmün, was verlangst du für dein Korjar?

Káijukóamútti, einer der seine Mutter noch hat.

Kaikan, ein Gehör haben, hören können.

Káikuti, ein Krokodill, von der kleinen unschädlichen Art.

Kaimahü, das Bösesein, der Zorn; *kaimakán* oder *aümakân,* böse sein; *káiman,* böse sein.

Kainabân, hinter einander sein, nach einander folgen.

Kainadùn, hinten breit, stumpf sein.

Káinalukkun, ohne Schwanz sein.

Kaíri, ein Eiland.

Káiuramiru, eine Art Schlangen, deren Biss schädlich ist.

Káiuru, Hange-matte-tau; Tau überhaupt.

Kákaba, nein, nichts; *kákan,* nicht sein, es ist nicht da, sie, etc.; *káke,* nein; eigentlich sagen sie *kòake; kakánnikebe,* ganz und gar nicht; *kakassè,* nichts.

Kakáiabánnîn, Flöhe haben.

Kakállèn, Brod haben, damit versehen sein: *kakállekáde* ich habe Brod.

Kakánnakíddiaen, Cassabistöcke haben.

Kakánnakükùn, -nnükükùn, laut sein; *-nnükühuábu,* laut.

Kákarelli, ein Baum festen Holzes.

Kakau, Kakao.

Kakkürün, Schwiegermutter sein.

Kákuburúkkuân, klug, verständig sein.

Kakudúnnuân, tief hinein.

Kakùn, leben: *kákükade, -kabu, -käi, -kau, -kaje; kákühü,* das Leben; *dákakü,* mein Leben, mein Pulz; *kákühuábün,* lebendig, lebhaft, munter sein.

Kákün, schwüren.

Kakujân, wild, scheu sein.

Kakundun, bewohnt sein.

Kakúnnamünkúrru, wovon; *-nnamüntu,* wovon.

Kakúnnatu, woran.

Kakúnnulimannîn, Knäuel Kattun haben.

Kakuttan, schäumen.

Kákuttin, Füsse haben.

Kakuttíru, die Art Bäume an den Ufern, die aus allen Zweigen wieder sehr viele Wurzeln herunterschiessen.

Kálan, aufhören.

KALÉKKU, die weissen Boggaiersteine.

KALIPÍNA, eine Indianer Nation, vulgo Cariben genannt; *kalipíddi*, ein Caribe; *-íddu*, eine; *-ína*, mehrere Cariben.

KALLÉRUKAN, ein Maul haben, ein böses Maul haben; *kallérukúkabu*, du hast ein böses Maul.

KÁLLI, Cassabi, sowohl wie er in Garten steht, als auch wenn er gebacken ist: *dakkálle, bukkálle, lùkkálle, tùkkálle, wakkálle; kállikan*, ein Bischen Brod; *kallidúlli*, Cassabiwurzeln.

KALLIKÍNNÎN, Vieh haben.

KÁLLIMÈN, scheinen, glänzen, Feuer geben, Feuer fangen.

KALLÍNA, ein Huhn; *kallína üssa*, ein Hühnerei, ein junges Huhn: *dakallínan, bukallínan, lukallínan*.

KÁLLIPÉUKÍLLI, Auskehricht.

KALLUKKUDUN, nicht leer sein.

KALLUKKÚDDIKÙRRU, worin.

KÁMAIJE, Vanillie: *dákamaije, búkamaije*, etc.

KAMÂN, (von *uma*), mit-sein.

KÁMANAN, scharf sein.

KAMARRASSANNA, ein Schwamm, Pilz.

KAMASSÙN, versenken; *-ssakuttùn*, id.; *-ssukuttúnnua*, pass.

KÁMMA, ein grosses, hiessiges Thier, vulgo Wald-Esel: *dákkamman*, etc.

KÁMOALI, eine Art Nibi, die sie an Habben, Pakahlen, Kadauern etc. brauchen, die Hölzer daran fest binden.

KAMONÁIKAN, arm sein: *kamonáikáde, -kábu, -káï*.

KAMPANA, eine Glocke.

KAMÜNNÎN, haben: *dámónika* oder *dámünnika; kamonhittin*, gern haben, nöthig haben.

KAMÜNTÍNÂN, mühsam, beschwerlich sein, viel Arbeit erfordern.

KAMÚDU, ein grosse, böse Wasserschlange: *dakámudun, bukamudun*.

KAMUKUBEHÊN, sich nicht mit einem einlassen, nichts mit ihm zu thun haben wollen.

KÁMULUKKÚN, -LÚKKUKÙN, einen Wind lassen.

KAN, nota diminutivi, dictio inclitica, ein Bisschen, klein, etc.

KAN, KASSI, aber.

KÁNA, eine Pülle; *kánakan*, eine kleine Pülle.

KANALÍRU, eine Raupe am Cassabi, die sie essen.

Kanissén, kanissîn, lieben: *dánsika, bánsika; bánsipa*, etc.; *hansépa, wansépa*. **Nota**. Das e in penultima, ist nur im Plural gebräuchlich; *kanissîssia*, geliebt; *danissîssia*, mein Geliebtes; *danissîssiánnu*, meine Geliebten; *kánsiki*, die Liebe; *dánsiki*, meine Liebe; *bánsiki, lánsiki*.

Kannekiddi, Cassabistöcke.

Kánni, kánnika, ein wenig (aber immer mit einem andern Worte zusammengesetzt); *ladiákannika dámün*, er hat ein wenig mit mir geredet.

Kanóa, ein Nachen: *wákkanan, búkkanan, lúkkanan; akkanantunnua*, ein Nachen haben; *dakkanantoa, bukk-; akkanassadunnua*, ein Nachen fahren.

Kánuma itte ísse, ein Hittapfel-Wurm, den sie essen.

Káollabán, gegen etwas über sein.

Kápudekápude, immer eins unter dem andern, immer der (das) folgende niedriger als der (das) andere (von *apüddi*).

Kapussína, der Bart wenn er lang ist; *kápussinán*, einen langen Bart haben.

Kapúti, ein Rock von Tuch, überhaupt alles wollene Zeug.

Karabúddikan, dafür sein, anstatt etwas sein.

Káraiaen, ist so viel als *aputtúkidin*, hervorgehen, zum Vorschein kommen.

Káran, das Gegentheil von *máran*, saftig sein.

Kárannán, kárrannán, bedeuten; vermengt sein; von verschiedenen Arten, Farben oder Geschlechtern sein.

Karara, ein blauer Rabe.

Karaù, Gras, die Savanna; *karaùmünti*, die in der Savanna.

Karéna, Kette.

Karîn, einen Namen haben; *kárikade*, ich habe einen Namen.

Karkaranniana, nennen sie einen mittleren Regen.

Kárkara, eine Art Nibi, die alsdann Frucht trägt.

Kárraba, Krabb, ein Baum und dessen Frucht; mit dem Oele daraus schmieren sie sich die Haare, um die Läuse zu vertreiben.

Kárraüru, Blätter von einem Baum, damit sich die Indianer roth malen im Gesicht.

Kárratabáku, eine Art Fische, ziemlich gross, gut zu essen.

Kárrihi, Krankheit, Schmerz.

KÁRRIHUÀBÜN, sehr.

KÁRRIMAKÈN, sehr bitterlich.

KÁRRIMAN, ein schwarzes Harz; *karrimên*, schwarz sein, blau sein: *karriméï, karrimébu, karrimepaba*, etc.

KARRÎN, weh thun, Schmerz haben, krank sein; *dakútti, kárrika*, mein Fuss thut weh; *kárrikade*, ich bin krank.

KÁRRUBA, eine Art Vögel, etwas kleiner als ein *Márudi*.

KÁRRUBU, eine Schüssel: *dakárrubün, bukkárrubün*, etc.

KÁRRUHÀN, beissend sein, z. B. wie Pfeffer.

KÁRRUKULLI, Kupfer; *kárrukúllikan*, ein Mörser.

KÁRRUKULLI ÜSSAUÁBU, Gold.

KARRUPAIRU, ein grosses Schneckenhaus.

KÁRRUSSUN, aufgebaut sein, werden.

KÁRTE, Buch, Papier; die Indianerschnur mit Knoten, die die Nächte anzeigen, die sie ausbleiben, oder über einer Sache zubringen wollen; *kârte alin*, ein Schreiber, it. was zu Büchern oder Schreiberei gebraucht wird: *dakkârtèn, bukkârtèn*, etc.

KÁRU, ein rother Rabe.

KASSAKKÁBEHÜ, der Tag, it. plur., oder *kassakkabehünu*, Tage; *kassakkábehü ukúnna*, am Tage; *kassakuhu*, der Tag.

KASSÁKKU, der Himmel.

KASSÁKKUDAHÜ, die Nacht; *-dánnakan*, zu Mitternacht; *kassákkubùin*, die ganze Nacht.

KASSÀN, ein Kind, Kinder haben, schwanger sein; *kassáde*, ich habe Kinder; *kassân*, sie ist schwanger; *kassakassàn*, immer mehr Kinder zeugen; *kassássiân*, zeugen, gebären: *kassássiadè*, etc.

KASSARÚNE, eine Hacke: *dákassarúnen, búkassarúnen*, etc.

KÁSSÈN, Würmer oder Raupen haben.

KASSEKÉRU, eine Rasselschlange.

KASSEKÚJAHA, die Meerschweine, die gemeiniglich Heerdenweise vor windigem Wetter sich sehen lassen.

KÁSSI, eine Art Fische, klein und fett.

KASSIBANÎN, Steine haben, steinicht sein.

KASSIKÓAN, ein Haus haben, wohnen: *kássikóade, kássikoai*, etc.

KASSÎN, nach Fischen riechen: *kassikade*, ich rieche nach Fischen.

KÁSSIPARA, ein Degen, Hauer: *dákassipáran, bukassipáran*, etc.

Kássipudùn, einen Deckel haben.
Kassíriman, das erste Kind gebären.
Kassírikurru, spitzig, was eine Spitze hat.
Kassíssi, eine Art Ameisen.
Kássukkun, die Pocken haben: *kassukkúnnikabù*, hast du die Pocken?
Kassúru, Korallen: *dákassúrun*, *bükkassúrun*.
Káttakárrabutu, was abgeschätzt, abgetheilt ist, wenn, z. B. eine Wand durch ein Haus, Kammer etc. gezogen ist.
Kattattadükoanatu bahü, soll mir Gefängniss heissen.
Kattebóatîn, jemandes Vaters Bruder sein, oder Stiefvater.
Kátti, der Mond, ein Monat; *kátti ukúrrubu*, Vollmond; *káttennan*, die Menstrua haben.
Kattepettepettun, scheckicht sein.
Káttiadükùn, verwundet sein.
Káttiddükáru, was da sticht.
Kattikahü, der Rost.
Kattikebên, stehlen: *káttikebéde*, *káttikebébu*; *-kebéi*, *-kebên*, sie stiehlt; *káttikebéti*, ein Dieb.
Káttiman, einen Bart haben.
Kattiméru, ein Pfeil, der mit einem Tau angebunden worden.
Kattullîn, staubig sein.
Káttun, jemandes Tochter sein; *Isaac káttukan Salome*.
Kátturrùn, einen Stiel haben, als ein Blatt.
Kauahünnân, vermehren.
Káusse, Strümpfe: *dakáussen*, *bukkáussen*.
Káuta, ein Baum und dessen Rinde, die sie brennen und fein stossen, hernach unter den Thon mengen, und so ihr irdenes Geschirr machen.
Kawáiju, ein Pferd: *dákawáijun*, *búkawáijun*, etc.
Kawáke, nein, nichts; *kawákaba*, keineswegs; *kawákan*, es ist nichts da; *kawân*, nicht sein.
Koáuran, ein Sclave sein.
Kebe, dictio inclitica, wird emphaseos causa, manchen Wörtern angehängt, als: *tumaqua*, alles; *tumaquákebe*, alles mit einander.
Kebên, besonders; *kebên bui*, besonders du.
Kebéikan, blasen mit Indianerpfeiffen, *-kakuttùn*.
Kebénakùn, lange bei, oder über etwas sein; Adverb. lange.
Kebérun, verläugnen, unterschlagen.

KEBERÚNNUA, sich entziehen; entlaufen; im Stich lassen.
KEKÉLLI, Cassabisuppe: *dekehéllia, bikehellia.*
KEHÊN, giftig sein.
KEHÉRUN, ein Wildschwein, von der grossen Art.
KÉMEKEBBÜN, arbeiten; *dakia kémekébbuka, demekébbuka,* ich arbeite; *kemekebbikittin,* ...machen; *-ttunnua,* pass.
KERÉAN, KIRÉAN, heirathen, von beiderlei Geschlechts; *keréakuttùn,* verheirathen, trauen; *-ttunnua,* pass.; *kerejúnnua,* sich verheirathen; *kerejuábün,* eine Frau nehmen; *keréjun, keréun,* eine Person heirathen (Wird nur von Mannspersonen gebraucht); *keréüti,* ein oder mehrere verheirathete Mannsleute; *keréjukuttùn, -réukuttun,* eine Mannsperson verheirathen; *-kuttunnua,* beweibt werden; *maerëukoalà,* er hat noch keine Frau.
KERÉLLI, das Ueberbleibsel vom Cassabi, wenn es beim backen auf den Mannari gerieben wird.
KÉNETI, ein gewisser Baum, dessen Frucht eine schwarze Beere ist, die die Vögel essen, aber die Indianer nicht.
KERETIN, heirathen (von Weibspersonen), oder einen Mann haben; *kerétitu,* eine verheirathete Weibsperson; *kerétikittin, -ttunnua,* pass.
KÉTEL, ein Kessel; *kételkan,* Kesselchen.
KIA, die, das; relative, nicht demonstrative; *kia hiaeru,* dieselbe Frau; *kia béju,* derselbe Hirsch; *kia adda,* derselbe Baum (aber nicht: *kia wadíli,* sondern: *lihi, likia, líraha;* ausser in compositione als ein pronomen relative).
KIAKEWAI, just das, das nämlich.
KÍAEN, KÍAMAN, KÍAMAHÜ, sagen, reden; *mammalika kialân likíra udúmma,* er kann vor Thränen nicht reden; *gidealà kiân,* so sagt er.
KIAENIBENNA, hernach.
KIÁMAHÜ, so viel (als sie dabei an Händen und Füssen weisen).
KIAPAI oder KIOPAI, es sei drum, mags doch.
KÍBBIHI, ein vierfüssiges Thier, hat einen Rüssel wie ein Schwein und dicken, bunten Schwanz.
KIBILUKKÙN, breit sein.
KIBIÓLA, eine grosse Wasserhose.
KIDDUHEIN, KIDDUAHEIN, für wahr, wahrhaftig; *kiddúhéinîn,* wahr sein; *kidduhéinihi,* die Wahrheit; *kidduhéinirên,* wahrhaftig sein.
KIJAHANNA, darum, folglich.

Kiibénna, (eigentlich *kiaenibénna*), hernach, auch, davon.

Kíjia, dennoch.

Kíkihîn, fett sein; *kikihíkan*, es ist fett.

Kikissîn, eine Charte geben (z. B. wie lange man ausbleiben will).

Kil, pronomen relativum masc. gen., insonderheit mit *kia* zusammengefügt.

Kurru, ist das fem. et neutr.

Kímina, ein Korb mit einem grossen Sprengel darüber, Fische zu fangen.

Kimíssa, ein Indianerlappen, Leinwand, allerhand Kleidung: *dikimissan, biki-, li-, wi-, hi-, nikimissan*.

Kíraha, ein Teich, stehendes Wasser.

Kirtiati, ein Blanker, plur. *kirtiána*.

Kírrekírre, eine Art Vögel, grün von Farbe.

Kírahudúlli, die Spindel, womit die Weibsleute den Kattun spinnen; *ikíruhudúllia*, in statu constructo.

Kisseíra, hè kisseíra, ja, allerdings (sagen nur die Weibsleute).

Kiwéjun, eine indianische Weiberschürze; *ikkiwéjun*, in stat. const..

Kiwake, ein Art Körbe: *dikiwäkeré*, mein Korb.

Kiwéri, ein Pflanzmesser.

Kiwérime, eine Art Seefische, gross und gut zu essen.

Kíwihîn, Wildpret haben.

Kíwîn, Frucht haben, fruchtbar sein; *adda kíwitu*, ein Baum der Frucht hat.

Kiwússiâen, Schmerz verursachen, durch den Abschied.

Kóa, ein Krabbe, Krebs: *dákkoan, búkkoan, lúkkoan*.

Koa, noch; wird allezeit mit einem andern Worte zusammen gefügt.

Koábadda, ein Art Pfeffer.

Koai, ein kleiner Frosch, der gern auf den Bäumen sitzt: *dákoain*.

Kóai, ein Geschwür inwendig am Halse, Mandeln.

Koáke, nein, nichts (besser *kawâke); koákai*, er ist nicht da; *koákassè*, nichts.

Kóamahü, eine Mütze: *dákoama, búkoama, lúkoama*.

Koân, gedenken: *kóada, koaba, koala, koata, koawa, koaha, koana; koaredápa, koarebúpa*.

Kóata, eine Art Affen mit rothem Gesicht, die einer Menschen-gestalt am ähnlichsten sind: *dakóatan, bukóatan*.

Kóffi, Caffé: *dakóffin, bakóffin, lakóffin.*
Kógel, eine Kugel: *dakógulun, bukógulun.*
Kókuliti, der Baum und die Frucht, Kokeriten.
Kokkui, ein shön leuchtender Nachtkäfer.
Kólitin, der Fluss Corentyn.
Kombússu, die Küche.
Kopáijoa, ein Baum, der einen sehr köstlichen Geruch von sich gibt.
Korabúli, braun.
Kótaka, eine Art Vögel.
Kuba, dictio enclitica, nota praeteriti.
Kúbbukü, eine Art ganz kleiner Fische.
Kuddibí, ein Vogel (das allgemeine Wort): *dakuddibiun, bukúddibiun;* plur. *kuddibíunu; kuddibiussi,* Vogelholz.
Kúddoa, eine Art wilde Ente.
Kuddukúddu, Grille.
Kúddahárukai, wirklich, dort ist er; -*rukan*, dort ist sie, es.
Künekáhü, eine Fackel.
Kükürün, Faden ziehen.
Kússa, oder; wenigstens, ungefähr, etwa.
Kújamahü, eine Fischpumpe.
Kujára, ein Buschhirsch.
Kujên, schleimich sein; *kujétu,* schleimich, Schleim.
Kulaù, ein Papagai, veri nominis, wie es hier an der Seeküste gibt; *dákulaun, bukulaun, lukulaun.*
Kúlbara, Schiesspulver: *dakúlbaran.*
Kulè, ein Kind, beiderlei Geschlechts.
Kuleáka, ein gewisser Vogel, blau von Farbe.
Kulebelli, die kleinste Art von Ameisen.
Kulehélli, Rauch; *ukúllehe,* stat. const.; *híkkihi ukúllehe; akulehedin,* räuchern.
Kulekúnnaru, eine grosse Landschlange.
Kuleliaétti, ein neulich gebornes Kind.
Kulên, matt, schwach sein; *kulè dakúnna,* ich habe keine Kräfte.
Kulên, roth sein, gelb sein.
Kuléru, ein gewisses Unkraut das in den Cassabigarten häufig wachst.
Kuljara, ein korjar; *ukkuljáran,* in stat. const.; *dakkuljáran, bukk-, lukh-; akkuljarantunnua,* ein korjar haben.
Kulissállissàn, uneben, holperich sein.
Kullebelli, sehr kleine gelbe Ameisen.

Kullun, vom Wasser aufgeweicht sein; faul sein, verfaulen.

Kúmaka, ein gewisser Baum.

Kúmarramarra, ein Baum und dessen Frucht.

Kúmaru, eine Frucht die einen balsamischen Geruch hat.

Kummakátti, eine Art Raupen deren Biss sehr schlimm ist.

Kúmmata, Bohnen: *dakúmatan, bukúmatan*.

Kummuttíri, das Nest der Holzläuse Arara.

Kumúrkún, Winde lassen.

Kúndi, für *ukúnnadi*, an, auf.

Kúnnuku, der Busch; *kúnnukúddin*, im Busch sein.

Kúnnukússe, eine Art Schlange, die die gefährlichste hier sein soll.

Kúnnulima, ein Knauel, z. B. Kattun.

Kúnnunuballi, ein Baum und dessen Frucht.

Kúpanama, ein Fluss, die Kopename.

Kurára, Blut-Corallen: *dákkuráran, búkkuráran*.

Kuráro, ein gewisser Baum.

Kurassi, ein guter Seefisch.

Kuratálli, eine Art Muscheln.

Kureháre, eine Art Baüme, sehr gut zu Fahrzeugen.

Kureme, Grasläuse, Patatteläuse.

Kuruman, eine Art Fische.

Kúrru, nein; *dakurru, daikurru, dakia karru*, ich glaube es nicht.

Kúrru, affirmative, bejahungsweise.

Kurru, pronomen relat. fem. et neutr.

Kurrubulelli, ein sehr hartes Holz, schwarze Ceder.

Kurrukurru, ein Vogel an der Seeküste, der Flammand.

Kurrukúrruru, ein Baum, der weisses und schlechtes Holz hat.

Kurrúrruman, der hiesige Indianer Grosvater.

Kúrua, ein Baum.

Kússe, die grosse Ameisen.

L

　von *líkia*, einem Worte vorgesetzt, bedeutet: er, oder: sein seine, seines; it. im plural.

LA, er.

LÁBBA, eine Art amerikanischer Haasen: *dálabban, búlabban, lúllaban, wállabban,* etc.

LÁBBARIA, eine Art Schlangen, deren Biss sehr shädlich ist.

LABBÚNA, ein Feuerstahl: *dállabúnan, búllabúnan,* etc.

LÁKUBA (sc. *adián*), er hat mir vorlängst gesagt.

LÁLIWA, MÓRA ÍSSE, eine Art Würmer: *dálaliwan*.

LANA, ein gewisser Baum.

LANA, couleur noire.

LAUKÍDDI, eine Art Fische: *dálaukkiddin, bulaukiddin*.

LAULAU, eine grosse Art Fische.

LI, pron. relativum; wird einem Worte angehängt, z. B. *hussukússahalin,* den ihr gewaschen habt.

LIBÈ, er; *libè adián,* er sagt.

LIHI, der da, derselbe; *lihi wadíli,* dieser Mann da.

LIKIA, er.

LIRAHA, der da.

LIMULÍNU, eine Art grosser Fliegen, die an der Seeküste häufig sind.

LO, eine hiesige Landesfrucht.

LÓBU, LÚBU, eine Eidechse· *dálubün, búlubün*.

LUKKU, LÚKKUHU, ein Arawacke, ein Mensch; *lulukkúntoa,* er ist Mensch geworden; pl. *lukúnnu,* die Arawacken, Menschen; *kalipína Waraunu abbáka nakkúrkia lúkku uwuria,* die Carayben und Waranen sind von den Arawacken verschiedene Nationen.

LÚKKU, für *ullúkku,* in; *júrahü lúkku,* mit Sehnsucht.

LÚKKUMÜN, für *ullúkkumün,* hinein.

LUKKÚSSIQUA (für *lükku üssiqua*), Indianerhäuser.

M

 mit einem Worte zusammengesetzt heisst: nicht.

MA, nicht; doch immer mit einem andern Worte verbunden; *nakia mallukkumünlássiánnu*, die nicht in ihm sind. In manchen Redensarten ohne besondere Bedeutung, *ma* und *màn*; *beribissi jahária waikillên mandîn*, soweit als die Berbice von hier ist.

MABAMUTTU, nicht thun (von *abán*).

MÁBARUHU, das Schlafen eines Gliedes; *dakkábu mábaruka*, meine Hand schläft.

MÁBBA, Honig: *dámban*, mein Honig, *bûmban, lûmban, tûmban, námban, hûmban*.

MÁBBA UJU, eine Biene.

MÁBBARAN, kein Haar haben.

MÁBBARUN, ohne Beil sein, kein Beil haben: *mabbarúnikade*.

MABBUKÜLLÂN, nicht breit sein; *mabbukkülláka jahária lüssikoamün*, es ist nicht breit zwischen hier und seinem Haus.

MABBUNÂN, contract, gelähmt sein an allen Gliedern.

MÁBBURAN, enge sein; *kia bahü mábbura wabu*, das Haus passet nur nicht.

MÁBUKÜMAN, nicht kriegen.

MÁBÚNÜKÜKÚRRU, was nicht gepflanzt ist, was von selbst wächst.

MÁBUREHAN, nicht sauer sein.

MÁBURI, einige Arten von Fliegen.

MÁDAN, keine Haut haben; *lükkábburúkku máda ládan udúmma* die Haut in den Händen ist ihm abgegangen vom Stecken.

MÁDDABÚRI, ein Baum, dessen Frucht die *Siresíre* gern fressen.

MADDIKÍNNIMAN, nicht sehen.

MADÉN, nicht gar sein; *madénikoata*, es ist noch nicht gar.

MADIÁNÎN, nicht sagen: *madiániba? madiánila? madiánmahúa*, ungesagt.

Máddissiaen, nicht gerne thun, etwas nicht mit Belieben thun.
Madittínniman, nicht wissen: *madittínda.*
Madulleti, ein Verstümmelter.
Madúllîn, keine Wurzeln haben (vom Cassabi).
Madummekin, nicht geronnen sein.
Máekên, nackend sein, kein Kleider anhaben: *maekéde, maekëï, maekáù, maekéhü; maémaekedúnnua,* nicht unbekleidet sein.
Máemên, kleinen Geruch von sich geben.
Maérehi, eine gelbe Frucht an einem Baume gleiches Namens: *demaérehin, bimáerehin, limáerehin.*
Maeretin, keinen Mann haben; *maerétitu,* eine ledige Weibsperson.
Maeréun, keine Frau haben: *maeréükade,* ich bin ledig.
Maete, ein grosses Netz.
Maháikan, nicht entgehen.
Maháikassiáen, nicht vergessen.
Mahalên, nicht zureichen, nicht genug sein.
Mahállikebbên, missvergnügt sein.
Mahánnahánnan, -hannakun, nicht dick sein.
Majaúhüa, heimlich, stillschweigend.
Májauhússiáen, vom Teufel nicht geplagt, nicht besessen sein.
Majaúnahüa, ohne Entgeld, umsonst.
Maijaúquan, bleiben, stillschweigen: *majaúquaḍa, -quaba, -quala, -quata, -quawa, -quaha, -quana.*
Májaurên, majaúquarên, zurückbleibend.
Maijahúnnîn, keinen kattun haben.
Maijaónnaman, nicht theuer sein.
Máükân, taub sein: *máükáde, -kábu, -káï, -káu, -káhü, -káje.*
Máükittínniman, stillen; machen dass einer aufhört zu weinen.
Máünniman, nicht weinen: *máünnikáde, -kabu, -kai.*
Máijun, keine Mutter haben.
Maiman, nicht böse sein.
Majúehên, nicht faul sein.
Májukun, nicht viel sein; *majuhúka kalli damün,* ich habe nicht viel Brod; *majuhúkan,* es ist wenig.
Májujun, nicht nass, nicht feucht sein.
Májuran ansi, nicht verlangen.

Mákallên, kein Brod haben.
Mákannabünnimân, nicht hören; nicht gehorsam sein.
Mákannabúnti, ein Unverständiger.
Mákannakíddiaen, keine Cassabistöcke haben.
Mákiddin, id.
Makánnakükûn, nicht laut sein.
Makárridaniman, -kárridán, nicht zerbrechen.
Mákarrîn, nicht krank sein; nicht wehe thun.
Mákaru, ein kleiner Kokorit wurm, aber nicht der den sie essen.
Makéma, wird einem Worte angehängt, und erhöhet die Bedeutung, als *üssá* gut, wohl, *üssamakéma*, sehr gut, wohl; *kallikebbemakéda*, ich freue mich sehr.
Makkahúaen (vom Cassabi), nicht ausgebacken sein, sauer sein.
Mâkkubánin, keinen Garten haben.
Mákkürán, klein sein (vom Wasser); *wuin mâkküra* das Wasser ist klein.
Mákkulên, nicht roth sein: *makkuléde, makkuléi*.
Mákkurahúaen, ohne Hängematte sein.
Makoâbu, ein kostbarer grüner Stein, der gegen die fallende Sucht halten soll.
Makoáka, eine Graslilie.
Makóali, eine Geissel: *damakóalite, bumakóalite*.
Mákoalibálli, eine Staude, den Saft davon gebrauchen sie, aufgesprungene Füsse zu reiben.
Mákuahürubûn, vergeblich sein, vergeblich.
Mákuburúkkuán, unverständig, närrisch sein.
Máküddi, ein gewisser Vogel, der zu gewisser Jahreszeit des Nachts schreit wie ein Boggaier.
Máküddün, nicht schwer sein: *maküddükai, -ddüpan*, etc.
Makujákuttun, nicht sammeln.
Makújukkun, ohne Gehör sein, nicht Acht geben; *mákujukkútti*, ein Tauber.
Makúndun, nicht bewohnt sein.
Mákuriu, ein Insekt.
Makússi, eine Indianer Nation, oben an der Corentyn.
Mákussin', ganz blind sein, keine Augen haben.
Mákuttin, keine Füsse haben; *makuttikil*, der keine ganze Füsse hat.
Mákuttun, -ttunniman, nicht essen, fasten.
Mali, ein gewisses Gestirn.

Maliaba, kujaben, Apfel.

Malidálte, der Anfang der trockenen Zeit. Der Name kommt von dem Gestirn Máli.

Malikûn, können: *malikúkade*, ich kann.

Málipákka, ein guter Fisch, gross, sonst auch *gólti* oder *góliti*, genannt.

Mallakên, Reissend, wo der Strom sehr heftig ist.

Mállali, der Strom.

Mállia, eine Art kleiner Vögel: *damállian*.

Mallikínniman, -kínnîn, kein Vieh haben.

Mállukkudun, -mállukun, leer sein.

Mamaia, der Mami-Baum und Frucht.

Mamajaudúnnua, nicht bleiben.

Mamajáuhúa, nicht heimlich.

Mamajáunahúa, nicht umsonst.

Mamajáunîn, nicht bleiben, nicht stille sein.

Mamajauquarên, nicht allein, nicht zurückgelassen.

Mamákkubandúnnua, nicht ohne Garten sein.

Mamakuburúkkuan, nicht närrisch sein.

Mámanan, nicht scharf sein, stumpf sein.

Mámmalîn, nicht können.

Mámmalîn ukuburúkku, betrübt sein.

Mámmarun, sich nicht fürchten; *mammarúnnihúa*, ohne Furcht.

Mammolên, nicht trunken sein: *mámmolénde*, ich bin nicht trunken.

Mamonáikattîn, nicht arm sein, reich sein.

Mámonnîn, nnimân, nicht haben; *mámünnimán*, id.

Mámu, eine Art grosser Vögel: *dámamun*, *búmamnn*.

Mamújamújaen, schröde, ungefügt sein, als harter Cassabi.

Mân (mani), ganz (jeder); *damân*, ich ganz, *bumân*, *lumân*, *tumân*, *wamân*, ein jeder von uns; *humân* ...von euch; *namân namùn ladiáka*, er hat zu einem jeden von ihnen gesagt.

Mandáka, Montag.

Mani, ein Wort, das, ohne eben etwas zu bedeuten, beim Gerundio gebraucht wird.

Mánika, als, da; *Jesus aijahádda manika wunapúddi*, als der Heiland auf Erden wandelte.

Mánikai, er hat nichts gesagt.

Mánnaka, der poreuse Baum, der zu Zäunen, Wänden zum Hausdecken etc, gebraucht wird.

MANNAKÓLA, heisst das Holz, wenn es gespalten ist.
MÁNNAKABÁNNA, die Blätter von *Mannak*.
MÁNNALI, ein Manar, Sieb (?): *damánnalia, bumánnalia*.
MANNIKINNIA, eine Frucht, Bakowe.
MANSIN, nicht lieben, hassen: *mânsida, mánsiba, mánsila, mansiwa, mansiha, mansina*.
MANSWÂN! erstaunlich! sehr viel! *mamanswápa badiân*, du musst nicht soviel plaudern.
MANSWAKÛN, sehr viel, erstaunlich.
MAPÁDDUKUDDÚNNUAN, nicht aufgethan sein, nicht von einander gegangen sein, als ein Kopfkohl Bananen, Hittäpfel, etc.
MÁPPA, anstatt *pa*, insonderheit in Worten, die sich mit *m-* nicht anfangen.
MAPPAN, nicht können, unvermögend sein zu etwas.
MÁRAIAEN, nicht zum Vorschein kommen.
MARÂN, nicht fett sein, ohne Saft sein; *tidíju mára*, ihre Brust hat keine Milch.
MÁRANA, ein köstliches Harz aus einem Baum, in der Gegend von Oranoque.
MÁRAULI, ein grosser Fisch.
MÁREKATI, die Töpferfliege.
MARIBÊN, rein sein: *maribénikabu*, du bist rein.
MÁRÎN, keinen Namen haben; keine scharfe Schneide haben, z. B. wenn Messer, Aexte etc. stumpf sind.
MÁROA, der hölzerne Pfeil womit sie Vögel schiessen; in statu constructo *umároan*.
MÁRRAKA, die Frucht von einem Baum, daraus die Trinkgeschirre gemacht werden.
MÁRRUSSUN, unaufgebaut sein (von Fahrzeugen).
MÁRUDI, eine Art grosser Vögel: *damárudin, bumárudin*.
MÁRUHUN, abgebrochen sein.
MARÚNNAHÂN, nicht lichte, nicht heiter sein.
MÁSSAN, kein Kind haben: *massáde*.
MASSÈ, allerdings.
MÁSSEMÊN, nicht süss sein.
MÁSSÊN, keine Würmer, Raupen haben.
MÁSSIKÁNIN, ungehorsam sein.
MÁSSIKOAN, kein Haus haben.
MASSIN, keinen Kopf haben.
MÁSSÜWA, ein Korb, um damit Fische zu fangen.
MÁSSUKKUNNÎN, die Pocken nicht haben.

Massukússukùn, nicht gewachsen sein.

Matattan, nicht hart sein.

Mattebíaen, nicht viel sein; *mattebíati*, nicht viel.

Máttennân, die Menstrua nicht haben.

Matterén, nicht warm sein, kein Fieber haben.

Máttikebên, nicht stehlen: *máttikebéde, -bébu, -béï*, etc.

Mattíman, keinen Bart haben.

Mattinnîn oder *Matinnîn*, keinen Vater haben.

Mattorun, nicht verfault sein.

Máttübün, nicht lange sein.

Máttüllün, nicht fein, grob sein, als Salz, etc.; *mattúllülan*, id.; *tuhu kakaù, koffii, juli*, etc. *mattúllülakóama*, dieser Kakao, Kaffe, Tabak u. s. w. ist noch nicht fein gemahlen.

Máttulan, nicht tief sein.

Mattúrruti, ein Krüppel, der keine Beine hat (von *utturu*).

Maukílli, der Himmel, der Sternhimmel.

Mauliúli, Pfeffer, der ganz kleine runde Körner hat.

Máunhebbiráukan, nicht ausgetreten sein (vom Wasser).

Máuti, morgen, cras; *Máutia*, früh, des Morgens; *Máutiáeboa*, übermorgen; *Máutiaeburin*, morgen früh, vor Sonnenaufgang.

Máwan, nicht lange sein (bei, über etwas).

Máwaworakùn, máwaworanân, móaworanân, kein Sclave sein.

Mébén, nicht voll sein.

Mebénna, nicht lange; *mebénnakûn*, id.

Mehébben, nicht alt sein, nicht reif sein.

Mehébbîn, nicht fertig sein.

Meherén, eilends, geschwind.

Mëikurru, ein Neger; plur. *mëikúrrunu*.

Melóne, der Callabat-Baum, oder Strauch, Ricinus.

Mémehera, sehr hurtig.

Mémekébbün, nicht arbeiten.

Mémihitén, nicht müde sein.

Méndake, Mittag.

Mepénna, mopénna, eine Kriek, die in die Corentyn fällt.

Mérimerén, hart, schröde sein.

Méwerebén, nicht warm sein.

Miáke, gestern; miákebóa, vorgestern.

Míbiki, eine Zicke.

MIBIKKIBIKKIN, nicht wachsen, klein bleiben (vom Kindern).

MIBILUKKÙN, nicht breit sein, schmal sein.

MÍHIN, keinen Schwanz haben.

MIHITÊN, müde sein: *mihitéde*.

MIHITTIBUKU, der Stinkvogel.

MÍKIHÎN, nicht fett sein, mager sein.

MÍKINNEHÍBUNA, eine Art Schildferken, sehr gross.

MÍMILI, die Kälte: *mimiliápabu*, du wirst kalt werden; *mimilîn, mimiliáen,* kalt sein.

MISSIHÜÁBU, gerade.

MISSIRÊN, gerade, gerades Wegs.

MÍWÎN, keine Frucht haben, unfruchtbar sein.

MÓWADIN, nicht lange sein, kurz sein.

MOAIKÍLLE, nicht weit; *moáikillên,* nicht weit sein.

MOAKÜDDÚNNIMAN, nicht auseinander gehen, nicht zerbrechen.

MÓDDE, eine Art Nibi.

MÓLA, eine Mühle.

MONDAN, windstille sein; glatt sein (vom Wasser).

MÓRA, eine Art Bäume.

MÓRAHÁDDA, die Rinde, wovon sie Wände an Haüsern machen.

MOREQUIE, ein grosser Fisch-Vogel, Negerkopf genannt.

MORUÁIMA, ein sehr guter Seefisch.

MÓRUBUMAHÚA, allein, mit kurzen Wörtern.

MÓRUKUTI, eine Nachteule.

MORÚNA, MORÓNA, Zunder.

MORUMORUMAKÊN, unreif sein.

MÜKÚTTAKOAMÁN, erinnern.

MÜKÜTTÚNNUA, willig, gern thun.

MÜN, in, nach, auf, bei, an; *hurrúrrumün,* auf dem Berge; *Wiron émamün,* am Ausfluss des Wiron; *Beribíssi münti,* die bei, an der Berbice sind.

MÜRI, ein gewisser Baum.

MÜSSÜ, ein Indianer-Schwert, von hartem Holz: *dámüsse, bümüsse, lúmüsse.*

MÜWÜSSÁUKAN, nicht hell sein (venn Wolken am Himmel sind, es sei bei Tag oder Nacht).

MÚLA, Maulesel.

MULLÍKAN, lügen.

MUNIRU, eine Art grosser Ameisen.

Muníru, gegen, nach, zu; *lakúnnua lüssikóamuníru*, er geht nach seinem Hause zu.

Múri, ein gewisser Baum: *dámurin, búmurin*.

Múriballi, eine Art Bäume.

Múrmurun, murmurumakên, unreif sein.

Mútti, und.

Mutti, masc., *Muttu*, fem. et neut., nota participii bei einigen Particulis und verbis.

Múttuku, Sand.

Mukkurru, ein Rohr.

N

von nakia einem Worte vorgesetzt, bedeutet: sie, oder ihre, ihrer, eorum.

Na, sie, illi (plural); doch wird es mehrerentheils einem Worte angehängt.

Náha, die da, wenn man weiss.

Nahállihü, ein Riemen: *dánahàlle, búnahálle, lúnahalle*.

Náhamu, solche, dergleichen.

Nai, sie, die (soviel als *Nakia); nai umùn*, denen.

Nakia, sie, die diejenigen, diesselben; *nakia kemekébbuka*, sie arbeiten.

Nakule, voir au mot Abulitin.

Nána, ein Ananas: *danána, bunána, lünánna, tünana, wanána, hünána, nanána*.

Nárraha, diesselben da, auch demonstrative.

Ne, heisst manchmal: nicht; wird einem Worte angehängt, und sie legen alsdann einen starken Accent darauf; *büjaháddinè danuhu*, gehe heute nicht aus.

Ne, wird auch manchmal einem Worte dicis causa, vor die lange Weile angehängt und bedeutet alsdann nichts: *dakúnnupanè jumuniru*, ich will dahin gehen.

Nebè, sie, illi: *nehè adiân*, sie sagen.

Ni, wenig, ein Bisschen; doch wird es allezeit mit einem andern Wort unmittelbar zusammengehängt: *niladián dámün*, er sagt nur ein wenig.

Níbi, Buschtau, deren es vielerlei Arten gibt, und welche alle ihre besonderen Namen haben: *daniba, buniba*.

Níkan, Níman, ein wenig; *nikánnibúpa assikin damün*, du sollst mir ein wenig geben; *nikánniman, nikannimúttu*, ein weniges.

Nikebè, nikebên, nikebéma, alsbald, sogleich.

Nu, dasselbe, es; wird allezeit einem Worte angehängt; das *n* allein aber ist gebräuchlicher.

O

Aja oder *áwaja*, allein, selbst: *dáwaja*, ich allein, ich selbst, *bóaja, lúaja, tóaja, wáwaja, hóaja, náwaja*.

Óakáia, Riss, Spalte im Holz.

Óakaiuttubün, träumen; *óakaiúttubün ukúnna*, ein Traum.

Óala oder Awala, die Backen, Wangen; *dóala kúnna*, an, auf meinen Backen, *bóala, loála, tóala, wáala*.

Óala oder áwala, ein Splitter.

Óallabóa, gegenüber; *nabállata tóallabóa kunna*, sie sitzen gegenüber; *tóallabóamün*, auf jener Seite; *tóallabóamünnikai*, er ist auf jener Seite; *tóallabòamunîru*, auf jene Seite hinüber; *tóallaboária*, von jener Seite herüber.

Oân, oakûn, lange sein (von der Zeit); *majauquadápa hámün oanîn wúnabu mân*, ich will bei euch bleiben so lange die Welt steht; *toadi*, die Länge.

Oân, trocken sein; *dánuhu waburúkku óakoáma*, jetzt ist der Weg trocken; *háddalli íttere awáttipan*, die Sonnenhitze wird den Weg trocknen.

Óewedin, speien, vomiren: *dòeda, boweda, lóëda, töeda, wóweda, howeda, nóëda*.

Óëdikittin, brechen machen, vomiren machen. Dieses Wort *óedin*, brauchen sie noch zu mehreren Dingen, z. B. wenn eine Banane-Kolbe herausbricht, so sprechen sie: *praétanna tóëda*, etc.

Okum, eine Erdfrucht.

Opo, ein Hof, umzaunter Platz.

Óruhu, tóru, der Satz, die Häfen vom Bier.

P

A, nota futuri: werde, will, soll: *dápa*, ich werde; *dapài*, ich will es thun; *búpa, lúpa, túpa, wápa, húpa, nápa*.

PÁLETTI, masc.; PÁLETTU, fem.; PÁLETTÍJU, plur. Ist der General-Name der extra commercium mit den Europäern constituirten Indianernationen, die mit den *Kalepina* oder *Kalevítenu*, immer Krieg haben (d. i Caryben).

Die unsern Indianern bekannten Nationen von *Pálettiju*, sind:

MÁHANAU, *Amasson issirukumün*.

ÚTTUMAKU, oben zwischen Ouranoque und Amasson.

AKULÍJU, *Kolitin issírukunüm*. Diese Nationem sollen Menschen fressen.

ASSAWÁNU, *Wulínuku issírukumün*, davon einer in Pilgerhut war, und getauft worden Namens Elieser.

SALIWÁNU, *Wulínuku issírukumün*.

ADDARÁIA, oben an der Corentyn, grosse, starke Bande.

SÁIMAKÚTTU, *Wulinuku émamün*.

KUMÁIJA, *abba káirimün, júremehü tiri*.

NÍPUJU, *Wulinuku emàmün*.

WAIJÁNA, *Wulinuku issírukumün*.

KALIPINA MÁPALE, die Karyben sind keine Pálettiju.

PÁLIME, eine Kriek, die in den Amassonfluss fällt.

PAM, Salz; *pamkan*, ein wenig Salz; *pam éra*, zerflossen Salz, z. B. was im Fass zurückbleibt, wenn das Salzfleisch heraus ist.

PANÁSSIAEN, Hunger haben nach etwas, besonders nach Fleisch: *panassiáde* oder *panássiakuda*.

PAPÁIA, Papay, *waddakútte*, eine Gartenfrucht an einem Baum.

PARAMURU, Paramaribo.

PARÁSSA, ein Spiess: *daparássan, buparássan*.

PARRAPÁRRAN, weh thun.

PÁRUKA, wenn; *gideamáni bupáruka anîn*, wenn du nicht so thust; *bûssa, bahítti paruka wáiba*, thue es, wenn es dir beliebt.

17

Pátta, pattánnu, páttahü, páttabumúttu, wie viel? *pátta jadòlle bámünnika?* wie viel Messer hast du? oder: hast du noch Vorrath an Messern? *pátta landínte úbura*, in wie viel Tagen wird er kommen? *pattahúka badumkin jumün*, wie lange bleibst du da?

Pattiá, Wasser-Melone; *waddakütte*, Gartenfrucht: *dapattiaen, bupattiaen*.

Péipa, eine Tabakspfeife: *dapéipan, bupéipan*.

Péru, ein Hund: *depérun, bupérun, lipérun, tipérun, wepérun, hipérun, nepérun*.

Pérukujaha, ein Seehund.

Péssi, Pech.

Péssi, das, womit sie ein Fahrzeug dichten.

Pianakóte, eine Indianernation oben an der Corentyn.

Pimittika, Wachs: *dipímittikale, bipimittikale; patta pímittika baru újawuna*, wie viel Ballen Wachs rechnest du für ein Beil?

Pipa, ein Fass: *dipípan, bipípan, wipípan, nipípan*.

Pîssu, eine Art ganz kleiner Fische: *dipîssun, bipîssun*.

Platta, Silber, Geld: *daplátan, bupláttan*.

Poi! Verwunderungswort.

Pórka, ein Schwein: *dapórkun, bupórkun, lupórkun*.

Portúka, eine grosse Schildkröte.

Práttanna, Banana.

Púddi, eine Art kleiner Affen, schwarz in Gesicht, ohne Bart.

Púkkü, eine Art schwarzer Ameisen.

Pukuléru, ein Kaninchen.

Púllîn, püllin, wachsen.

Pullipúllîn, glatt sein.

Püllilia, Gesträuch.

Pússi, eine Katze: *dapússin, bupússin, wapússin*.

Púttuputtúlli, ein Nagel.

R

Ra, re, die Endung an verschiedenen Wörtern, die die Weibsleute gebrauchen: *bába, bahára; dài, daira*.

Rotíngi, Spanisches Rohr.

Rubuún, allein, nur; *rubúma*, id.

Rúli, ein steinernes Beil, wie die Indianer in vorigen Zeiten gehabt haben.

Rúruli, Koth; rúrun, kothig sein; *kia wúin udúnna rurúpan*, des Regens wegen wird es kothig werden.

S

Sak, sákan, ein Sack, Tasche: *dassákan, bussákan*.

Sakkân, dürre, trocken sein oder werden; *assákkadin*, trocknen; *assákkadúnnua*, trocken sein.

Sákki, ein kleiner Vogel, blaulich von Farbe.

Sákküléllen, kraus sein.

Sallabân, platt, nicht rund sein.

Sambuléru, ein Hut: *dassambulérun*.

Sámmali, ein Stein, oben an Corentyn befindlich, sehr scharf darauf sie Cassabi reiben: *dassámmalin, bussámmalin*.

Sappakanne, ein langes, indianisches Schwert von Holz.

Sappátu, ein Schuh, Schuhe: *dassapátun, bussappátun*.

Sárama, ein Kreiter, eine Art Vögel: *dassáraman, bussáraman*.

Sássahü, eine gewisse Krankheit; *assássadúnnua*, dieselbe Krankheit haben; *sassàn ukúnna*, heisst auch: diese Krankeit haben.

Sáterdaka, Sonnabend.

Scâp, ein Schaaf: *dascápin*.

Sè, dictio enclitica, emphaseos causa adhibita, masc. gen. Dieser *sè* wird sehr viel gebraucht, und an viele Wörter angehängt, so das kaum vier bis sechs Wörter geredet werden, da nicht dieser *sè* auf verschiedene Weise angehängt würde, z. B. *ta daissè*, ich sage, die Sache ist so; *kakassè*, gar nichts, es ist nicht da.

Sebi, ein Gewächs an einem Baum, von weissen, runden Blättern, die sie kochen und essen.

Sellelên, eben sein, gleich sein.

Semên, süsse sein; *semetu*, etwas süsses.

Sémetti, ein Boggaier, Chirurgus, Medicus.

Sénde, das lange Rohr, worauf sie blasen.

Sépe, Seife.

Sérebe, eine Art kleiner Fische.

Sérere, ein Schleifstein.

Siba, ein Stein, soll auch ein: Gefängniss, bedeuten, weil die Indianer das Fortress in Paramaribo so nennen: *dássiban, bússiban, lissiban.*

Síbali, eine Art kleiner Fische: *dássibalin, bússibalin.*

Sibassibaru, Wellen, ungestümer Wasser.

Sebbéra, eine Carybenschüssel.

Sibéru, eine Kröte: *bussibérun.*

Sikkisíkki, ein kleiner Springhahn, Heuschrecke: *dassíkkissíkkin.*

Sílan, sílakûn, weh thun; *dakússi silakúma parrapárran*, meine Augen thun sehr weh.

Símara, ein Pfeil: *dássimaran, bússimaran, lissimaran, wássimaran, hussimaran.*

Símarahábü, der Bogen zum schiessen.

Simarúppa oder simábrupa, ein gewisses Holz weiss von Farbe gut zu schränken: *dássimarúppan.*

Simikahü, der Neid.

Símiri, das inwendige von der Frucht des *káhuamálli-*Baumes.

Símitàn, lachen; *simitéikan* oder *simitímtadin*, sehr lachen.

Siparálli, Eisen: *dássiparállin, bússiparállin; siparállin*, eisern sein; *sipardállitu*, etwas eisernes.

Sipên, bitter sein; *íssipe*, die Galle.

Sípiu, eine Art Kleiner Vögel.

Sirabúli, ein Gewächs, in den Indianer-gärten, woraus eine köstliche Farbe gemacht wird.

Sirisíri, kleine grüne Vögelchen: *dassirisírin.*

Sokkoláti, Chocolade: *dássokkolátin, bússokkolátin.*

Sommoléhü, die Trunkenheit; *sómmolên*, trunken sein: *sommoléde; mammoléde; sommoléti*, ein Trunkener.

Sóndaka, der Sontag.

Súbulên, grün sein; *subuléru, -létu*, fem. et neut. etwas grünes; *subuléti*, masc. sing. et plur. gen. omn.

Súbuli, ein Geschwür.

Súdi, die Pfeile die man aus dem Blasrohr schiesst.

Súkaru, Zucker: *dassúkarun, bussúkarun.*

Súrrehûn, enge sein.

Sukkassukkân, schlapp sein, nicht ausgespannt sein.

Súkku, die indianischen Pocken: *dassúkkun, bussúkkun.*

SUKKULLEHELLE, eine giftige Eidechse, schwarz.

SÚLINAM, die Surinam.

SULISSÚLI, ein schwarzer Papagei.

SURA, der Boden in der Höhe, Söller.

SÚRAMA, die Saramacka.

SÚRREHÜ, der Durchfall; *dassurre kárrika damün*, ich habe schmerz am Durchfall; *dassúrreda*, ich habe den Durchfall.

SURRÚRA, eine kleine Art Wasserhunde.

SUSSUBAN, sich setzen, sitzen; ist nur ein Kinderwort für *abaltin*.

T

 einem Worte vorgesetzt, zeigt genus fem. et neutrum an; beim Nomine und beim Verbo, ist es 3ᵃ persona sing. fem. et neut.

TA, sie, es; *tá damün* (s. c. *adián*), sie sagt zu mir.

TA, wird auch zu *juran ansi* gesagt: *jura dansi tà daübúnnua bia tadíkki*, nicht verlangt es zu Stande zu bringen.

TABBUIJATE, die kleinere Art von Hirschen.

TÁKUBA, TÚBUNA (s. c. *adián*), sie hat vorlängst gesagt.

TABÚSSIAHÜ, der Schlaf, die Schläfrigkeit: *databússia*; *tabússiaen*, schläfrig sein: *tabussiáde, tabussiábu*.

TAFEL, ein Tisch: *datáfulun, butáfulun*.

TÁHAKÚN, dort.

TAHAMÁRIA, jenseit; *Beribissi tahamária*, jenseit der Berbire.

TÁHASSÁBUTU, etwas über jenseit hinaus.

TAHAWÁRIA, von dort her; *tahária*, id.

TAKKATÁKKA, eine Art grosser grüner Heuschrecken.

TÁKKUJAHA oder eigentlich *ákkujaha*; *bara ákkujaha*, ein sehr grosses Thier in der See.

TAMBU, etwas von *battóle* zusammengeflochtenes Fische zu fangen.

TASÈ, TAÈSSÈ, ja, so ist, so wird sein, ich denke, auch so (sagen die Mannsleute); TARA, sagen die Weiber statt *tasè*.

TÁRARU HATTI, kleiner, körnichter Pfeffer.

TÁTTABU, ein sehr festes und dauerhaftes Holz.

Táttabuddín, stark sein, hart sein; tattahuábu, stark, laut; *tattán ukúnna*, stark sein; *táttakunnáru*, ein Ding das Stärke hat; *tattán*, hart sein, fest sein.

Tattáru búddehi, ein eiserner Fischangel.

Tattássabün, stärker sein; tattáukan, hart, fest sein.

Tattebu, die Bucht.

Táwadu, was wild aufwächst, Bäume und Thiere, das gegentheil von: zahm.

Te, dictio enclitica, wird einem Worte angehängt, insonderheit wenn « ba » wieder, darauf folgt, und im Imperativo, aber auch wenn « ba » ausgelassen wird.

Tebíaku, tibíaku, zuerst.

Tehédiama, so! dermassen!

Temóna, das Steuer am Fahrzeug: *dáttumónan, búttumónan*.

Terên, heiss sein; *materêu*, nicht heiss sein; *átteretin*, heiss machen; *terehú*, die Wärme, das Fieber; *terekûn*, sehr heiss sein.

Tetírma, ein Art Bäume, auch Giftholz.

Tétten, jucken; *téttekûn*, sehr jucken; *tétteliûn*, das Jucken.

Tewissíri, junge Hittäpfelzweige oder Blätter, woraus sie ihre Hängematten, etc., machen: *dáttewissíre*.

Ti, nota participii sing. masc. gener. et plur. omnis generis.

Tibe, sie, illa, es; *tibe adián*, sie sagt; *madián tibe*, sie sagt nicht.

Tíbün, lang sein, gross sein, von Bart oder Haaren.

Tíllili, eine Art kleiner gelb, bunter Vögel.

Tiru, eine Kanone.

Tittibuku, ein Vogelnest.

Toáijoa, ein aquaischer Papagei.

Tokkoko, ein schöner grosser Vogel an der Seekuste.

Tüllülan, fein sein.

Tuhu, dieser, fem. et neutr. (*lihi* masc.)

Tuhudiáeru, dergleichen, von der Art; fem. et neut.

Tuhukebe, dasselbe.

Tuhulai, ein Loch.

Tukkúdun, eine Moderbank in der See, guter Ankerplatz.

Túllan, tullainân, tullanîn, tief sein; *tullalli*, das Thal; *túllani*, tief hinunter; *túllakûn*, tief sein; *tullassabün*, etwas tiefer sein.

Tumándin, soll heissen, gleich machen.

Túmaqua, alles; *tumaquákebe,* alles gar; *damaquákebe kárrikade,* mein ganzer Leib thut weh; *búmáqua karrîn,* thut dir alles weh; *wámaqua karrikáu,* wird sind alle krank; *tumaquádi, tumaquádikebe,* allenthalben; *tumaquádikai,* er ist allenthalben.

Tumimiukilli, der Schatten.

Túnnuli, der Schnupfen; *tunnulíssiaen,* den Schnupfen haben.

Túrreha, die, fem. et neutr.; *túrreha hiaeru,* die Frau da; *túrrehadiaeru,* dergleichen.

Túrrubánna, die Blätter von *Toru,* diese aber auf die Gipfel des Hauses legen.

Turrun, túrun, los sein, verfault.

Turubuddihü, Müdigkeit; *turubúddin,* müde sein, insonderheit vom Gehen.

Tuttulla, die Lunge.

Tuttúma, eine Frucht an einem Baum gleichen Namens.

Tutúka, eine Sorte dreieckiger Nüsse.

U

 einem Worte angehängt, bedeutet « uns » oder « wir ».

Úbaijahü, Zicken: *dábaija.*

Ubánna, ein Blatt; die Leber; *tubánna,* sein Blatt; *adda ubánne* oder *addubúnna,* das Blatt eines Baumes; *tubannabu,* eine Nachthütte.

Ubánna, auf, in; *ubánnadin,* darin und darauf sein; *ubánnamün, ubánnamuníru,* in, in superficie; *ubannária,* von der Superficie.

Úbara, das Haar, die Federn: *dábara, búbara, lúbara, wábara, húbara, nábara.*

Úbaru, die linke Hand: *dábaru; úbarumária,* zur linken Hand.

Úbbadda, Nägel am Finger, oder Zehen: *dábbadda.*

Ubórun, ein Bohren, im statu constructo: *dabórun.*

Ubúddeméne, Lockspeise am Fischangel.

Úbudi, eine Art Holz.

Ubukíti, einer Mannsperson älterer Bruder, manchmal ist es ein Ehrenwort: *dabukíti, bubukíti; ubukeínti,* mehrerer Mannspersonen älterer Bruder.

Úbukü, Lende; Keule: *dábukü, búbukü, ubukúiua,* der obere Theil von der Lende.

Ubukúlla lukku, zwischen; *tuhu wabukülla lúkkuka,* das ist zwischen uns.

Ubukúrru, ubukúllu, der Umschlag, die Umlage um etwas.

Úbule, katti úbule, Neumond.

Úbulü, das bunte, z. B. an einem Lappen; *búllün,* bunt sein.

Úbura, úburamün, vor, für; *dánda búbura,* ich komme vor dir; *daóbada búbura, búburamün,* ich warte auf dich; *pátta landin úbura,* in wieviel Tagen wird er kommen?

Úburadi, für *takúnna lúburadi,* sie ist vor ihm hingegangen; *úburakan,* ein wenig vorher, kurz vorher.

Úburahítti, einer, der vor mehreren vorangeht, ein Hauswirth: *dábburatti, búburatti.*

Úburamária, vorwärts.

Údóadan, ein Topf, in statu constructo: *dádoadan, búdoadan.*

Udúkkuhu, der Schooss: *dadúkku, budúkku.*

Udúlli, Wurzeln am Cassabi: *dádulli, búkulli.*

Udúmma, wegen, weil; *hamma udúmma bánikan,* wesswegen thust du das? *dadummáwa dánikan,* ich thue es um mein selbst willen: *dadúmma, budúmma, ludúmma, tudúmma.*

Úeda, Haut, Fell, Leder, Rinde: *dáda, búdda, lüdda, túda, wádda, hüdda, nádda; úddakebéwa,* Haut, Fell.

Ueddána, das Bein: *daddána, buddána; biáma daddána,* meine beiden Beine; *üddanassírihi,* das Schienbein; *daddanassíri, buddanassíri.*

Ueháddallin, die Sonne, in statu constructo.

Ueháddulin, eine Art Kaninchen, in statu constructo.

Ueháialin, Giftholz, in statu constructo.

Ueháiarum, ein Sclave.

Uehükkílli oder wehikkili, ein Gewächs auf dessen Blättern sie die Hangematt-Tau machen.

Uehúahúaen, eine Art kleiner Papageien.

Uehúkkere, eine Wurzel; *adda hükkere,* Wurzel eines Baumes: *dahükkere, búhükkere, lúhükkere.*

UEHÜRRÜHÚRRIA, eine Feile, in statu constructo.

ÚEJA, ÚEJAHÜ, Schatten, Bild, Geist: *dáija*, mein Schatten, Bild, Geist; *buja, lúja, túja, waija, huja, naija*; *üjahúnnu*, plur.; *dabulítipa béju üja*, ich will einen Hirsch mahlen.

UEJABÓATU, Stiefmutter, Mutterschwester: *daijabóatu*.

UEJABÓA, reciproce, hinter.

UEJÁBUHÜ, hinter, jenseits; *bahássibu üjábumün*, hinter der Thür; *üjábumária*, hinterwärts; *náijabumária*, die auf den letzten Bänken sitzen.

ÚEJAHUN, kattun, in statu constructo; *hállikan újahun túrreha*, welcher Frau gehört der kattun?

UEJALÚKKU, gegen; *daümáttoa büjalúkku*, ich werde, oder bin böse gegen dich.

ÜJALÚKKU oder gewöhnlicher ÜJALÚKKUDOA, anstatt; *luhúda waijalúkkudoa*, er stirbt für uns, an unserer Statt.

UÉJAN, lebendig, frisch sein; *üjatu hime*, frische Fische.

UEJANA, Hacke, Ferse: *daijana, bújana, lújana*.

UEJÁPÜDDI, ohne, ausser, in Abwesenheit, ohne Wissen; *üjápüddi*, ohne, ausser, neben, etc.

UEJÁUALE, in statu constructo, von *jáuale*, der Regenbogen.

ÚEIBAN, das Übrige, letzte von einer Sache.

UEJEHI, die Zunge: *dáje, búje, lúje, túje, wáije, húje, náje*.

ÚEJEHI, eine Laus, plur. *üjehínu*.

UÉIMIHÍRUKU, die beiden Winkel am Munde.

UÉINNA, das äusserste, das Ende; *tüinnamün*, am Ende; *tüinnaria*, vom innersten heraus, vom äussersten her; *dallua üinnária*, vom Grund des Herzens; *üinnabuhü*, hinten darin; *üinnadîn*, am äussersten einer Sache sein.

ÜINNAKUHU, der Hintere, Nates: *dáünnáku, büinnáku*, etc.

ÜINÁSSA, id.: *daünássa, búinassa*.

UEÍNTU, Schwester (einer Mannsperson): *daüntu, büintu*, plural *üinati*.

ÚEIRI, der Rückgrat: *dáiri, büiri, lüiri, tüiri, wairi, hüiri, nairi*.

ÚEKAKÜ, Leben, Puls, Herz: *dákakü, búkakü, lúkakü, dákakümán*, mein Lebelang.

ÚEKKABBA, die Salzigkeit.

ÚEKKABBU, die Hand, insonderheit das Vordertheil, die Finger: *dakkábu, bukkábu, lükkabbu, tükkabbu*; *ükkabbu-*

kúttu, die ganze Hand von den Fingern bis an das Gelenk; *dakkábbu andáka*, das Gelenk an den Händen; *ükkabburuku*, das inwendige der Hand; *ükkabbukúnduhu*, ein Ring.

UEKKÁLLEME, der Glanz: *tükkalleme*.

UÉKKARRI, Schmerz, Gift; *wuri úkkari*, Schlangegift.

UEKKÁRTE, UEKKÁRTEN, Buch, Papier, in stat. constructo; *dakkárten, bukkárten*.

ÚEKKARU, Erdscholle.

UEKKATÚLLI, Schimmel.

UEKKÜLLEKABBU, die Höhle unter dem Arm.

UEKKÚRKÜA, eine Familie, Nation: *dákkürküa, buk-, lük-, tük-, wak-, hük-, nak-; ükkürküati*, die von einer Familie sind.

ÚEKU, das Harz, die Fettigkeit aus einem Baum.

UÉLLARU, eine glühende Kohle.

UÉLLEBU, der Rand: *túllebu, túllebumün*, am Ufer; *túllebumuníru*, nach dem Ufer zu.

ÚELLEHIN, schwarz sein; *üllehíkan*, er ist schwarz.

UELLÉRUKUHU, der Mund: *dalléruku, bulléruku, lüll-, tüll-, wall, hüll-, nall-*.

UELLÉRUKUHU AHÁNNAHÁNNE, die Lippen.

UELLIKÁLLIKAN, ein Instrument mit Saiten, als Violin: *dallikállikan*.

WELLIKÍNTI, ein Enkel oder Urenkel (doch nach ihrer gewöhnlichen Art brauchen sie dies Wort von entfernten Graden der Verwandschaft); *üllikíntu*, Enkelin.

UELLISSÉUTI, die Enkel oder Urenkel: *dallisséuti*.

ÚELLIPE, Unrath, Abfall; *adda úllipe*, was vom Holz abfällt, wenn man etwas macht.

ÚESSA, ein Kind: *dássa, bússa, lússa, tússa, wássanuti, hússanuti, nássanuti; kallina üssa*, ein junges Huhn; *béju üssa*, ein kleiner, ganz junger Hirsch. *Tüssa*, heisst manchmal überhaupt etwas kleines, auch von leblosen Dingen; *üssakan*, ein Kindchen.

ÜSSÁNTI, ein Bedienter, insonderheit wie die Blanken Indianer zu ihrem Dienste halten: *dassánti, bussánti, lüssanti*.

ÚESSA, gut, gesund; *üssátti*, sing., masc., plur.; *üssáttu* fem. et neut.; *üssán*, gut sein; *üssahüa*, in gutem Zustande; *üssahuábu*, adv, gut; *üssaíkan*, gesund sein; *üssakün*, gesund sein.

UESSALÁRUN, gesalzenes Fleisch oder Fische, in statu constructo: *dássalárun, bússalárun, líssalárun.*

UESSAMAKÉMAN, sehr gut sein, wohl sein: *üssamakéda, üssamakéba, üssamakéla, üssamakéta, -kéwa, -kéha, -kéna.*

UESSANUAI, adverb. gut, gut so.

UESSARÊN, hübsch, recht, gerade.

UESSÁUKAN, hell sein, hell Wetter sein (wenn nicht viel Wolken am Himmel sind, sei am Tage oder in Nacht); *üssáukilli,* die Klarheit am Himmel; *üssáukillikan,* ein wenig helle.

UÉSSEKUHU, eine Wunde: *dásseku, bússehu.*

UÉSSIQUA, ein Haus: *dassiqua, bússiqua, lissiqua, tissiqua, wassiqua, hüssiqua, nássiqua.*

UETTABÓATU, Stieftochter: *dattabôátu, buttabóatu; üttabôanuti,* plur.

UETTAKARRA, ein abgetheilter Platz im Hause, Kammer, Zimmer.

UETTÁLA, der Keim: *dattála, buttála, tüttála.*

UÉTTAN, blutig sein; *üettü,* Blut: *datténna, butténna, lütténna; üttúaen,* blutig sein.

UETTÁNNUWAHÜ, das Trinken.

UETTÁTTA UKÚNNA, Kraft, Stärke, Gewalt.

UETTILLÁTU, einer Weibsperson ältere Schwester; andere sagen: *ittillatu; dattillátu, buttillátu.*

UEÜSSADÜN, gut machen, gesund machen; *üüssadákoana, üüssadákoanti,* einer der es gut, gesund macht; *düüssaddákoanti,* mein Heiland; *üüssáddüküttùn,* gesund machen lassen; *-küttúnnua,* pass.; *üüssaddúnnua,* im Stande sein, gesund; gut, eilig sein.

ÚÜSSA, die rechte (Hand): *dúüssa, búüssa; úüssamária,* zur Rechten.

ÜÚSSAUÁBU, köstlich, sehr gut; *üüssauábün,* sehr gut sein.

UEWÜSSAIKADIN, soll heissen: Freude machen.

UEWÜSSIATÙN, jemandes Abschied beklagen, beim Weggehen oder Sterben.

UHÓAN, ein Affe, in statu constructo: *dáhóan, búhóan, luhóan, tuhóan.*

UHORUDIÁ, ein Weiberpakahl, in stat. constr.: *dahorudía.*

UHUKÍTI, einer Mannsperson jüngerer Bruder: *dahukíti.*

UHUKÍTU, einer Frauensperson jüngere Schwester: *dahukítu.*

UHULÁSSI, ein Loch: *dáhulássi, buhulássi.*
UHÚRRURAHÜ, Berg, in stat. constr.: *dahúrrura.*
UIMA, der Mund eines Stromes.
ÚJADAKÚN, weh thun, schmerzen.
UJAHÁMA, gering, nichtswürdig, nicht erheblich.
ÚJU, Mutter: *dáju, búju, lúju, túju, waijúnattu, hujúnattu, naijúnattu.*
TUJU, das grosse von einer Art Dinge: *beju uju,* ein grosser Hirsch; *hime uju,* ein sehr grosser Fisch.
ÚJUHU, die Vielheite.
UJUHÚTTI, ein Anverwandter (es sei vom Vater oder Mutter wegen) *daijuhútti; ujuhúttu,* eine Anverwandtin.
UJULÁNNIWA, ein langes dickes Rohr, wovon sie ihre Hausthüren zu machen pflegen.
ÚJULE, die Kohle: *dájile, bújule, lújule, tújule.*
UJURDÁTU, einer Mannsperson Schwester: *daijurdátu.*
ÚKKOA, ein Horn: *baka úkkoa,* corne de vache.
ÚKKUJU, der Nabel: *dákkuju; nákkuju íttime,* die Nabelschnur.
ÚKKULE, UKKÚLEKAN, kleiner Finger oder Zehe.
UKKULJARAN, ein Corjar, in statu constr.: *dakkuljáran.*
ÚKKULU, ÚKKURU, das Knie: *dákkuru, búkkuru; úkkullússiba,* die Fläche vom Knie.
ÚKKUNNA, der Daumen: *dákkuna, búkkuna.*
ÚKKURAHÜ, eine Hangematte: *dákkura, búkkura, lúkkura; mákkurahúade,* ich bin ohne Hangematte.
ÚKKURU LÚKKU, die Kniekehle.
UKUBURÚKKU, in; *wunabu ukuburákkukan,* es ist in der Erde.
UKUBURÚKKUDI, oder auch reciproce, oder: *ukuburúkkoa,* oder *ukuburukkóadi,* in; heisst auch: zwischen, unter; *ukuburúkkudîn,* darin sein, zwischen, unter.
UKUBURÚKKUAMÓNNUA, in sich selbst, bei sich selbst.
UKUJÚKKU, das Ohr, die Öffnung im Kopf, das Zündloch an der Flinte.
UKÚLEHE, Rauch, Dampf.
UKÚLLISSI, das Nest von Haaren auf dem Kopf.
UKUMMULUKKUHU, der Schein, Glanz.
ÚKUMUJU, Staub, das Unreine von etwas.
UKÚNDI, UKÚNNADI, an, auf; *napáttada líssibu, ukúndi,* sie schlagen ihm aufs Gesicht.
UKÚNNADIWA, an sich selbst.

Ukúndi, (von einem Ort) gebürtig; *kolitín ukúndi*, einer aus der Korentin.

Ukunna, an; in manchen Fällen: mit, durch: *dakúnna, lukúnna, hukúnna; ukunnária,* von, wegen, herunter; *ukúnnamün,* von, wegen, hindurch; *ukúnnamüníru,* hindurch; *ukúnnatu,* was durch ist; *ukúnnimadi,* neben; *ukúnnimadikóawa,* neben einander; *ukúnnamonnua,* reciproce.

Ukúrrubu, *katti ukúrrubu,* Vollmond.

Ukútti, der Fuss, die Füsse: *dakútti, bukútti, lukútti, tukútti, wakútti, hukútti, nakútti; ukuttíruku,* die Fusssohle.

Ullua, das Herz: *dállua, búllua, lullua, tullua, wállua, húllua, nallua; ulluássibu,* die Höhle, vorn unter der Brust; *ulluaubánna,* die Brust (eigentlich heisst es: auf dem Herzen).

Ullúkku, in: *ullúkkudi,* binnen, nach Inhalt; *ullukkuária,* heraus; *ullukkude,* in der Hand; *ullúkkumün,* drin, hinein. Wenn von flüssigen Dingen die Rede ist, so heisst: *irrakúdi, irrakumün;* von Feuer: *akulúkku, akulukkumün;* von der Erde oder Leib: *ukuburúkku;* von andern Dingen die etwas umschliessen: *ullúkku.*

Uma, mit: *dama, buma, luma, tuma, wama, huma, nama; umawa,* reciproce.

Uma, eine Art Raubfische.

Úmadukúrti, einer Manns- oder Frauensperson Schwiegervater: *dámadukúrti.*

Umáina, von; sonderlich mit « hören » construirt.

Umân, ganz; *mân, máni: damân, damáda; bumân, bumábu; lumân, lumala; tumân; wamân, wamáwa; humân, humáwa; namân, namáwa.*

Úmaqua; *túmaqua, túmaquákebe,* alles; *dámaqua,* ich ganz, mein ganzer Leib: *búmaqua, lúmaqua.*

Umarên, zugleich.

Umária, von, -wärts, in der Gegend, da herum.

Umároan, der hölzerne Pfeil, womit sie Vogel schiessen: *dámaroan, búmaroan.*

Umássikân, der Ungehorsam: *damássikân.*

Umükándi, in der Nachbarschaft, Gegenwart; *umükanna.*

Umükúttü, einer Mannsperson Schwiegermutter: *damükúttü.*

Umùn, nota dativi; manchmal auch: an, bei, bedeutend.

Umamün, zu: *damamün, bumamün; umamünníru,* hinzuwärts; *umamonnúrua,* reciproce, zu sich selbst.

UMÓNNUA, reciproce, für *umün; lannikákuba lúmamónnuaù,* er hat uns zu sich genommen.

ÚMONNIKÓAWA, unter einander.

UMURRUMÚRRU, etwas unreifes (Blätter, oder Früchte, Wurzeln).

ÚNNURU, der ganze Hals; *unnurrukkua,* Hals, Mund, Schnabel; *unnuráddi,* um den Hals; *únnuroa,* an den Hals.

URÁSSI, hurtig, geschwind.

URIBÍTI, ein Schwäger: *dauribíti, buribíti, luribiti; uribiatu,* Schwägerin; *uribianuti,* plur.

URIHÍTTITI, einer Mannsperson Schwiegersohn: *daurihíttiti.*

ÚRRUKU, Nymphae: *dárruku, túrruku.*

URRUKURRAHÜ, der Ringwurm.

URUÉBE, die kleinen weissen Corallen, die am *nadepússu,* dem Tau um dem Leib sind, woran der Lappen oder die Schurze fest ist; *uruébe ukuburúkkudikan kurára,* zwischen den kleinen weissen Corallen sind Blutsteine: *daruébete, buruébete.*

UTOAIJOAN, ein aquaischer Papagei, in stat. constr.

UTTU, eine Tochter: *dáttu, búttu, lúttu, túttu, wáttu huttu, náttu;* plur. *wáttunuti; úttukan,* ein Töchterchen.

ÚTTUKUKKU, eine Art Vögel.

ÚTTUKÚRRU, die Blüthe.

UTTULA, die Tiefe; *bára úttula,* die Tiefe der See.

ÚTTULE, der Nacken: *dáttule, buttule.*

ÚTTURU, der ganze Fuss, Stiel: *dátturu, bútturu.*

UUHÍNTI, einer Mannsperson Schwestersohn: *däuhínti, buuhínti.*

UUHÍNTU, einer Mannsperson Schwestertochter.

UWARIA, von; *uwáriaen,* von -her sein: *uwúria,* von: *däúria, buúria, luúria, tuúria, wa-, hu-, naúria; uwúrua,* in reciproco; *wúrekóawa,* von einander; *nakúnna näürekóawa,* sie gehen von aus einander.

W

von WAI, WÁKIA, mit einem Worte zusammengesetzt heisst: wir, unser.

WA, ja, es ist gut; zeigt eine Approbation an.

WÁBUDIN, hurtig sein.

WÁBUKA, vorlängst, doch noch an demselben Tage oder Stunde.

WÁBURÚKKU, Fusssteig, Weg: *dáwaburúkkun, búwaburúkkun*.

WÁDDIBÊN, lang sein; *waddibéru, waddibéttu*, etwas langes; *wáddibêssábukan*, es ist etwas lang.

WADÍLI, eine Mannsperson: überhaupt ein Individuum männlichen Geschlechts; *baka wadíli, kallina wadíli, wadílikan*, eine kleine Mannsperson, ein Knabe.

WADIN, lang sein; *wadihuabu*, sehr lang.

WADUDÚLLI, ein Baum mit einer Frucht gleichen Namens.

WAHÁDDIA, bald; *wahaddiaéte dandin*, ich komme bald; *wahaddiássabu*, sehr bald.

WAHADDU, etwas altes; *wahaddun*, alt sein.

WÁIJA, Thon, woraus sie ihr irden Geschirr machen; *wáiján*, von Erde oder Thon sein.

WÁIJALI, ein von Blättern geflochtenes Ding, darin sie allerhand tragen.

WAIJELÎN, verwelken, welk sein.

WÁIJOAKÁSSI, ein kleiner Pfeil, damit sie Kaninchen, Hasen und Fische schiessen: *doáijoakássin, dawáijoakassin*.

WÁJU, *nibi iwi*, die Aquaien brauchen es; sie machen zwei Löcher hinein und stecken es an die Pfeile; so pfeift der Pfeil, wenn er abgeschossen wird.

WAIKÍLLE, weit (dem Raum, der Weite nach; *waikillemakên*, sehr weit hin; *waikilléria*, aus der Ferne; *waikillériaen*, weit her sein.

WAKÁIAEN, verdorben sein; *wakáiaru*, der Arawacken Verfluchungswort, wenn sie böse sind, garstig! Pfui!

WAKÁIANI, ÚTTUBÜN, träumen; *wakáia dáttubün*, ich träume.

WÁKARRAN, mager sein.

WAKARRÚKEBE, bald, kürzlich.

WÁKIA, wai, wir, unser.

WAKÍLLI, vorlängst; *wakíllikebe*, vor sehr langer Zeit.

WAKÚNNADI, lasst uns gehen, wir wollen gehen.

WÁKUQUA, eine Taube: *dawakuquan, buwakuquan*.

WÁLEKU, die Frucht Wida.

WÁLIMIA, gewisse schwarze Beeren an einem Strauch.

WÁLIRU, ein Savann-Hund.

WANAUKÍLLIU, ein Art von *Mákuriu*.

WÁLLABA, eine gute Art Holz.

WÁNNANA, eine Gans.

WANASSURU, Trompeterholz.

WAQUAI, ein Aquai (eine Indianer Nation).

WARAÙ, WARÁUNU, eine Nation hiesiger Indianer.

WÁRAURAN, weit auseinander sein.

WARRAHAIA, eine Sorte Holz.

WÁRRAKABA, ein Vogel, Trompeter genannt.

WARUBÚSSI, ein Gestirn am Himmel, der Orion genannt.

WÁRUWÁRUKÙN, Raum, Platz haben.

WÁSSIBA, ein sehr festes Holz.

WÁSSIKA, lasst uns gehen.

WAÚOJADU, WAÚOJANA, eine besondere Nation Indianer, etwas vier Tagereisen von Berbice an Demerary.

WAÚRIKU, die Geschwindigkeit; *waürikúkun*, eilig, hurtig sein.

WEBÈ, wir; *webè adiân*, wir sagen.

WÉBIME HATTI, die mittlere Art des Pfeffers.

WEJÓMA, eine grosse Kriek, zwischen *Kolitin* (Corentyn) und *Sulimana* (Suriname).

WELA, eine Segel.

WÉREBÈN, warm sein.

WEREBISSÍRI, ein Reh: *dewerebissirin*.

WIDA, Indianisches Trinkgefäss, von einer Baumfrucht Wida.

WÍJUA, das Siebengestirn, Sterne überhaupt; ein Jahr, weil sie ihr Jahr von da anrechnen, da sie fünf, nach Hahnengeschrei, *wijua karáiaen* (das Siebengestirn hervorkommen) sehen.

WIJUANIÁNNA, die grosse Regenzeit.

WINA, WUÏNA, der Arrawacken Tabakspfeife.

WIRON, eine Kriek, die Waronje genannt.

WU, bei manchen Wörtern anstatt *u*: uns, wir, aber mit einem ganz gelinden *w* z. B. *hállikebbè nabuwù,* wir freuen uns mit ihnen.

WÚJADÂN, scharf sein; brennen, wie z. B. Pfeffer in den Augen.

WÚIN, WÚINI, eine Kriek, Fluss; Regen; Wasser; *wúimkan* oder *wúnikan*, eine kleine Kriek, ein wenig Wasser.

WÚLE, eine gewisse Frucht, in den Gärten, süss: *dáulen, búulên*.

WÚLIBAM, eine Horniss.

Wúlidan, dumm sein.

Wulínuku, der Fluss Ouranoque.

Wulírukuhu, die Finsterniss; wulissebëukilli, die Dämmerung des Abends oder Morgens.

Wúnabu, die Erde; *wunapúddi*, auf Erden.

Wúnehán, flüssig sein.

Wuniábu, Wasser: *dawuniabudílli*, mein Wasser.

Wunsdaka, Mittwoch.

Wuradíru, ein Schlangenfisch.

Wúrali, ein Art *nibi* Buschtau.

Wurráru, wullálu, Wolken, Nebel.

Wúrehü, das Huren; *wurên*, huren; *wuréti*, ein Hurer; *wurétu*, eine Hure.

Wúri, eine Schlange.

Wutta, ein Fischkorb: *dáuttan*, *búuttan*.

GRAMMATIK

DER

ARAWAKISCHEN SPRACHE

*Abschrift eines im Besitze der Herrnhuter Brüder-Unität
bei Zittau befindlichen-Manuscriptes.*

---

§ 1. — Die Arawakische Sprache ist eine von den indianischen Hauptsprachen in Terrafirma, welche die, ausser den Arawaken manche andere Nationem daselbst auch verstehen. Hat, wie die Sudamerikanischen überhaupt wenige Ähnlichkeiten mit den Abendländischen in Europa, aber desto merklichere Analogie mit den orientalischen, z. B. der Hebräischen. Man findet darin verschiedene Dialekte sowohl als in andern Sprachen.

§ 2. — Diese grammatikalischen Sätze sind algemeine, aus vielen einzeln Exempeln abstrahirte Observationen, enthalten die Principien der Sprache und dienen dazu, dieselbe in kurzerer Zeit und mit weniger Mühe zu erlernen. Und da jede Sprache aus zusammengefügten Wörtern besteht, so haben diese grammatikalischen Sätze zu thun:

1º Mit den einzelnen Wörtern und deren Veränderungen.

2º Mit ihrer Zusammenfügung.

Das ist also die natürelle Eintheilung dieser Grammatik in zwei Hauptheile.

Doch siehet man hier darauf, deutlich kurz zu sein, als angezeigte Ordnung, mit Hinansetzung dessen durchgehends zu observiren.

§ 3. — Die Arawaken haben in ihrer Sprache aus den ordinairen Alphabet, folgende 19 Buchstaben: *a, b, d, e, g, h, i, k, l, m, n, o, p, q, r, s, t, u, w*.

F kommt in einigen wenigen Wörtern vor, die sie aus den Spanischen und Holländischen angenommen haben.

Ausserdem haben sie einen ihnen ganz eigenen Consonanten zwischen *l* und *r*, den man sehr schwer nachsprechen kann, er ist in Wörterbücher manchmal durch ¦ angezeigt, doch lässt es sich in den meisten Wörtern durch *l* aussprechen, insonderheit wenn vom männlichen Geschlecht die Rede ist, und in einigen durch *r*, zumal wenn aus weiblichem Geschlecht oder leblosen Dingen geht.

Die Diphtongi *æ, œ, eu, au, ei, ü*, sind auch wie gewöhnlich.

§ 4. — Zur accuraten Ausprache sind beim Schreiben (ausserdem im deutschen schon bekannten) folgende Zeichen nöthig.

1° (^) über einer Sylbe zeigt an dass die Sylbe worüber es steht, lang ausgesprochen wird, z. B. *dadittân*, ich weiss es.

2° (') auf der letzten Sylbe eines Wortes zeigt an dass dieselbe nicht lange gezogen, sondern scharf ausgesprochen wird: *adittin* weissen.

3° (') steht über einer Sylbe, die nicht die letzte in einem Worte ist, und bedeutet dass der Ton auf selbiger Sylbe ist, als *wajúnattu*, unsere Mutter.

Dabei ist zu bemerken dass im arawackischen manchmal der Ton auf der 5ten oder 6ten, vor der letzten sein kann; insgleichen dass man hier auf den Ton wohl Acht geben muss, sonst verstehen sie einen nicht; desswegen er im Wörterbuch fleissig ausgedrückt ist.

4° Die zwei Punkte (¨) stehen zwischen zwei Vokalibus, und zeigen an dass die zwei Vokales nicht auf einmal ausgesprochen werden, z. B. *hallikebëikan;* wären die Punkte nicht da, so hätte das Wort nur fünf Sylben, so aber hat es ihrer sechs.

§ 5. — Die Weitlaüfigkeit in Ausdrücken zu vermeiden, sind folgende lateinische Worte sehr gebraucht.

1° *Verbum* heisst ein Wort, das ein Thun oder Leiden anzeigt, als « hören, gehört werden, aufhören, lieben ».

2° *Nomen*, ein Wort das kein Thun oder Leiden ausdruckt, als: Haupt, gross, und davor man « der » oder « die » oder « das » setzen kann.

3° *Nomen substantivum*, das man verstehe und darunter man sich was vorstellen kann, ohne ein anderes dabei zu nennen, z. B. Haus, Baum, oder das ein Ding selbst bedeutet und nicht bloss eine Eigenschaft davon.

4° *Nomen adjectivum* ist ein Wort das nur Eigenschaft von einer Sache anzeigt z. B. gross, schön, hoch. Alles was man siehet sind substantiva; beschreibt man aber, oder nennt Eigenschaften davon, so hat man adjectiva.

5° *Adverbum* ist ein Wort das man zu einem andern setzt um einen Umstand anzuzeigen, z. B. zu schön, sehr schön.

6° *Nominale* ist ein Zahlwort, als eins, zweimal, etc.

7° *Pronomen* ist ein Wort das statt eines Nominis gesetzt wird als « ich, mein ».

VOM NOMEN.

§ 6. — Die Arawaken haben nur zwei Numeros: Singularem der von einer Person oder Sache, und Pluralem der von vielen redet z. B. *itti* ein Vater, ist der Singular, *ittinuti* Väter, der Plural. Viele Wörter bleiben im Plural wie sie im Singular wären, sowohl Substantiva, als *bahü* ein Haus, und mehrere Häuser; *hime* ein Fisch, und mehrere Fische; *siba* ein Stein, und viele Steine — als auch Adjectiva, z. B. *kánhiti*, ein Liebender, und mehrere die da lieben; *aijahahádditi* einer der da wandelt und mehrere die da wandeln.

Aber viele, wonicht die meisten leiden im Plural eine Veränderung z. B. *itti* ein Vater, *ittinuti* Väter; *uju* Mutter, *ujunuti* Mütter; *ussa* ein Kind, *üssanuti* Kinder. Und von Adjectivis *kanssîssia* ein Geliebter, *kanssissianna* mehrere Geliebte.

Das Veränderliche, sonderlich bei den Substantivis ist so verschieden, dass es sich nicht gut in Regeln bringen läss, sondern ex usu muss gelernt werden; daher es ihres Orts im Wörterbuche angemerkt ist.

§ 7. — Etwas besonderes haben sie darin, dass manche Wörter im Sing. eine Veränderung leiden, wenn sie mit einem pronomine pluralis numeri zusammengesetzt, oder mit einem nomine pluralis numeri, oder auch mit mehreren nominibus zugleich construirt werden; Exempel werden es deutlich machen: *Itti* ein Vater, *datti* mein Vater;

ittinuti Väter, *wattinuti* unsere Väter; *Lukkunna ittinati* der Arawaken, ihr Vater; *Petrus Johannes mutti ittinati* Petri und Johannis Vater; *uju* eine Mutter, *ujúnuti* Mütter, *daju* meine Mutter; *wajúnuti* unsere Mütter, aber *wajúnatu* unsere Mutter; *Lüssanuti ujúnatu* die Mutter seiner Kinder; *Petrus Johannes mutti ujúnatu* Petri und Johannis Mutter.

Dahukiti mein jüngerer Bruder, *wahukinti* unser jüngerer Bruder; aber: *wahukintti* unsere jüngere Brüder. *Dabukiti* mein älterer Bruder, *wabukëinti* unser älterer Bruder, aber: *wabukenuti* unsere ältere Brüder. *Daijûrdatu* meine Schwester, *waijurdântu* (wird *waijurudântu* ausgesprochen) unsere Schwester; *waijurudánuti*, unsere Schwestern. *Attillikiti*, einer Weibsperson Bruder; *nattillikëinte* ihr Bruder, *nattillikiánuti* ihre Brüder. *Ittilatu* einer Weibsperson ältere Schwester, *nattilântu* ihre ältere Schwester, *nattilanuti* ihre älteren Schwestern.

§ 8. — Genera haben sie auch nur zwei: masculinum, wenn vom männlichen Geschlecht die Rede ist, und femininum vom weiblichen; das Masculinum endigt sich auf *i*, als *wadili* eine Mannsperson, und das femininum auf *u* als *hiäru* eine Weibsperson. Überhaupt aber ist die Verschiedenheit der generum bei den Sulstantivis aus der Bedeutung zu ersehen. Die leblosen Dinge und überhaupt das genus neutrum gehört zum genere feminino.

§ 9. — Der Articulus definitivus, « der, die, das, » wie auch der Infinitivus « ein », stehen immer schon im Worte, und werden nicht apart ausgedrückt; z. B. *báhü* ein Haus, Haus; denn *abba* « einer, eine, eines » zählt schon, und *lihi* « der, » *túreha* « die, das, » sind pronomina demonstrativa.

§ 10. — Die Declination eines Wortes an sich verursacht im Arawakischen keine Veränderung desselben; auch hat der Dativus allein seine notam, das Wörtchen *umùn* z. B. *datti* mein Vater, *datti* meines Vaters, *dattiumùn* meinem Vater.

Aber wenn ein Substantivum unmittelbar mit einem andern Substantivum verbunden item pronomine comprimirt wird, oder in statum constructum kommt, so leiden die meisten eine Veränderung, die sehr wohl zu merken ist, aber ex usu und aus dem Wörterbuche, denn in Regeln lassen sie sich nicht bringen, wegen ihrer grossen Verschiedenheit, daher sie im Wörterbuche fleissig angeführt sind z. B. *kalli* heisst « Cassabi » wenn er für sich allein steht, ohne mit einem andern unmittelbar verbunden zu sein : *bussika damün kalli* gib mir cassabi, oder auch *dakkálle* in statu constructo, oder aber *Thomas ükkalle* heisst « Thomas sein Cassabi », denn es ist mit dem Worte *Thomas* unmittelbar verbunden, oder mit dem *d* von *dakia* mein ; *juli* tabak, *dajúlite* mein Tabak ; *kuljara* ein Corjar, *dakkuljáran* mein Corjar.

§ 11. — Wie die Arawaken, überhaupt nicht abstrahiren, sondern beim Concreto bleiben, und dabei, was man sieht und greift, so haben sie auch das Besondere, dass sie die Nomina Substantiva, mehrentheils nicht anders gebrauchen, als schon mit einem Pronomine zusammengesetzt, z. B. *itti* ein Vater, hört man nicht leicht von ihnen, sondern *datti* mein Vater, oder *butti* dein Vater, und dergleichen. Daher muss man wohl darauf merken, was eigentlich der Radix, das blosse Wort ausser aller Zusammensetzung ist, nicht allein der Verborum, sondern auch der Nominum ; dann es ist manchmal schwer, ihn herauszufinden ; und gleichwohl muss man ihn wissen, wenn man das Wort in allerhand Fällen und Constructionen gebrauchen will ; daher im Wörterbuche immer solche Exempel ausgeführt werden, wo der blosse Radix in ihren eigenen Reden erscheint.

Doch sind auch hier Ausnahmen, z. B. *hiäru, bahü* steht ordinair bloss allein : *daddikán hiäru* ich sehe eine Weibsperson ; *damalitán báhü* ich mache ein Haus ; *dabbúnna kalli* ich pflanze Cassabi, *daijukáka béju* ich schiesse einen Hartebeest ; *pukuleru* ein Canein, *kuddibin* einen Vogel, *dabudidipa hime* ich will Fische angeln.

§ 12. — Daher, ehe wir Muster von declinirten Nominibus hersetzen können, müssen wir uns die pronomina possessiva merken (die aus den Pronominibus personalibus und Substantivis gemacht werden, oder vielmehr damit einerlei sind), weil die Nomina immer damit zusammengesetzt werden ; die sind :

Dai, Dakia, ich oder mein ; davon das *d*, in Compositione d. i. wenn das Wörtchen mit einem andern Worte zusammengesetzt wird.

Büi, Bokkia, davon das *b*.

Likia, er oder sein, davon das *l*.

Turreha, sie oder ihr, davon das *t*.

Wai, wakia, wir oder unser, davon das *w*.
Hüi, Hükia, ihr oder euer, davon das *h*.
Nai, nakia, sie oder ihr, davon das *n*.

§ 13. — Von diesen Pronominibus ist vorläufig noch zu merken.

1° Dass sie alle generis communis sind, ausser *likia* das gen. masc. und *turreha* das gen. fem. und neutrius ist.

2° Ephaseos causa werden sie manchmal ganz ausgedrückt (nicht allein der Anfangsbuchstabe) z. B. *dakia simara turreha* das ist mein (und keines andern) Pfeil.

§ 14. — Nur ein Exempel von eines in andern Sprachen gewöhnliche Declination; hernach von der Arawaken eigenen und sehr gewöhnlichen Veränderung der Nominum Substantivorum.

SINGULARIS.

Datti mein Vater.
Datti uhukiti meines Vaters jüngerer Bruder.
Observ. — Da kann man *uhukiti* nicht voransetzen, wie man etwa im Deutschen sagt: Der Bruder meines Vaters.
Datti umün meinem Vater.
Bussika tuhu datti umün gib das meinem Vater.
Datti meinen Vater; *baddikai datti* siehst du meinen Vater?
Datti uwuria von meinem Vater.
Hama udumma bannika tuhu datti uwuria? Warum nimmst du das von meinem Vater.

PLURALIS.

Wattinuti unsere Väter; und so weiter, wie im Singulari, im Dativo *umün* zugesetzt wird; so auch.
Dayu meine Mutter *(daiju)*.
dayu attilikiti meiner Mutter Bruder *(daiju)*.
dayu umün meiner Mutter *(daiju)*.
baháka daiju umün kea ukunnamün sage meiner Mutter davon *(dayu)*.
dayu meiner Mutter: *bussimákan dáyu* ruf meiner Mutter.
dáyu uwuria von meiner Mutter *(dáiju)*.
Wayunuti unsere Mütter; *wayunuti ujuhunnu* unserer Mutter Anverwandten.

§ 15. — Noch mehr ist folgende Art von Veränderung im Arawakischen zu merken:

üssiquahü ein Haus.
dássiqua mein Haus.
bussiqua dein Haus.
lüssiqua sein Haus.
tüssiqua ihr (der Frauensperson) Haus.
wassiqua unser Haus, und unsere Häuser (§ 6).
hüssiqua euer Haus, euere Haüser.
nassiqua ihr (von mehreren) Haus, oder ihre Häuser.

Kalle Cassabi.

dakkálle meine Cassabi.
bukkálle deine »
lükálle seine »
tükálle ihr »
wakálle unser »
hükkálle euer »
nakkálle ihr »

§ 16. — Exempel von dieser Art von Veränderung sind im Wörterbuche überall zu finden; wir wollen daher nur die gebräuchlichsten von den irregulairen hersetzen:

dayu	meine Mutter *(daiju)*.		*datti*	mein Vater.
buju	deine »		*butti*	dein »
luju	seine »		*litti*	sein »
tuju	ihre »		*titti*	ihr (der Frauensp.) Vater.
waijunattu	unsere »		*wattinatti* oder *wattinti*, unser Vater; sie sagen wohl auch *watti*, aber selten.	
hujunattu	euere » (§ 7).		*hüttinati* oder *hütinti* euere Väter.	
naijanattu	ihre » (von vielen).		*nattinatti, nattinti* ihr Vater.	
P. *waijunati*	unsere Mütter.		*wattinuti* unsere Väter.	
hujunuti	euere »		*hüttinuti* euere »	
naijunuti	ihre »		*nattinuti* ihre »	
uhukiti	eines Mannes jüng. Bruder.		*ubukiti*	eines Mannes ält. Bruder.
S. *dahukiti*	mein » »		S. *dabukiti*	mein » »
buhukiti	dein » »		*bubukiti*	dein » »
luhukiti	sein » »		*Lubukiti*	sein » »
wahukinti	unser » »		*wabukëinti*	unser » »
huhukinti	euer » »		*hubukëinti*	euer » »
nahukinti	ihr » »		*nabukëinti*	ihr » »
P. *wahukinti*	unsere jungeren Brüder.		P. *wabukenuti*	unsere älteren Brüder.
huhukinti	euer » »		*hubukenuti*	euere » »
nahukinti	ihre » »		*nabukenuti*	ihre » »

	ujurdatu	eines Mannes Schwester.	*attillikiti*	eines Weibes Bruder.
S.	*dajurdatu*	meine Schwester.	S. *dattillikiti*	mein Bruder.
	bujurdatu	deine »	*battillikiti*	dein »
	lujurdatu	seine »	*tattillikiti*	ihr »
	waijurudántu, waijurdántu	unsere Schw.	*wattillikëinti*	unsere »
	hujurdántu	euere »	*hattillikëinti*	euere »
	naijurdántu	ihre »	*nattillikiëinti*	ihre »
P.	*waijurudanuti*	unsere Schwestern.	P. *wattillikiánuti*	unsere Brüder.
	hujurudanuti	euere »	*hattillikiánuti*	euere »
	naijurudanuti	ihre »	*nattillikiánuti*	ihre »

	ittilatu, üttilatu	eines Weibes ält. Schw.	*uhukittu*	eines Weibes jung. Schw.
S.	*dattilatu*	meine ältere Schwester.	S. *dahukittu*	meine jungere Schwester.
	buttilatu	deine » »	*buhukittu*	deine » »
	iittilatu	ihre » »	*tuhukittu*	ihre » »
	wattilántu	unsere » »	*wahukíntu*	unsere » »
	hittilántu	euere » »	*huhukíntu*	euere » »
	nattilántu	ihre » »	*nahukintu*	irhe » »
			P. *wahukinitti*	unsere jungeren Schwest.
			huhukintti	euere » »
			nahukintti	ihre » »

Sie sollen auch sagen : *wahukinatunu*, *huhukinatunu*, *nahukinatunu*.

	iréti	eine verehlichte Mannsperson.	*iretu*	eine verehlichte Weibspers.
S.	*deréti*	mein Mann.	*derétu*	meine Frau.
	biréti	dein »	*birétu*	deine »
	tiréti	ihr »	*lirétu*	seine »
	weretinti	unser »	P. *irénuti*	Weiber (*irejunuti*).
	hiretinti	euer »	*werénuti*	unsere Weiber (*wérejunuti*)
	neretinti	ihr »	*hirénuti*	euere »
P.	*neretiúti*	unsere Männer.	*nerinuti*	ihre »
	hiretiúti	euere »	*derejunuti*	meine »
	neretiúti	ihre »	*birejunuti*	deine »
			werejunuti	unsere »
			hirejunuti	euere »
			lirejunuti	seine »
			nerejunuti	ihre »

§ 17. — Aus jedem dieser Wörter kann man den Dativum machen, wenn man *umün* dazu setzt: z. B. *derétu umün* meiner Frau, *birétu umün* deiner Frau, *lirétu umün* seiner Frau, und so weiter. Die andern Casus machen vorhin gar keine Veränderung.

§ 18. — Überhaupt hat man nur darauf zu merken, was der Status constructus eines Wortes ist (§ 10); denn wenn das Wort mit einem Pronomine soll zusammengesetzt werden, so muss es alle Zeit in Statu constructo stehen. Das ist überhaupt angemerkt dass nicht alle Wörter, sondern nur die meisten, eine Veränderung leiden, wenn sie in Statum constructum versetzt werden.

baru ein Beil: davon ist Status constructus, *úbarun:* daher *dabarun* mein Beil, oder meine Beile.

búbarun, lúbarun, túbaruu, wábarun, húbarun, nábarun.

abbúnàhü ein Knochen.

dábbuna, bábbuna, tábbuna, etc.

hallikébbehi die Freude.

dahallikébbe, bahallikébbe, etc.

Doch wird dieses unten deutlicher werden, wo vom statu constructo weitläufiger die Rede ist.

masséta mein Kapmus (Hacke).

damasséttan, bumasséttan, lumassétan, tumasséttan, etc.

Juli tabak, davon ist status constructus: *ujulite.*

dajulite, bujulite, lujutite, etc.

§ 19. — Wenn die § 12 angeführte Pronomina mit einem Nomine zusammengesetzt werden, auf die §§ 15, 16, 18 beschriebene Weise, so behalten sie gern den Vocalem, der auf den Anfangbuchstaben folgt, nämlich nach *d* steht gern *a* (von *dakia*) als *datti;* nach *b* gern *o* oder *u* (von *bokia*) als *butti;* nach *l* gern *i* oder *ü* (von *likia*) als *litti;* nach *t* gern *u* (von *tureha*) als *tubara* ihr Haar; nach *w* gern *a* (von *wakia*), als *wattinati;* nach *h* gern *ü* (von *hükia*) als *hüttinatti;* nach *n* gern *a* (von *nakia*) als *nattinatti.*

Oft aber richtet sich der Vocalis des Pronominis nach den Anfangsbuchstaben des Nominis, als:

üüssadakoanahü oder *üüssadakoanti* ein Heiland.

düüssadakoana oder *düüssadakoanti, büüssadakoana, lüüssadakoana, tüüssadakoana, vüüssadakoana, hüüssadakoana, nüüssadakoana.*

Manche Wörter aber weichen von diesen beiden Anmerkungen ab (das man ex usu und aus dem Wörterbuche lernen kann), als *damán* ich ganz, *bumán* du ganz, *lumán* er ganz, *tumán* sie ganz, *wumán* wir ganz, jeglicher von uns; *humán* ihr ganz, *namán* sie ganz.

In manchem variieren sie selbst und wissen nichts gewisses darin zu setzen, z. B.:

Akkubanihü oder *ukkubannihü* ein Garten.

Dákkuban, bákkuban oder *bukkuban* (*bakkuban* sagt man zu Mannspersonen, *bukkuban* zu Weibspersonen); *lákkuban* und *lukkuban; takkuban* und *tukkuban; wakkuban; hákkuban* und *hukkuban; nakkuban.*

§ 20. — Bei den Nominibus so wie Substantivis als

Adjectivis drükt *kan* das Diminutivum aus, als von *Johannes, Johannes-kan* Johannelein; *Hiäru* Weib, *hiäru-kan* ein Weibchen, Magd.

Wadili, wadilikan ein Männchen, ein Knabe. *Bàssabanti, bassabántikan* ein Knäbchen. *Bassabantu, bassabántukan* ein Mägdlein.

Elônti, elóntikan ein kleines Kind, männlichen Geschlechts.
Elóntu, elóntukan ein kleines Kind weiblichen Geschlechts.

VOM NOMINE ADJECTIVO.

§ 21. — Ihre Adjectiva kommen von den Verbis her, und sind eigentlich Participia von denselbigen, z. B. *ipirutu* etwas grosses von *ipirun* gross sein; *ipilli, ipilti* eine grosse Mannsperson, von *ipillin* gross sein; *üssáti* ein guter Mann, *üssatu* eine gute Frau, oder eine gute Sache, von *üssan* gut sein; *kamonaikati* ein Armer, *kamonaikatu* eine Arme, von *kamonaikan* arm sein; *kaimati* eine böse Mannsperson, *kaimatu* eine böse Weibsperson, von *kaiman* böse sein.

§ 22. — Von diesen Adjectivis haben einige im Sing. nur eine Endung; andern haben zwei; im Plural aber haben sie allle nur eine. Nur eine Endung haben im Sing. die Participia passiva, die auf *issia* oder *üssia* ausgehen, und die sind unter dieser einer Endung generis omnis, als *kanssissia* eine geliebte Mannsperson, eine geliebte Frauensperson, eine geliebte Sache; *aparrahüssia* ein getödteter Mann, eine getödtete Frau, ein getödtetes Thier; *addikahüssia* ein gesehener, eine gesehene, ein gesehenes; *auttikahüssia* ein gefundener, eine gefundene, etwas gefundenes. Und eine andere Form von Participiis, die sich schon auf ein vorhergehendes nomen bezieht.

daddikîssia welchen, welche, welches ich sehe.

daddikîssiakuba welchen, welche, welches ich gesehen habe.

daparússia welchen, welche, welches ich tödte.

däuttikîssia mein gefundener, gefundene, gefundenes.

Obs. — Der Unterschied von *i* und *ü* in der Endung *issia* und *üssia*, dependirt davon, dass das Verbum sich im Infinitiva auf *in* oder *ün* endigt, nämlich: *daddikissia* kommt her von *addikin;* *däuttikissia* von *äuttikin* finden, aber *daparüssia* von *apárün* tödten.

§ 23. — Diese Participia auf *üssia* und *íssia* endigen sich im Plur. auf *annu*, und sind unter dieser einer Endung wieder generis omnis. *Kanssîssiánnu* Geliebte, ohne Unterschied des Geschlechtes; *aparrahussiánnu* getödtete1; *addikahussiánnu* gesehener; *äuttika -hüssiánnu* gefundene.

§ 24. — Die Adjectiva von zwei Endungen gehen aus auf *i* und *u* als *üssátti* ein guter Mann, *üssáttu* eine gute Frau.

Da ist die Endung auf *i* generis masc., und auf *u* gen. fem. und neut.; also *bassábánti* eine unerwachsene männl. Person, *bassábántu* eine unerw. Weibsperson, oder auch eine kleine Sache; *aparrüküttuti* ein getödteter, *aparrüküttutu* eine getödtete, oder ein getödtetes Thier.

Im plur. endigen sie sich nur auf *i* und sind unter dieser einigen Termination generis omnis, als von *bassabánti* und *bassabántu.* plur. *bassabánnibetti* unerwachsene Personen, kleine Sachen. *Kansiti* ein liebender, *kansitu* eine liebende; ohne Unterchied des Geschlechtes, plur. *kansiti. Aparrüküttuti* und *aparrüküttutu,* im plur. *aparrüküttuti* getödtete. *Ahudúti* ein Sterbender ein Todter; *ahudútu* eine Sterbende, eine Todte, etwas sterbendes, etwas todtes; im plur. *ahudúti* Sterbende, Todte.

§ 25. — Wenn das mascul. sich endigt auf *illi,* oder auch überhaupt nur auf *i*, so endigt sich das femin. und neutr. auf *urru* oder *iru*, oder *eru*, als: *ipilli* eine grosse Mannsperson; *ipirrutu* und *ipirrukurru* eine grosse Frau, Sache; *wadikilli* ein Langer, *wadikurru* eine Lange, etwas langes; *ippirubéru* ein wenig grosses; *ibiru* etwas kleines.

Bei den Wörtern von dieser Forma ist noch zu bemerken 1° dass sie den Singularem auch für den Pluralem nehmen, sonderlich das femininum, z. B. *ipirrubéru* mehrere etwas grosse Sachen; *ibiru* mehrere kleine Sachen; 2° dass sie das letzte *i* vom masculino auch weglassen, so endigt sich das Wort auf *il*, als *wadikil* ein langer, 3° dass diese Endung *kil* und *killi* ingleichen das femin. *kurru* eigentlich das Pronomen relativum ist; wovon unten (§ 51) ein mehreres.

§ 26. — Sie zeigen nicht allein den Unterschied des

generis (Geschlechtes) durch die verschiedenen Endungen an, sondern brauchen auch manchmal verschiedene (wie wohl mit einander verwandten) Wörten dazu, z. B. *kereüti* eine verheirathete Mannsperson, *kerétitu* eine verheirathete Weibsperson. Im plur. hat das erste auch *kereüti* und das zweite *kerétiti* mehrere verheirathete Weibspersonen. So auch *märeüti* eine ledige Mannsperson, mehrere derselben, *merétitu* eine ledige Weibsperson; plural *märétiti* mehrere ledige Weibspersonen. Dieser Unterschied ist auch in den Verbis, davon, dass sie Participia sind: *kereün* heirathen, brauchen die Mannsleute von sich, und *keretin* heirathen, die Weibsleute; *ipillin* gross sein, vom männlichen Geschlecht; *ipirrun* gross sein, vom weiblichen Geschlecht (und leblosen Dingen).

§ 27. — Die Comparation d. i. die Vergleichung mehrerer Sachen mit einander, um anzuzeigen, welche mehr oder weniger, vornehmer oder geringer ist, geschieht bei ihnen: entweder durch eine Veränderung des Wortes selbst, oder durch Hinzufügung aparter Wörterchen. Letzteres ist das deutlichste und am wenigsten der Zweideutigkeit unterworfen, und daher am besten zu gebrauchen.

§ 28. — Wenn also die Comparation geschieht durch eine Veränderung des Wortes: so haben sie davon sonderlich zwei Formas oder Arten:

A. — Dass sie dem Verbo die Endung *bên* oder *kên* geben, z. B. *ipirrun* gross sein, *ipirruben* etwas grösser sein. Es heisst aber auch « etwas gross sein », daher diese Forma zweideutig ist; davon *ipirrutu* etwas grosses, *ipirrubetu* etwas grösseres, it. das etwas gross ist, it. das zu gross ist; *ibîn* klein sein, fein sein, *ibikên* zu klein, zu fein sein.

B. — Dass sie dem Verbo die Endung *ssäbun* anhängen (weil ihre Adjectiva nichts anderes sind als Participia (§ 21), so kommt vornehmlich auf den Infinitivum verbi als radicem an, z. B. *wäürikan* geschwind sein, *wäurikussábün* geschwinder sein; *juhùn* viel sein, *juhússabün* mehr sein oder sehr viel sein, davon *juhuttu* viel, *juhússabuttu* mehreres, it. das meiste; *wádin* lang sein, *wádissabün* etwas länger sein, davon *wáditu* etwas langes, *wádissabutu* etwas längeres. Manchmal kommen beide Formen zusammen; sie setzen zu der ersten (sub *tá*) noch diese 2to (sub. 1 b.) z. B.

ipirrubên etwas gross sein, *ipírrubessabün* etwas grösser sein; davon: *ipírrubettu* das etwas gross ist, *ipírrubessabutu* das etwas grösser ist.

§ 29. — 2) Die andere Art, da sie den Gradum comparativum (das mehrere oder mindere) und superlativum (das meiste oder wenigste) durch aparte Wörterchen anzeigen (§ 27), ist die deutlichste und am besten zu gebrauchen.

Das mehrere und meiste anzuzeigen brauchen sie das Wörtchen *ádin*, am häufigsten; in manchen Redensarten aber *uwaria*. Da zu bemerken, dass *ádin* eigentlich der Infinitivus eines Verbi ist, und heisst « drüber sein », daher folgende Exempel erst unten werden recht deutlich werden. Indessen wollen wir hier Exempel hersetzen: *kia áditu üssan* was gut ist über das, d. h. was besser ist als das. *Tumaqua áditu üssan* was gut ist über alles, das Beste. *Bádika danssini* ich habe ihn lieber als dich (nach den Worten heisst es: über dich ist es, dass ich ihn liebe); *badin* sollte es heissen, *badin danssini* ich habe ihn über dich lieb. Das kann aber auch heissen: ich habe ihn lieber als du ihn hast, muss also aus der Connexion erkannt werden. *Namaqua nádika danssini*, er ist mein Allerliebster (eigentlich: über alles ist es, dass ich ihn liebe). Diess kann auch heissen: ich habe ihn lieber als ihn alle andere haben, daher sagt man lieber: *bádika danssissiäi* er ist mir lieber als du. *Namaqua nadika danssissiäi* er ist mir lieber als alle andern; das ist nicht zweideutig.

Bádika tattàn ukunnäi er ist stärker als du (eigentlich: über dich ist es, dass er stark ist. *Namaqua nádika tattàn lukuna ukunnäi* er ist stark über alle, er ist der Stärkste; *kia áditu ipirun* etwas grösser als das. *Tumaqua áditu ipírun* was gross ist über alles, das allergrösste. *Bádika adaija hükai ipillini* er ist gross über dich, d. i. er ist grösser als du. *Namaqua nádika ipillini* er ist grösser über alle, er ist der allergrösste. *Namaqua náditi wäurikukun liraha* der geschwind ist über alle, der allergeschwindeste, hurtigste.

Observ. — Das Wörtchen *adin* bekommt oft die § 28 sub B angezeigte Endung, heisst also *ádissabün* und bedeutet etwas grösser ist als diess.

§ 30. — Durch *uwaria* « von » drücken sie den Comparativum aus in folgenden Redensarten: *bokkia üssa däu-*

ria du bist besser als ich; *bokkia adittai wamalidákoanti däuria* du kennst unsern Schöpfer besser als ich.

§ 31. — Das wenige, oder geringere anzuzeigen, brauchen sie Wörtchen *apüdi* « unter », z. B. *likia bapüddika jahakannin* er ist unter dir klein, d. h. kleiner als du. *Bapüddika bassabannimanni* er ist kleiner als du. *Kia ápüddika bassabannimannin* das ist kleiner; *turreha namaqua napüddika bassabanniman* die ist die Allerkleinste.

§ 32. — In manchen Fällen brauchen sie noch andere Wörtchen die einem aus der Bedeutung dieses Wortes leicht klar werden, z. B, wenn von der Zeit die Rede ist, so brauchen sie *úbura* vor, und *addiki* nach, z. B.

namaqua nábburati der vor allen ist, d. h. der Allererste.

namaqua nábburatu assukussuktunnua die unter allen zuerst getaufte.

namaqua naddikiti der nach allen ist, d. h. der Allerletzte.

namaqua nakikkikai er ist nach allen, er ist der Letzte.

Observ. — Diese Exempel werden wieder unten deutlicher werden, denn von *úbura* machen sie den Infinitivum *úburan* vor sein; von *adikki*, *adikkin* nach sein; und dann ist in diesen Exempeln die Formatio zweier Verborum.

§ 33. — Einige andere Wörtchen die « sehr » heissen, als *mansuákun*, *mansuahuabun*, haben bei ihnen auch manchmal vim superlativi, oder zeigen den höchsten Grad an, z. B, wenn sie sagen: *mansuakúda kanssinibi* ich habe dich ungemein sehr lieb, so verstehen sie wohl dadurch: ich habe dich am allerliebsten. Doch wie schon oben § 27 erinnert ist, so ist doch die eigentliche Art ihrer Comparation die von § 29 bis 32 beschriebene.

§ 34. — Die Gentilia, auf die Frage « von wannen? » drückt das Wort *ukúndi* aus, im mascul., *ukúnnatu* im fem. et neutro, *ukúnnana* im plural, z. B. *Beribissi ukúndi* oder *Berebissikundi* einer der von der Berbice her ist. *Beribissi ukunnatu* oder *kunnatu* eine von der Berbice gebürtige Frauensperson. *Beribissi ukúnnana* oder *kunnana* von der Berbice gebürtige Leute.

Observ. — Ebenso werden sie auch von Thieren und leblosen Dingen z. B. *Beribissi ukunnatu turreha* das ist etwas das an der Berbice wächst, odez zu finden ist.

Húrrurüssi kundi einer der auf dem Berge wohnt; *húrrurüsssi kundi* einer der auf dem Berge wohnt, vom Berge ist. *Tuhu húrruru ukúnnana* die Einwohner dieses Landes; deutlicher aber ist: *tuhu húrruru ukunna kassikoati*.

Observ. — Eigentlich ist das Wort *ukundi, ukúnnatu* wieder das Participium von *ukúnnan* und *ukunnadin*, da sie nur *ukundi* sagen für *ukúnnaditi* der Kürze wegen; wenn sie langsam und deutlich reden, sprechen sie es auch so aus.

§ 35. — Etwas irregulaires hat das Wort *mân* oder *umân*, ganz, und das davon herkommende *úmaqua*, alles, und mit der Dictione enclitica *kébe, umaquakebe*, alles ganz:

Dámân ich ganz; *búmân* du ganz; *lúmân* er ganz; *túmân* sie ganz; *wámân* wir ganz, oder ein jeglicher von uns; *húmân* ihr ganz, oder ein jeglicher von euch; *námân* sie ganz, oder ein jeglicher von ihnen; *damaqua* ich ganz; *bumaqua* du ganz; *lumaqua* er ganz; *tumaqua* sie ganz, es ganz, alles; *wamaqua* wir alle; *humaqua* ihr alle; *namaqua* sie alle.

§ 36. — « Wie viel » heisst *patta, páttahü, páttannu?* ohne Unterchied des Geschlechtes, z. B. *patta kuljara bamünnika?* wie viel Corjarr hast du? (*pattahü* heisst « wie oft »). Gemeiniglich hat diese Frage bei ihnen den Sinn: hast du auch ein Corjarr mir zu geben, mir zu borgen.

Páttannu lukúnnu? wie viel Arawaken? *Pátta bánsika?* wie viel hättest du gern? *Páttahüka badunikin jaha?* wie oft schläfst du hier? wie lange bleibst du hier? *Páttahükuba badunukin waburukkulukku?* wie lange, wie viele Nächte bist du unterwegs gewesen?

Observ. — Die termination plur. setzen sie zum Worte *pátta*, wenn von Menschen die Rede ist; geht es auch auf Thiere und leblose Dinge, so heisst es schlecht *patta*, z. B. *patta beju bujukaka?* wie viel Hartebeeste hast du geschossen? *Pátta adda järraha koama?* wie viel Bäume sind noch da? (nämlich zu kappen) aber *pattánu waráunu?* wie viel Warauen. *Pattánu kalipina?* wie viel Karyben? *Pattánu wakia ibénna andinni bia?* wie viel von uns sollen kommen?

§ 37. — Die Numeralía oder Zahlwörter sind theils Cardinalia auf die Frage « wie viel? », theils Ordinalia auf die Frage « der wie vielste? », theils distributiva auf die Frage « wie viel jedesmal? »

Die Arawaken zählen ordinair nicht weiter als ihre Finger und Zehen langen, davon sie beim zählen so viel weisen als die Zahl ausmacht. Die Cardinalia gehen bei ihnen höchstens bis auf 100, die übrigen aber kamen auf 10.

§ 38. — Cardinalia sind also Zahlwörter auf die Frage « wie viel? »

1. *abba, abbáluai, abbáruai* ein, einer, eine, eins; *abbákurru* niemand oder niemals.

2. *biama, biamánu* zwei.

3. *kabbuhin, kabbuhinninu* drei.

4. *bibiti, bibitina* vier.

5. *abbatekábbe, abbatékabbunu* fünf, die Finger von einer Hand.

6. *abbatiman, abbatemanína* sechs, ein Finger von der andern Hand dazu.

7. *biamattiman, biamattimaninu* sieben, zwei Finger von der andern Hand dazu, und so weiter in folgenden.

8. *kabbuhintiman, kabbuhintimaninu* acht.

9. *bibititiman, bibititumaninu, bitituman* neun.

10. *biamantekábbe, biamantekábbunu*, zehn, die Finger von beiden Händen.

11. *abbakuttihibénna, abbakuttihibénnanu* elf.

Nota. — Wenn sie ganz ausreden wollen, so sagen sie: *biamantekábbe abbakuttihibénna tupakúttán* oder *tadiwaku*: die Finger von beiden Händen und eine Zehe von den Füssen darüber (welches alles sie dabei zeigen) d. h. elf, so auch in den folgenden zahlen bis auf 20.

12. *biámakuttihibénna, biámakuttihibénnanu* zwölf, zwei Zehen von den Füssen.

13. *kabbuhinkuttihibénna, kabbuhinkuttihibénannu* dreizehn.

14. *bibitikuttihibénna, bibitikuttihibénnanu* vierzehn.

15. *abbamariakuttihibénna, abbamariakattihibénnanu* fünfzehn, d. h. die Zehen von einem ganzen Fuss dazu.

Nota. — Hier wiederholen sie meistentheils *biamantekábbe* und dann *abbamariakuttihibénna* dazu; daher wenn man deutlich mit ihnen reden will, muss man es ihnen auch wiederholen.

16. *abbatimankuttihibénna, abbatimankuttihibénnana* sechszehn; sie sagen ordinair: *biamantekábbe abbamariakuttihibénna, abbatupakuttán* oder *tadiwaku*, d. h. beide Hände

und ein Fuss und noch eine Zehe darüber; so muss man es auch sprechen wenn man ihnen recht deutlich machen will, so auch in den folgenden bis zwanzig.

17. *biamattimankuttihibénna*, *biamattimankuttihibénnanu* siebzehn.

18. *kabbuhintimankuttihibénnanu* achtzehn.

19. *bibititumankuttihibénna*, *-bénnanu*, neunzehn, oder ganz: *biamantekábbe abbamariakuttihibénna, bibititupakütttan* zwei Hände, ein Fuss und vier Zehen vom andern Fuss; sie sagen auch *abbalukkù abbaruai koake* 20 weniger 1, d. h. 19, und *abbalukkù biama koake* 20 weniger 2.

20. *abbalukkù* oder *abbalukkuti*, oder *abbalukkubumutti* zwanzig (d. h. die Finger und Zehe alle von einen Menchen; da weisen sie mit beiden Händen und beiden Füssen.

21. *abbalukku biama tupaküttán* oder *tadiwaku* zwanzig und eins darüber, d. h. ein und zwanzig.

22. *abbalukku biama tupaküttán* zwei und zwanzig.

23. *abbalukku kabbuhin tupaküttán* drei und zwanzig.

24. *abbalukku bibiti tupaküttán* vier und zwanzig.

25. *abbalukku abbatekabbe tupaküttán*.

26. *abbalukku abbatiman tupaküttán*.

27. *abbalukku biamattiman tupaküttán*.

28. *abbalukku kabbuhintiman tupaküttán*.

29. *abbalukku bibitituman tupaküttán*.

30. *abbalukku bimantekabbe tupaküttán*.

31. *abbalukku abbakuttihibénna tupaküttán* zwanzig und elf darüber, so zahlen sie fort bis vierzig; wenn sie ganz ausreden, so heisst es: *abbalukku biamantekabbe abbakuttihibénna tupaküttán* ein und dreissig.

35. *abbalukku abbamariakuttihibénna tupaküttán* oder ganz: *abbalukku biamantekabbe abbamariakuttihibénna tupaküttán*.

40. *biama lukku* oder *biama lukuti* oder *biama lukkubumutti* alle Finger und Zehen von zwei Menschen; wenn sie recht deutlich reden wollen, so sagen sie: *biama lukkuti abba lukkunibénna tupaküttán* oder zu letzt *tuhuju* die Menge davon noch darüber.

41. *biama lukku abbatekabbe tupaküttán*.

50. *biama lukku biamantekabbe tupaküttán*.

55. *biama lukku abbamariakuttihibénna tupaküttán* fünf und fünfzig.

60. *kabbuhin lukku, kabbuhinlukkuti, kabbukin lukkubumutti* oder ganz: *kabbuhin lukkutti abba lukkunibénnai tupaküttân tujuhu* wie bei der Zahl vierzig.

70. *kabbuhin lukku biamantekabbe tupaküttân.*

80. *bibiti tukku;* hier gilt alles wieder was bei n° 60 und 40 angemerkt ist.

90. *bibiti lukku biamantekabbe tupaküttân.*

100. *abbatekabbe lukkuti abbaküttân lukkunnibénnai tupaküttân tujuhu.*

120. *abbateman lukkutti abbalukkunibénnai tupaküttân tujuhu.*

Nota. — Je höher die Zahlen steigen, je mehr reden sie ganz aus wie hier angezeigt ist.

Nota b. — Wenn es nöthig ist kann man auf die Art weiter zählen: *biamantekabbe lukkuti abba lukkunibénnai tupaküttân tujuhu* 10 mal 20, d. h. 200; steigt man noch weiter, so wundern sie sich und sagen: *poi! juhukkên ei,* das ist sehr viel! begreifen es aber nicht.

§ 39. — Noch sind bei den Cardinalibus ein paar bemerkungen zu thun.

1. *abba* ist generis omnis; wird gebraucht ohne allem Unterschied des Geschlechtes, so auch alle die folgenden Zahlwörter; *abbaluäi* aber generis masculini, als *abbaluäi wadili* ein Mann; *Abbáruäi* generis feminini et neutrius, d. h. jenes wird vom männlichen Geschlecht, dieses aber vom weiblichen und von leblosen Dingen gebraucht, als *abbáruäi hiäru* eine Frauensperson, *abbáruäi beju* ein Hartebeest, *abbáruäi adda* ein Baum. So sagen viele manchmal *abbáluäi* von einer Frauensperson, und *abbaruäi* von einer Mannsperson; das geschieht aber Ehren- oder Schimpfes halber und ist enallage generis.

2. Die termination pluralis beiden Zahlwörtern wie *biamanna* zu *biama*, *kabbuhinnina* zu *kabbuhin*, wird gebraucht wenn von Menschen die Rede ist, sonst bleibt das Wort ohne die Endung, als *kabbuhinninu lukkunnu* drei Arawaken, *biamannu waraunu* zwei Warauen, *bibitinu wakia ibenna* vier von uns, und so weiter, *biama beju* zwei Hartebeeste; *kabbuhin adda* drei Bäume; *bibiti culjara* vier Corjar. Doch gibt es auch hier Ausnahmen, z. B. *abbatekabbúnu Lüttiadükkü* seine fünf Wunden. Es hat also damit eben die Verwandtniss wie mit dem Vorte *patta* wie viel (siehe § 36).

3. Zu diesen Numeralibus setzen sie gern die notam diminutivam *kan*; z. B. *abbárukan* nur eins, oder ein kleines; *biamakan* nur zwei; *narraha biamánnukan* die zwei kleinen Kinder oder Leutcher da; *narraha kabuhinninukan* die drei Kinder oder die drei kleinen Leutcher da.

§ 40. — Ordinalia oder Zahlwörter auf die Frage: der wievielste? sind folgende:

1. *atenénnuati* der erst (von vielen), die ersten; *atenénnuatu* die erste Frauensperson, item: das erste Ding.

Item: *namáqua nabburati* der erste, masc., *namáqua nabburatu* die erste, fem., *namáqua uburatu* das erste, neutrum, z. B. *hebbetu namáqua nabburatu assukussukuttunnua* oder *hebbettu atenénnuatu assukussukuttunnua* eine alte Frau die zu allererst getauft ist; *kia adda tumaqua uburatu assukuttunnua* oder *atenénnuatu assukuttunua* der Baum, der zuerst gekapt ist.

2. *ibiamattéti* zweite; weil sie aber diese Wörter nicht allein brauchen, sondern schon mit einem Pronomine zusammengesetzt (wie Substantiva § 11), so wollen wir sie hier auch so setzen:

dibiamattéti mein zweiter, *dibiamatétu* meine zweite.
bibiamatteti dein zweiter, *libiamatteti* sein zweiter.
tibiamattétu ihre zweite, ihre Gefährtin.
debettírti, mein zweiter, mein vertrauter freund.

3. *wakabbuhintéti* unser dritter (von *ukabbuhintéti*).
hükabbuhintétu euer dritter, *nükàbbuhintéti* ihr dritter.

4. *wibíbitéti* unser vierter (von *ibibitéti*).
hibibitéti euer vierte, *nibibitétu* ihre vierte.

5. *wabbatekabbütéti* unser fünfter (von *abbatekabbüteti*).
hübbàtekabbütetu euer fünfter, *nabbatekabüteti* ihr fünfter.

6. *wabbatimanniléti* unser sechster (von *abbatimanniléti*).
hubbatimannilétu euer sechster, *nabbatimanniléti* ihr sechster.

7. *wibiamattétimanniléti* unser siebenter (von *ibiamattétimánniléti*).
hübiamattetimannilétu euer siebenter, *nibiamattetimannileti* ihr siebenter.

8. *wakkabbuhintetimanniléti* unser achter (von *ükkabbuhintetimanniléti*).
hükkabbuhintetimannilétu euer achter, *nakkabbuhintetimannileti* ihr achter.

9. *wibibititi manniléti* unser neunter.

hübibititi mannilétu euer neunter, *nibibititi manniléti* ihre neunte.

10. *wibiamantekabbüléti* unser zehnter (von *ibiamánteka-bbüléti*.

hübiamanntekabbulétu euer zehnter, *nibiámantekabbüléti* ihr zehnter.

§ 41.—. Distributiva, oder die Zahlwörter auf die Frage; wie viel jedesmal? sind folgende:

1. *likinnekewai* oder *likinnikan* er allein, er einzeln, er der einzige.

dikinnekewai hüüssadakoantikade ich allein bin euer Kind, ich bin euer einziges Kind.

bikinnekewai wüüssadakoantikabu du bist unser einziges Kind.

likinnekewai wüüssadakoatikai er ist unser einziger Heiland.

tikinnikan daijúrdatu das ist meine einzige Schwester.

wikinninukan ánditi wir allein sind gekommen.

hikinninukan ánditi? seid ihr allein die kommen, oder gekommen seid.

nikinninukan ánditi sie allein sind gekommen.

tikinnekewaidandin ist eine gewöhnliche Formul bei ihnen, und heisst entweder: ich komme nur das einmal, d. i. ich komme zum bleiben, werde nicht wieder weg sein, oder ich komme soeben gezogen (so viel als: *dahukebé danda*).

2. *biamannuman* oder *biamannumakánniman* je zwei und zwei.

biamannumanua akunun sie gehen zwei und zwei.

kabbuhinninuman oder *kabbuhinninumakánniman* zu drei und drei.

bibitinuman oder *bibitinumakánniman* zu je vier und vier.

abbatekabbunuman oder *abbatekabunumakánnimán* zu fünf und fünf.

abbatimanninuman oder *abbatimanninama kánniman* zu sechs und sechs.

biamattimanninuman oder *biamattimaninumakánnimán* zu sieben und sieben.

kabbuhintimauninuman oder *kabbuhintimaninumakánnimán* zu acht und acht.

bibititumanninuman oder *bibititumaninumakánniman* zu neun und neun.

(Marg. *biamannumahapa akunnun* ihr sollt zwei und zwei gehen.

biamantekabbunuman oder *biamantekábbunumakánniman* zu zehn und zehn.

§ 42. — Um die Zahlwörter beisammen zu haben, wollen wir hier die Adverbia auch hersetzen; auf die Frage: wie viel mal?

1. *abbahü* oder *abbahürên* oder *abbahünuai* einmal.

abbahükurru niemals; *abbahülakuba adian damün* er hat mir einmal gesagt; *abbahülakubakurru adian damün* er hat mir niemals davon gesagt.

2. *biamahü* zweimal; *biamahüka ladumkin* er schläft zweimal, bleibt zwei Nächte; *biamahüpa dadumkin jumün* ich werde zweimal da schlafen, die zwei Nächte dableiben.

3 *kabbuhinnihü* dreimal, 4 *bibitihü* viermal, 5 *abbatekabbehü* fünfmal, 6 *abbatemannihü* sechsmal, 7 *biamattimannihü* siebenmal, 8 *kabbuhintimannihü* achtmal, 9 *bibititumannihü* neunmal, 10 *biamantekahbehü* zehnmal. *Abbalukkuhuka luburükan dakunna* er hat mich 20 mal geschlagen, mir 20 Schläge gegeben.

§ 43. — Die Adverbia auf die Frage: das wievelstemal? drücken sie auf zweierlei Weise aus.

1° Mit den Ordinalibus und dem Wörtchen *ukunna*.

1 *tibiakuja* oder *tibiákujahuábu* zum erstenmal; *atenennüahuabu* heisst auch: zum erstenmal.

2 *tibiamattetu ukunna* zum zweitenmal, 3 *tikkabbuhintekunna ukunna* zum drittenmal, 4 *tibibitekunne* zum viertenmal, 5 *tubatekábbüle ukunna* zum fünftenmal, 6 *tubatimánnile ukunna* zum sechstenmal, 7 *tibiamattimánnile ukunna* zum siebentenmal, 8 *tikkabbuhintetimánnile ukunna* zum achtmal, 9 *tibibitetimánnile ukunna* zum neuntenmal, 10 *tibiamantekábbüle ukunna* zum zehntenmal.

2° Eben dasselbe drücken sie mit Verbis aus, die von Ordinalibus gemacht werden.

libiamattedúnnua andin ukúnna da er zum erstenmal kam.

libiamattédoa anuttun nüüssadakoanti issiruku abu er ist zum zweitenmal zur Communion gekommen.

lükkabbuhintédoa akuttânwama er ist zum drittenmale mit uns; *libibitédoa akuttúnwama* zum viertenmal, etc.

§ 44. — Die Temporalia auf die Frage: wie alt? geben sie so: *biamakáttikai luputtükidinnibena* er ist zwei Monat alt, *biamakattikan tuputtükidinnibena* (das Mägdlein) es ist zwei Monate alt; *danuhu biama wijukan tuputtükidinnibenna* sie ist nun zwei Jahre alt, *danuhu biama wijukai luputtükidinnibenna* er ist heute zwei Jahre alt, *biama kattilani benna aputtükidin* nachdem er zwei Monate alt geworden; *biama wijua lanibenna aputtükidan* oder auch *biama wijua luputtükidinnibenna* nachdem er zwei Jahre alt geworden.

VON PRONOMINE.

§ 45. — Die Pronomina drücken sie theils durch aparte Worte aus, theils (und zwar die meisten, sonderlich die Relativa) durch Wörtern, die andern Wörtern einverleibt werden, und also keine aparte Wörter für sich sind. Diese Wörtchen werden den Wörtern theils vor-, theils nachgesetzt, theils beider zugleich. Die Exempel werden dies in folgendem deutlich machen.

§ 46. — Die durch eigen vor sich gesetzte Wörter ausgedrückt werden sind folgende:

1º Demonstrativa, damit man etwas gewisses andeutet, und gleichsam mit Fingern zeigt:

dai, dakia ich   *likia, lihi, liraha* der
büi, bokia du   *tuhu, turreha* die, das

kia die, das.

dai, dakia ich, ohne Unterschied des Geschlechtes.
dai umün, dakia umün, contrahirt *damün* mir.
dakia uwuria, contrahirt *dauria* von mir.
büi oder *bokkia* du, generis omnis.
büi oder *bokkia uwuria,* contrahirt *buuria* von dir.
Plural: *wai, wakia* wir, *wai* oder *wakia umün,* contrahirt *wamün* uns; *wakia uwuria,* contrahirt *wäuria* von uns.
hüi, hükia ihr; *hüi* oder *hükia umün,* contrahirt *humün* euch; *hükia uwuria* contrahirt *huúria* von euch.
Likia, lihi, liraha der, ist gen. masc., wird nur vom männlichen Geschlechte gebraucht, ausser wenn sie eine Weibsperson dignitatis oder affectionis causa damit anzeigen; *likia umün* contrahirt *lumün* dem; *likia uwuria,* contrahirt *luúria* von dem.

Tuhu, turreha die, das; *tuhu umün* contrahirt *tumün* der, dem; *tuhu uwuria*, contrahirt *tuúria* von der, von dem. Zu *likia* und *turreha* wird auch das Wörtchen *kewai* gesetzt, emphaseos et affectus causa: *likiakewai* der da, und kein anderer z. B. *turrehakewai wabburrúkku lukkudi wakunupa* diesen Weg wir alle gehen und keinen andern.

Plural: *Nai, nakiá* für *likia*; *narraha, naha* für *turreha*, die; *nakia umün* contrahirt *namün* denen (Marg.: *háluai* er da!, oder: da ist er; *háru* oder *háruai* da ist sie, da ist es).

Kia die, das, wird manchmal demonstrativ gebraucht, von gen. fem. et neutro; *kia hiäru* die Frau da; *kia umün* der, *kia uwuria* von der. Aber mehrentheils relativen, davon unten.

Zu diesen Pronominibus demonstrativis wird das Participium von Verbo *dîn* gleich sein, gesetzt, so heisst es: dergleichen, als « talis » z. B.

Sing. *bokkiadîl* oder *bokkiadîli* ein solcher als du; *dakiadîli* ein solcher als ich; *lirahadîli, likiadîl daddikakubawakilli* ein solcher als er ist, habe ich vorlängst gesehen; *dakiadiäru* eine solche als ich, fem. et neut.; *bokkiadiäru* eine solche als du, deines gleichen; *turrehadiäru* eine solche als sie, oder dessen gleichen.

Pluralis: *Wakiánudili* solche als wir, unseres gleichen; *hükianudili* eueres gleichen; *nakiadíli, narrahadíli, nahadíli* solche, tales.

§ 46. — Die Pronomina die vor sich als eigne Worte stehen sind Possessiva. *dakia* mein, *bokkia* dein, *likia* sein, *turreha* ihr, *wakia* unser, *hükia* euer, *nakia* ihr; siehe § 12, 13 und 15.

§ 48 (pour 47, il y a un numéro de sauté). — Interrogativa, womit man fragt: welcher? *hallikai* wer? *hallikan* welche? fem.; *hallika* was? *hallikabá adián* was sagst du? *hallikala adián* was sagt er? (Marg. *hallikan waburukku lukkudi wakúnnupa*? welchen Weg wollen wir gehen; *hallikatá adián* was sagt sie? *hallikawá adián* was sagen wir? *hallikahá adián* was sagt ihr? *hallikaná adián* was sagen sie.

Observ. — *Hallika* heisst aber auch: wenn? und: wie? *hamma* oder *hammahü*? was?

hämma bammbäika was machst du? *hammahü turreha* was ist das?

hallidi? heisst auch: wie? *hallidi wakúnnupa* wie wollen wir gehen? *kuljara ulluku hurrurádi küssa* im Corjar oder zu Land? *hallikaké* wie, wenn? *hallikakéwa andin jumuniru* wenn kommen wir dahin? *Poi! hallikakéla üttúän* ei! wie ist er so blutig! *halluwáriäti liraha* von wannen ist der? *halluwariátu turreha* von wannen ist die, das?

§ 49. — Relativa die sich auf ein vorhergehendes Wort beziehen: *hammatalli* etwas? *bussika damün hammatalli* gib mir etwas; item: es sei was es wolle; *hammatalli küssa* was es auch etwa sein mag.

Hier brauchen sie häufig die demonstrativa (§ 46) mit einem Participio, als: *likia ándálte* der da kommt oder gekommen ist; *likia ánditi* der da kommt; *kia anditu* oder *kia andáru* die da kommt; *nakia andanute* oder *nakia anditi* die da kommen; *nakia andakubánuti* oder *nakia anditíkuba* die vorlängst gekommen sind.

Observ. 1. — Wenn also bei den demonstrativis ein participium steht, so gelten sie gemeiniglich für relativa.

Observ. 2. — Das demonstr. wird auch oft ausgelassen; da steht dann das Relativum bloss im participio, daher unten § 51 die meisten Exempel vorkommen.

§ 50. — Hier ist auch das Wörtchen *Loja* er selbst, oder: er allein, zu bemerken: *dóaja* ich selbst, *dóaja rubûün* ich allein; *bóaja* du selbst, *bóaja rubûün* du allein; *luaja* er selbst, *lúaja rubûün* er allein; *tóaja* sie, es selbst, *tóaja rubûün* sie, es allein; *wówaja* wir selbst, *wowaja rubûün* wir allein; *hóaja* ihr selbst, *hóaja rubûün* ihr allein; *náwaja, nóaja* sie selbst, *nóaja rubûün* sie allein; *doajákade* ich bin selbst, ich bin allein; *boajákabu* bist du er selbst, bist du allein? *luajákai* er ist er selbst, er ist allein; *woajákan* wir sind selbst, allein; *hoajákahü* seid ihr es selbst, seid ihr allein? *noajákaje* sie sind es selbst, sie sind allein (Marg. *toajákan* sie ist es selbst, sie ist allein.

§ 51. — Zu den Pronominibus, die sie zu andern Wörtern stellen (§ 45) gehören:

Die meisten relativa, die werden mehrentheils hinten angefügt, z. B. *kia beju daijukússia* das Hartebeest, welches ich geschossen habe; *kia hiäru dahakássiakuba ukunnamün bumün* die Weibsperson von der ich dir gesagt; *kia túmaqua lahakássia ukunnamün wamün, lissika wamün* er gibt uns alles was er uns verspricht; *kia túmaqua lahakássia-*

kuba wamün ullúkkudi lánika wamün er thut uns auch alledem was er uns zugesagt hat.

(Marg. *ahakán* sagen, *ahakássia* das gesagt ist, *lahakássia* sein gesagtes, oder das er gesagt hat).

Likia andahálin buma der mit dir kommt oder gekommen ist.

Likia andibúnali miáke der gestern gekommen ist.

Likia ándibili buma der heute mit dir gekommen ist.

Likia addikáli wamamün welcher uns besucht hat.

Kia addikáru wamamün die uns besucht hat, oder *likia áddikakubálte, kia addikakubaru wamamün* die uns besucht hat.

Hieher gehören auch wieder die Exempel aus § 49: *kia andáru, nakia andanu, andanute,* etc., dann wenn der Name einer Person, oder überhaupt ein Subjectum ausgedrückt wird, so kann man alle die demonstrativa, *likia, kia,* etc., weglassen, z. B. *Titus andálte buma, Anna andáru buma, Lukunnu andánute buma* (Marg. *nakia andahaliminu buma* die mit dir kommen, oder gekommen sind).

Assikin geben; *assikabéru* der, die, das gegebene; *kia dassikabéru bumün* das ich dir gegeben habe. Das *-béru* wird noch an viele Wörter angeknüpft, z. B. *amórdebéru* das da fliegt; *attidebéru* die, das da fliegt; *andebelte* der, oder welcher gekommen ist; *adayahübeti* erwachsene Personen; *júmünberu* (?) ebendasselbst.

Oder sie werden vorn und hinten zugleich gesetzt; das geschieht sonderlich mit den Wörtchen: *ukunnamün, uvuria, umaria* vom *uma, abu* « mit », *ibiti* « zu », und andern dergleichen mehr, z. B. mit *ukunnamün,* dass das *k* von *kia* vorn gesetzt und *kil* oder *kurru,* oder dergleichen angehängt wird:

kakunnamünkil dahakán bumün von welchem ich dir sage.

Nota. — Das *-il* geht nur auf eine Mannsperson, d. i. gen. masc. *kakunnamünkurru dahakán bumün* von welcher Weibsperson oder von welchem Dinge ich dir sage; *kakunnamüntabi dahakán bumün* wovon ich dir heute gesagt habe; *kakunnamüntúbuna dahakán bumün* wovon ich dir gestern oder vorgestern gesagt habe; *kakunnamüntukuba dahakán bumün* wovon ich dir vorlängst gesagt habe.

So auch mit *uma, abu* « mit »; *likia kamakilli landin*

der mit dem er kommt, oder gekommen ist, oder: *likia kamáli andin, kia hiäru kamáru landin*, oder: *kamakurru landin* die Frauensperson damit er kommt, oder gekommen ist; *likia kamakílli kassikoani* der bei dem er wohnt, oder: *lihi kamáli kassikoani; kia hiäru kamáru kassikoanin* oder *kamakurru kassikoanin*, die Weibsperson bei der sie wohnt; *likia kabbukílli landin* der mit dem er gekommen ist; *kabbutù wanibia andin lumamün*, oder *kabbutubia wandin lumamün* womit wir zu ihm kommen sollen.

Von *ibiti* : *kibitikilli dakúnun*, nach welchem oder zu welchem ich gehe; *kibitikurru wandin lumamün* nach welcher wir zu ihm kommen.

Observ. — Dergleichen Constructionen haben sie sehr viel, und brauchen sie häufig; sie sind daher wohl zu merken, werden aber nicht recht deutlich bis man unten von den 3 Perfectis und deren Participiis, in Syntaxi conferirt; daher sie eigentlich den Syntaxin gehören (Marg. *kibitikílli woahüddün* nach welchem wir suchen; *kibitikurru woahüddün* nach welcher wir suchen, wonach wir suchen; *wadikilli* der lang ist, *wadikurru* die lang ist, *woadikilli* der nicht lang ist, *woadikurru* die.....

§ 52. — Stecken auch demonstrativa in andern Wörtern sowohl in Verbis, wo sie theils vorn, theils hinten gesetzt werden, wovon unten § 61, als in Nominibus und Particulis, z. B. *naddika namaquakebé*DE sie sehen mich alle; *naddika namaquakebé*BU sie sehen dich alle; *naddika namaquake*BEI sie sehen sie alle; *naddika namaquake*BÉN sie sehen sie (die Weibsperson) oder: sie alle; *naddika namaquakebé*HÜ sie sehen euch alle; *waddika namaquakebéjè* wir sehen sie alle; *dansika tamaqua adinni* ich habe ihn über alles lieb; *lansika bullua ullukkuadé* er hat mich in seinem Herzen lieb; *dansika dallua ullukkuabù* ich liebe dich herzlich; *dansika dallua ullukuai* ich liebe ihn für dich; *dansika dallua ullúkkuan* ich liebe sie oder es herzlich; *lansika lullua ullúkkuán* er liebet uns herzlich; *dansika dallua ullukkuahü* ich liebe euch herzlich *dansika dallua ullukkuajè* ich liebe sie herzlich.

Hier ist noch folgendes wohl zu merken:

1. Dass das Pronomen gern zuletzt, auch gar am Ende desselben Satzes steht, z. B. *lanika lumama namaqua lumalitissiannukuba ibenau* er meint er wählt uns sich aus allen seinen Gefährten. Manchmal steht es auch dabei, als *da-*

dittá humaquakebehü ich kenne euch alle: *dansika humaquakebehü* ich habe euch alle lieb.

2. Wenn das Pronomen *i* « er, ihn » zu einem Worte gesetzt wird, das sich vorhin schon auf *i* endigt, so wird das *i* nicht doppelt gesetzt, sondern bekommt nur einen harten Ton, als: *daddikibí* ich habe ihn heute gesehen.

3. Endigt sich ein Wort auf *a*, und es kommt das *u* « wir, uns » dazu, so wird es manchmal als eine, manchmal als zwei Silben ausgesprochen, promisive (ohne Unterschied) doch wo das Pronomen hinten an Verbis steht, als: *hallikebbekubáu* wir haben uns gefreut — da sind es zwei Silben; so auch *hallikebbéu* wir freuen uns, in zwei Silben; item: *hallikebbéi* er freuet sich. Item bei einigen andern Wörten, als: *ląnika lumamonnuabáu* nicht *baù*, er nimmt uns wieder zu sich; die man ex usu und aus dem Wörterbuche lernen muss.

4. Endigt sich das Wort auf *u*, und es kommt das *u* « wir, uns » dazu, so setzen sie mit gelindes *w* dazwischen; als: *lussukussa lütténna abuwu* er wäscht uns mit seinem Blute.

(Marg.: die Pronomina, so hinten angehängt werden, sind:

— *de* ich, mich   — *hü* ihr, euch
— *bu* du, dich   — *je* sie (viele)
— *i* er, ihn
— *n* sie, es
— *u* wir, uns

Vor dem Worte werden sie gesetzt, z. B. bei den Particulis, als:

d-amün bei, oder: zu mir   *w-amün* bei, oder: zu uns
b-amün bei — zu dir   *h-amün* bei — zu euch
l-amün bei — zu ihm   *n-amün* bei — zu ihnen
t-amün bei — zu ihr.

Eben dasselbe ist: *damamün, bumamün, lumamün, tumamün, wamamün, humamün, namamün.*

Damün mir, an mir, bei mir
bumün dir, an dir, bei dir.
lumün ihm, an ihm, bei ihm.
tumün ihr, an ihr, bei ihr.
wamün uns, dativ, an, oder bei uns.
humün euch — an — bei euch.

namün ihnen — an — bei ihnen; und so mit den Participium durchgehends wie aus dem Wörterbüche zu ersehen ist.

§ 53. — Die Reciproca stecken durchgehends in andern Wörtern und werdern gemacht durch die Endungen: *-wa, -oa, -urua* für *uria, -monnua* für *mün, -adi* (Marg.: *adiwa* für *adi*), z. B. *lumalitabúka lüssikoawa* er macht sein (eigen) Haus. Wenn es nicht reciproc steht, heisst es nur *lüssiqua; luonnaka lumáwai;* er nimmt ihn mit sich (sonst heisst *lumai* mit ihm).

Luónnaka lumáwan (für *luman*) er nimmt sie oder es mit sich.

Lumün ihn, für ihn; reciproce: *lumonnua* für sich; *lannika lumonnua-ù* er nimmt uns für sich.

Lamün zu, oder: bei ihm; *lamonnua* bei sich selbst.

Lirekeda lúmonnuaù (für *lumünniù*) er bewahrt uns für sich.

Líbiti zu ihm; *libitiwa* zu sich selbst; *danda líbiti* ich komme zu ihm; *landikitta libitiwaù* er lasst uns zu ihm, zu sich kommen.

Lumamünnira zu ihm, zuwärts; *lumamonnŭrua* zu sich selbst hinzu; *wakunna lumamünniru hallikebbehi abu wamonnua* wir gehen zu ihm mit Freuden.

(Nota. — Da ist *wamonnua* bei uns selbst, das Reciprocum für *wamün*).

Lujúruka lumamonnuruaù er zieht uns zu sich.

Dakuburukku in mir, in meinem Inwendigen; *dakuburukkuádi* in mir selbst; *karrikán dakuburukku* es thut mir weh in meinem Inwendigen; *koaréda dakuburukkuadi kia ukunamün* ich denke in meinen Inwendigen daran.

Danakuburukkumün heisst ebendasselbe; recipr. *dakuburukkuamonnua*.

Laditta lukuburúkkumün kia ukunamün er weiss in seinem Inwendigen davon, hat ein Gefühl davon.

Daditta dakuburukkuamonnua kia ukunnamün ich habe in meinem Inwendigen ein Gefühl davon.

Lukùnna an ihm, *lukúnnawa* an sich selbst; *bussika kimissa lukùnna* mach ihm einen Lappen um; *lukùnnamün* von ihm, *lukúnamonnua* von sich selbst; *lissika kimissa lukúnnawa* er macht sich einen Lappen um; *dahakaka bumün lukúnnamün* ich sage dir von ihm; *lahakáka wamün lukunnamonnua* er sagt uns von sich selbst.

(Marg.: *ullúkku* in, *ullúkkua* reciproce; daher *lansika lullua ullúkkuadè; ullukkumün* in, hinein, *ullukkuamonnua* reciproce; *daditta dallukkuamonnua kia ukunnamün* ich weiss, habe in meinem Inwendig, ein Gefühl davon:

Dadiaku auf mich, *dadiakoa* auf mich selbst; *lissika lükkabbu dadiáku* er legt seine Hand auf mich; *dassika kòamahü dadiákoa* ich setze mir Mütze auf; *valliküssa nassiwa* (für *nassi*) sie schütteln ihre (eigene) Haüpter.

Ládi über ihn, *láwadiwa* über ihn selbst; *bussika kimissa ladi* schlag einen Lappen, über ihn (z. B. vor der Sonnenhitze); *bussika kimissa báwadiwa* schlage dir einen Lappen über deinen Kopf; *hiäru abúledán adda táwadiwa* das Weib hat ein Holz auf sich geworfen.

Daüria von mir, *daúrua* von mir selbst; *tüiboa daüria* er lässt nach von mir; *däüba däüruan* ich lasse es von mir; *tubúledoa daüria* es ist verloren gegangen (von mir); *dabúleda daúruan* ich habe es von mir geworfen.

Observ. — Wie das Reciprocum in den Verbis formirt wird, davon unten; woselbst auch die irregulären: *dikissitudáwa, lujulattoa, lanssiwa*, etc., vorkommen.

(Marg. *ladiwáku* auf ihn, *ladiwákoa* auf sich selbst; *ladiákumün* auf ihm, *ladiwákoamonnua* auf sich selbst.

Lussónnuka lüttennawa wamün (für *lüttenna*) er vergoss sein Blut für uns; *lakkülleka ladennawa wibiti* (für *ladenna*) er streckt seinen Arm nach uns aus.

Sectio II

Von den Verbis.

§ 54. — Wie ihre Verba theils von Substantivis, theils von einander abgeleitet werden, ist aus Exempeln am besten zu ersehen (Regeln würden es nicht deutlich machen), daher es im Wörterbuche fleissig angemerkt ist. *A* oder *ka* manchmal auch ein ander Buchstabe wird vorgesetzt und die Terminatio verbi hinten; als *lana*, eine gewisse schwartze Farbe, *a-lana-ttún* damit färben, *a-lana-ttúnnua* sich selbst damit färben, *a-lana-ttukuttún* damit färben lassen, *a-llana-ttukuttunnua* damit gefärbt werden.

So machen sie auch Verba von Particulis, von *amün* « bei » kommt *kamünin* haben, *damünikan* es ist bei mir, ich habe es.

§ 55. — Ihre Verba endigen sich in Infinitivo auf *in*, *ün*, *un*, *án*, *an*, *unnua*, *ên* und *ûn*; auf *in*, *ün*, *un*, *án* endigen sich die Transitiva (excipe *hadubuttin* schwitzen) und zwar auf *in*, *ün* oder *un*, wenn das Object dabei ausgedrückt ist, z. B. *dassukupan kabbéja* ich will einen Thuyn kappen, von *assukun*, aber: *dassukapa* ich will kappen, von *assukán*; *dáijukupan kuddibin* ich will einen Vogel schiessen, von *aijukán*; *assimakünniabba* einen rufen, *assimikán* schreien, rufen.

Doch manche brauchen beide Arten ohne Unterschied, insonderheit bei einigen Wörtern, z. B. *amaroadün kuddibin* und *amaroadán kuddibin* einen Vogel mit dem hölzernen Pfeile schiessen; *damaroadüpa kuddibin*, und *damaroadápa kuddibin*; doch will man reden ohne das Object auszurücken, so braucht man allezeit die formam Verbi auf *án*, als: Ich will mit den hölzernen Pfeilen schiessen (ohne Beisetzung des Objectes) heisst allezeit: *damároadápa* und nicht *damároadüpa*.

§ 56. — Auf *unnua* endigen sich die Neutra und Passiva, als: *assukün* kappen, *assukúnnua* sich selbst kappen, *assukuttunnua* gekapt werden; *assukussun* waschen, *assukussunnua* sich selbst waschen, *assukussukuttúnnua* gewaschen werden; *ibittin adda* einen Baum brennen, *ibittikittunnua* gebrannt werden; *ardin* beissen, *ardunnua* sich selbst beissen, *ardikittunnua* gebissen werden.

§ 57. — Die Verba auf *ên* sind theils transitiva, als *káttikebên* stehlen, theils intransitiva, als *iríbên* unrein sein, *haúlên* schlecht sein, *hallikebbên* fröhlich sein, und von dieser letzten Art sind die meisten.

§ 58. — Verschiedene Verba endigen sich noch auf *ûn*, als: *malikûn* können, und machen eine eigene Classe aus.

§ 59. — Alle ihre Verba können in eine Form gegossen werden, die der Conjugation Hiphil ratione significatus correspondirt; und davon wird das Passivum gemacht auf die Weise:

Amalitin machen, *amalitikittin* machen lassen, *amalitikittúnnua* gemacht werden.

Assimakin rufen, *assimakittin* rufen lassen, *assimakittúnnua* gerufen werden.

Akúnnun gehen, *akunnukuttun* gehen machen, *akunnukuttunnua* gehen gemacht werden, zum gehen vermacht werden.

Assukussun waschen, *assukússukuttun* waschen lassen, *assukussukuttunnua* gewascht werden.

Andin kommen, *andikittin* kommen lassen, *andikittunnua* kommen gemacht werden.

Assikân gehorsam sein, *assikakuttun* gehorsam machen, *assikakuttunnua* zum Gehorsam gebracht werden, gehorsam gemacht werden.

§ 60. — Also (um kurz nebeneinander gesetzt zu sehen) werden ihre Verba ordinaria auf die Weise auseinander hergeleitet:

Ardin beissen, *ardunnua* sich selbst beissen; *elónti árdoa* das Kind beisst sich selbst; *ardikittin* beissen lassen, *lihi ardikitta peru umúni elónti* der lässt das Kind von einem Hunde beissen; *ardikittúnnua* gebissen werden, *elónti ardikittoa* das Kind wird gebissen.

Assukun kappen (etwas); und: *assukân*, wenn das Object nicht ausgedrückt ist; *assukúnnua* sich selbst kappen, *assukuttun* kappen lassen, *assukuttunnua* gekappt werden.

Assukussun waschen; und: *assukussán*, wenn das Object nicht ausgedrückt ist; (doch sagen sie auch, *lussukussakan nakutti* er wäscht ihre Füsse); *assukussunna* sich selbst waschen; *assukussukuttún* waschen lassen, *lussukussukutta lüttenna abuwù* er lässt uns mit seinem Blute waschen; *assukussukuttunnua* gewacht werden.

Observ. — Im Wörterbuche stehen die Primitiva und Derivata bei einander, und sind Exempel genug davon da.

§ 61. — Die Pronomina werden bei den Verbis gebraucht just so wie bei den Nominibus nach § 12 und § 13; sie werden den meisten Verbis vorgesetzt, nämlich ordinair denen, die sich vom Vocali anfangen (marg.: da dann der Consonanz wegfallt), auch einige vom Consonanz anfangende; einigen aber nachgesetzt, nämlich den meisten die sich vom Consonanz und vom *h* anfangen; auch manche vom Vocali, zumal solchen die sich auf *en* oder *ân* endigen, z. B.:

Aijaháddin wandeln, *d-aijahadda* ich wandle.
Kanisin lieben, *d-ansika* ich liebe.
Kattikebên stehlen, *kattikebé-de* ich stehle.
Hadubuttin schwitzen, *hadubúttika-de* ich schwitze.
Iribên unrein sein, *iribe-de* ich bin unrein.
Jibarrán zurückbleiben, *jibarrá-de* ich bleibe zurück.

Anlangend den Vokalem, der auf das eine Verbe gesetzte

Pronomen unmittelbar folgt, so gilt auch hier davon was oben angemerkt ist (§ 19), nämlich: auf *b, t, l* und *h* folgt gemeiniglich *u* oder *ü*, auf *d, w,* und *n* aber *a;* z. B.

daijahadda	*dáttubadda*
büjahadda	*búttubadda*
lijahadda	*lúttubadda*
tüjahadda	*túttubadda*
waijahadda	*wáttubadda*
hüjahadda	*húttubadda*
naijahadda	*náttubadda.*

Andere Verba haben durgehends *a;* z. B. *akân* waschen, *dakáka, bakáka, lakáka, takáka, wakáka, hakáka, nakáka.*
Man muss es aber ex usu lernen.

§ 62. — Die Pronomina, die den Verbis nachgesetzt werden, sind entweder die § 52 angezeigten, nämlich: *de* ich, *bü* du, *i* er, *n* sie, *u* wir, *hü* ihr, *je* sie.

Z. B. *hallikebbên* sich freuen, *hallikebbé-bü* du freuest dich, *hallikebbé-i* er freuet sich, *hallikebbé-u* wir freuen uns, *hallikebbé-hü* ihr freuet euch, *hallikebbé-je* sie freuen sich.

Oder nachfolgende Forma:
Da ich; *ba* du; *la* er; *ta* sie, es; *wa* wir; *ha* ihr; *na* sie.

Z. B. *majaúquan, majaúquaman* bleiben; *majaúqua-da* ich bleibe; *majaúqua-ba, majaúqua-la,* etc.

Erstere Forma ist am gebräuchlichsten bei den Verbis, die sich auf *ên, án, in* endigen, auch überhaupt denen vom Vocali anfangenden.

Letztere Forma aber bei denen wo das *m* negativum vorgesetzt wird; doch hat es in beiden Fällen Ausnahmen, und lässt sich am besten ex usu und aus dem Wörterbuche lernen.

§ 63. — Ihre Verba haben: 1° 1 Praesens; 2° 3 Preterita; 3° 1 Futurum; ingleichen 4 Modos, indicativum und oblativum, der zugleich statt des Conjunctivum gebraucht wird, Infinitivum et Imperativum. Infinitivum ist Radix des Wortes; gemeiniglich wird terminatio infinitivi verändert in *a,* so hat man das Praesens: z. B. *aijahäddin* wandeln, *daijahadda* ich wandle — in *bi,* so hat man das Praeteritum 1; *daijahaddi-bi* ich habe heute gewandelt — in *buna* oder *bůna,* so hat man Praeteritum 2; *daijahaddi-buna* ich habe gestern oder vorgestern gewandelt.

Zum Praesenti *-kuba* gesetzt, so hat man Praeteritum 3, *daijahadda-kuba* ich habe vorlängst gewandelt. *N* infinitivi in *pa* verwandelt, so hat man das Futurum: *daijahaddi-pa*.

N. 1. — *Kuba* wird manchmal überflüssig gesetzt, manchmal auch statt des Praet. 1 oder 2, als: *dandakuba* ich komme, oder bin gekommen, ohne Unterschied der Zeit.

N. 2. — Statt *pa* futuri ist *mappa* in einigen Worten, z. B. die sich vom *m* negativo anfangen.

Die Worte auf *unnua, ên, ân*, und noch andere, haben eine andere Art zur Formirung der Temporum; davon unten.

§ 64. — Ihre Verba sind theils regularia, deren Veränderungen sich unter gewisse Regeln bringen lassen; theils irregularia, die in ihren Veränderungen abweichen; von erstern wird gehandelt § 65, von letzten § (?).

Und wiederum von erstern, wenn sie allein stehen, ohne mit andern Wörtern zusammengesetzt zu werden in §§ 67-93, und wenn sie mit andern Wörtern combinirt sind; z. B. dem *m* negativo, *rubuûn*, etc., in §§ 93-117.

§ 65. — Die Verba regularia kann man zugleich unter 5 Classen ordnen; d. i. fünf Conjugationen davon machen.

1º Zur ersten gehören die Verba, die sich in Infinitivo auf *in, ün* und *ùn* endigen, als *aijahaddin* gehen, wandeln, *áttubaddun* untertauchen, *assonnukùn* ausschütten.

2º Zur zweiten Classe gehören die auf *ân*, als *aijahaddán* Cassabi Wurzel herausnehmen, *aijukân* jagen, *assukán* kappen.

3º Zur dritten Classe gehören die auf *unnua*, als *aijuhudunua* hangen.

4º Zur vierten Classe die auf *ên*, als *hallikebbên* sich freuen; *haulên* schief, krumm sein; *iribên* unrein sein; *kattikebbên* stehlen.

5º Zur fünften Classe gehören diejenigen Verba die im Praesenti das Verbum auxiliare *ka* (bei) annehmen, sonst aber regulair gemacht werden; als: von *kakün* leben, *kákuka-de* ich lebe; von *hadubuttin* schwitzen, *hadubúttika-de* ich schwitze; *kanissin* lieben, *dansika* ich liebe.

Observation 1. — Von dieser fünften Classe setzen die meisten Verba, von der vierten Classe aber vermuthlich alle, das Pronomen hintenan.

Observation 2. — Es hat noch eine sechsten Classe solcher Wörter die sich im Infinitivo auf *àn* endigen; gehören aber die meisten schon zu der mit andern Wörten componirten.

§ 66. — Die Verba auf *in, ün, un* kann man zugleich in eine Classe setzen, dann es ist nur der Unterschied, dass jedesmal das *i, ü* und *u* vor dem *n* in Infinito behalten wird vor den terminationibus temporum, *bí, buna, kuba, pa*, etc., z. B.

Von *aijahaddin* gehen, *daijaháddipa* ich wil wandeln; von *áttubaddün* untertauchen, *dáttubáddüpa* ich will untertauchen; von *assónukun* ausschütten, *dassonnukupa* ich will ausschütten.

§ 67. — Zum Exempel von der ersten Classe, und zwar wo das Pronomen vorn steht, wollen wir also hersetzen; *Aijahaddin* gehen.

PRAESENS.

Wenn ein Verbum von gegenwärtiger Zeit redet.

INDICATIVUS.

Wenn man auf gewisse determinirte Art redet.
Sing. *daijahádda* ich wandle. Pl. *waijahádda* wir wandeln.
   büjahádda du   *hüjahádda* ihr
{ *lijahádda* er
  tüjahádda sie   *naijahádda* sie

OPTATIVUS.

Wenn man wunscheweise redet.
Sing. 1. *daijahaddáma* oder   Pl. *waijahaddáma* oder
     daijahaddínnika   *waijahaddínnika*
  2. *büjahaddáma* oder   *hüjahaddáma* oder
     büjahaddínnika   *hüjahaddinnika*
  3. *lijahaddáma* oder   *naijahaddáma* oder
     lijahaddínnika   *naijahaddínnika*
  3. *tüjahaddáma* oder
     tüjahaddínnika.

PRAETERITUM.

Wenn man von vergangener Zeit redet.

I. — Von heute.

INDICATIVUS.

Sing. *daijaháddibi* ich bin heute ge-   Pl. *waijaháddibi*
    gangen, gewandelt.
    büjaháddibi   *hüjaháddibi*
    { *lijahdádibi*   *naijaháddibi*
    { *tüjaháddibi*

OPTATIVUS.

Sing. *daijahaddínnikäbima* ich   Pl. *waijahaddínnikäbima*
    möchte, würde heute
    gewandelt haben.
    büjahaddínnikäbima   *hüjahaddínnikäbima*
    lijahaddínnikäbima   *naijahaddínnikäbima*
    tüjahaddínnikäbima

II. — Von gestern oder vorgestern.

INDICATIVUS.

Sing. *daijahádibüna* ich habe gestern   Pl. *waijaháddibüna*
    oder vorgestern gewandelt.
    büjaháddibüna   *hüjaháddibüna*
    { *lijaháddibüna*   *naijaháddibüna*
    { *tüjaháddibüna*

OPTATIVUS.

Sing. *daijahaddinbünáma* ich würde   Pl. *waijahaddinbünáma*
    gestern oder vorgestern ge-
    wandelt haben.
    büjahaddinbünáma   *hüjahaddinbünáma*
    { *lijahaddinbünáma*   *naijahaddinbünáma*
    { *tüjahaddinbünáma*

III. — Von länger vergangener Zeit.

INDICATIVUS.

Sing. *daijaháddakuba* ich habe vor-   Pl. *waijaháddakuba*
    längst gewandelt.
    büjaháddakuba   *hüjaháddakuba*
    { *lijaháddakuba*   *naijaháddakuba*
    { *tüjaháddakuba*

OPTATIVUS.

Sing. *daijahaddinnikubáma* ich würde vorlängtst gewandelt haben.
bűjahaddinnikubáma
{ *lijahaddinnikubáma*
{ *tüjahaddinnikubáma*

Pl. *waijahaddinnikubáma*
hüjahaddinnikubáma
naijahaddinnikubáma

FUTURUM.

Wenn ein Verbum von der künftigen Zeit redet.

INDICATIVUS.

Sing. *daijaháddipa* ich werde wandeln.
bűjaháddipa
{ *lijaháddipa*
{ *tüjaháddipa*

Pl. *waijaháddipa*
hüjaháddipa
naijaháddipa

IMPERATIVUS.

Sing. 2. *bűjahaddáte* oder *bűjahaddâlte* wandle du

Pl. *hüjahaddáte* oder *hüjahaddâlte* wandelt ihr *naijahaddáte* sie sollen wandeln *waijahaddáli* lasst uns wandeln.

INFINITIVUS.

Wenn man auf unbestimmte Weise redet ohne einigen Umstand zu determiniren.
Praesens. *aijahaddin* wandeln.
Praeteritum I. *aijahaddinnibi* heute gewandelt haben.
II. *aijahaddinnibuna* gestern gewandelt haben.
III. *aijahaddinnikuba* vorlängst gewandelt haben.
Futurum. *aijahaddinnipa* wandeln werden.
Gerund. *aijahaddínti* oder
aijahaddínte ingleichen.
aijahaddinnibia um zu wandeln.

Observation. — Von diesen kommt her:
Sing. *aijahaddinnibiakubáma* mögen oder sollen gewandelt haben.
daijahaddinnibiakubáma ich hätte sollen, mögen, würde gewandelt haben.
büjahaddinnibiakubáma Pl. *waijahaddinnibiakubáma*
{ *lijahaddinnibiakubáma*   *hüjahaddinnibiakubáma*
{ *tüjahaddinnibiakubáma*   *naijahaddinnibiakubáma*.
Substantivum (eigentlich) *aijahaddahü*.

PARTICIPIUM PRAESENS.

Sing. *aijahádditi* ein Wandelnder
Sing. *aijahádditu* eine wandelnde
Plur. *aijahádditi* mehrere wandelnde, ohne Unterschied des Geschlechts.

Observation. — Eine andere Forma participii ist:
Sing. *aijahaddahálin* einer der da wandelt.
Plur. *aijahaddahalinínu* mehrere die da wandeln.
Sing. *aijahaddáru* eine wandelnde Frauensperson, oder etwas wandelndes.
Plur. *aijahaddánu*, *aijahadánute* mehrere die da wandeln ohne Unterschied des Geschlechts.

PARTICIPIUM PRAETERITUM.

I. *aijahádditíbi* einer der heute gewandelt hat
aijahádditúbi oder *aijaháddahittibiru* eine die...
aljahádditíkilli welcher wandelt, der da wandelt.
namaqua aijáhadditikillinu alle die da wandeln.
II. *aijahadditíbuna* einer der gestern oder vorgestern gewandelt hat.
aijahadditúbuna eine die...
aijahaddahittibunaru die gestern gern gewandel hätte.
III. *aijahadditíkuba* einer der vorlängst gewandelt hat.
aijahadditúkuba eine die...
aijahaddakubáli einer der vorlängst gewandelt hat.
aijahaddakubáru eine die...

PARTICIPIUM FUTURUM.

aijahádditipa der wandeln wird.

Observation. — Wäre *aijahaddiñ* ein transitivum, so könnte man sagen: *aijaháddahüssia* gewandelt, wie *addika-hüssia* gesehen.

Nota (Marg.) — Eine Probe von den Participiis 1, II anzugeben, wie sie von allen Verben formirt werden können: *Abba wadili aputtükidirubumúttibuna wäuria* eine Mannsperson die gestern von uns gegangen ist; *hiaeru aputtükidibunáru wäuria* eine Frauensperson die gestern von uns gegangen ist; *namaqua wadilinu aputtükidebérumuttibuna wäuria* alle Mannsleute die gestern von uns gegangen sind; *namaqua hiaerunu aputtükidibunánu wäuria* alle Weibspersonen die gestern von uns gegangen sind; *wadili aputtükidirubumúttibi wäuria* eine Mannsperson die heute von uns gegangen; *hiaeru aputtükidirubumúttubi wäuria* eine Weibsperson die...; *wadilinu aputtükideberubumúttibi* alle Mannsleute die...; *namaqua hiaerunu aputtükideberumúttubi* alle Weibsleute die...

§ 68. — Diesem Muster sind noch einige Anordnungen beizufügen.

1º Die Arawacken verändern die Verba noch auf andere Weise, da steht aber im Grunde schon ein Wort mit darin.

    aijahaddaruka
    daijahaddáruka als ich wandelte
    büjahaddáruka als...

Der Bedeutung nach ist eben soviel:
    aijahadda dánika als ich wandelte
    aijahadda bánika als du wandeltest
    aijahadda lánika als er wandelte
    aijahadda tánika, aijahada wánika, etc.

2º Soviel von diesen Worten transitiva sind, die formiren von dem participiis in *hüssia*, contracte *üssia* oder *issia*, noch eine eigene Form von Conjugation, worin zugleich das Relativum steht, als von:

    áddikahüssia was gesehen wird

Praesens: *tumaqua daddikîssia* das alles was ich sehe
    tumaqua baddikîssia das alles was du siehest
    tumaqua laddikîssia das alles was er sieht
    tumaqua waddikîssia das alles was wir sehen
    namaquá waddikîssiánu alle die wir sehen.

(Marg.) Diese Adjectiva werden wohl von Verbis formirt,

die nicht transitiva sind, z. B. von *andin* kommen, *akunnun* gehen; *likia dandîssia abu* der mit dem ich komme; *kuljara dakunnûssia abu* der Corjar womit ich gehe.

Praeteritum: *túmaqua daddikîssiäbi* das alles was ich heute gesehen habe

túmaqua daddikîssiábuna das alles was ich gestern...

túmaqua daddikîssiákuba das alles was ich vorlängst...

Futurum: *túmaqua daddikîssiapa* das alles was ich sehen werde

namaqua daddikîssianupa alle die ich sehen werde.

3° Wenn man von diesem Verbo ein anderes herleitet auf die § 59 angezeigte Weise, z. B. *aijahaddin, aijahaddikitin* wandeln machen, so kann dieses neue Wort durch alle die in §§ 67 und 68 angezeigte Veränderungen durchgeführt werden.

Nota. — Exempel von der ersten Classe auf *in* sind noch:

Aün weinen; *amalitin* machen; *a, adittin* wissen; *u, abállin* vorübergehen; *u, abúlidin* mahlen, schreiben; *u, ü, apússitin* losmachen; *u, adirikin* balbiren; *ü, aidin* umgürten; *ü, aükin* in das Fahrzeug steigen; *ü, akállemettin* anzünden; *u, ákuidin* spucken; *u, amamonaikadin* reich machen; *a, andin* kommen; *a, annikidin* in die Höhe heben; *u, aüjin* abpflücken; *a, árdin* beissen; *u, assikin* geben, legen; *u, áttikin* graben; *áijaontin* kaufen, bezahlen; *a, addikin* sehen; *u, abáltin* sitzen; *u, abúledin* wegwerfen; *abulehedin* werfen, schwantzen; *u, abúdidin* Fische angeln; *a, ádibaldin* berbekutten; *a, adumkin* schlafen; *áialidin* vergiften mit Giftholz; *aükittin* ins Fahrzeug steigen machen, hineinbringen; *ibittin* brennen; *u, állihütin* schmieren; *u, amantin* schleiffen; *a, ándikittin* kommen machen; *aohüntin* pflanzen; *u, aputtúkidin* hervorgehen; *a, aridin* nennen; *u, attin* trinken; *ibbehikin* bogairen.

§ 69. — Das zweite Exempel von der ersten Classe mag sein: *attubaddun* untertauchen; es wird durchgehends gemacht wie *aijahaddin*, nur dass hier statt *i* von der Terminatio temporum *u* ist, weil der Infinitivus sich nicht auf *in*, sondern *un* endigt.

Praesens.   *dattubadda* ich tauche unter, *búttubadda*, etc.
Praet. I.   *dattubáddübi* ich habe heute untergetaucht;
               luttu..., er hat...
Praet. II.   *dattubáddübüna; buttu...; luttu...; tuttu...;*
               wattu..., etc.
Praet. III.   *dattubáddakuba; buttu...*, etc.
Futurum.   *dattubáddüpa; buttu...*, etc.
Imperativus.   *buttubaddáte* oder *buttubaddálte* tauche du
               unter.
               huttubaddáte oder *huttubáddalte* taucht ihr
               unter.
               nattubáddalte sie sollen untertauchen.
                   INFINITIVUS (ist etwas unterschieden).
Praesens.   *attubaddün* untertauchen
Praet. I.   *attubadnúnnibi* heute untergetaucht haben
Praet. II.   *attubaddünnibüna* gestern...
Praet. III.   *attubaddünnikuba* vorlängst...
Futurum.   *attubaddünnipa* untertauchen werden
Gerundium.   *attubaddünti* um unterzutauchen, *attubaddú-*
               nnibia id.
Participium *attubaddúti* einer der untertaucht.

So auch alle die folgenden Participia, die oben § 67 nachzusehen.

Observation. — Einige Verba in *ün* weichen von dieser Formation hie und da etwas ab, z. B. *adínamün* stehen, hat in Futuro *dadinamúpa*.

Von *ahákubün* Athem holen, ruhen, *dahakubupa;* von *akánábün* hören, *dakanabúpa*.

Nota. — Exempel von der ersten Classe auf *ün*: *áijabudün* braten; *ü*, *ahurkedün* zusammenbringen; *a*, *akkudün* wegjagen; *u*, *abúrükün* schlagen; *u*, *adállidün* springen; *ü*, *üüssadün* gut, gesund machen; *u*, *apárrün* tödten; *ü*, *aijakattün* verstecken; *ü*, *akáküttün* lebendig machen; *ü*, *akárridün* zerbrechen; *u*, *ü*, *akkárküdün* flechten; *ahúladün* durchbohren; *abbunün* pflanzen; *u*, *apattadün* Backenstreiche geben; *a*, *attüdün* entlaufen; *ü*, *apárradün* Holz kappen; *ü*, *diaradün* Krallen machen; *ü*, *aibün* lassen, unterlassen; *u*, *akártün* begraben; *ü*, *akkábbatün* salzen; *a*, *akikúllekün* ausstreuen; *a*, *akkúrrün* binden; *a*, *akündün* scheinen; *u*, *attiadün* durchstechen; *aijakunudttiadün* durchstechen durch und durch; *a*, *aküttün* stossen; *u*, *akuláttün* klopfen.

§ 70. — Das dritte Exempel von der ersten Classe ist: *assonnukun* ausschütten; hier statt *i* vor der Terminatio temporum *u* steht, weil der Infinitivus sich nicht auf *in* sondern auf *un* endigt.

Praes. Ind. *dassónnuka; bussó...; lussó...; tussó... wassó...; hussó...; nassó...*
Praes. Optat. *dassónnukáma* oder *dassónnukünika*.
Praet. I. *dassónnukubi*.
Praet. II. *dassonnukubüna*.
Praet. III. *dassónnukakuba*.
Futurum. *dassónnukupa*.
Imperativus. *bussónnukálte* schütte aus.

INFINITIVUS.

Praesens.	*assonnukun*
Praeteritum I.	*assónnukunnibi*
Praeteritum II.	*assónnukunnibuna*
Praeteritum III.	*assónnukunnikuba*
Futurum.	*assónnukunnipa*
Gerund.	*assónnukúnti, assónnukúnibia*
Participia: Praes.	*assónnukuti*
Praeteritum I.	*assónnukutibi*
Praeteritum II.	*assónnukutíbuna*
Praeteritum III.	*assónnukutikuba; kia túmaqua dassónnu- kússia* (von *assonnukun*) das alles was ich verschütte.

Nota. — Exempel von der ersten Classe auf *un* sind: *aijakussùn* auslöschen; *abukuttún* fassen; *addurhùn* flechten; *akuttùn* essen; *aijurukùn* führen; *arurutùn* kothig machen; *abukùn* kochen; *adukuttún* zeigen; *ássukun* kappen; *akúnnun* gehen; *akuldùn* mit Wasser erweichen; *amordun* fliegen; *arrussuttùn* aufbauen; *assudùn* die Haut abschaben; *assukussùn* waschen; *apújuttùn* belasten; *assúrkudun* sipern; *attúkudun* herabsteigen; *atúlludun* aufthun; *atturrudun* niederliegen; *aijukun* schiessen; *assurtùn* saugen; *attúndun* husten; *attukun* essen mit saugen.

Observation. — Einige von den Verbis in *un* haben das *u* lang, und das bekommt dann immer den Ton z. B. *akudùn* sterben, *dahúda* ich sterbe: *lahúdubi* er ist heute gestorben; *dahúdupa* ich werde sterben; *ahudúti* ein sterbender.

§. 71. — Bei den Verbis von der zweiten Classe, die sich im Infinitivo auf *án* endigen, ist nun nichts besonderes mehr zu bemerken, als dass sie vor der terminatione temporum ein langes *a* haben, wie aus folgenden Paradigmate zu ersehen; nur der Optativus wird etwas anders formit, als in den Verbis von der ersten Classe.

Damit der Unterschied desto deutlicher werde, kann man gegen *aijaháddin, aijaháddán* setzen; man kann das Objectivum *kalli* jedesmal dazu setzen, oder auch auslassen; die Arawacken reden an beiderlei Art.

Aijahaddán Cassabi Wurzeln ausgraben.

		SINGULAR.	PLURAL.
Praesens.	Indic.	daijahádda	waijaháda
		büjahádda	hüjahádda
		lijahádda	naijahádda
		tujahádda	
Praesens.	Optat.	daijahaddákuma	waijahaddákuma
		büjahaddákuma	hüjahaddákuma
		lijahaddákuma	naijahaddákuma
		tüjahaddákuma	
Praet. I.	Indic.	daijahaddábi	waijahaddábi
		büjahaddábi	hüjahaddábi
		lijahaddábi	naijahaddabi
		tujahaddábi	
Optativus.		daijahaddánibima	waijahaddánibima
		büjahaddánibima	hüjahaddánibima
Praet. II.	Indic.	daijahaddábüna	waijahaddábüna
	Optat.	daijahaddánikabü-náma	waijahaddánikabü-náma
Praet. III.	Indic.	daijahaddákuba	waijahaddákuba
	Optat.	daijahaddánikubáma	waijahddánikubáma
Futurum.		daijahaddápa	waijahaddápa
Imperativum.		büjahaddate oder büjahaddalte	
		hüjahaddate oder hüjahaddalte	
		naijahaddalte sie sollen...	

INFINITIVUS.

Praesens. *aijahaddán* Cassabi trecken
Praet. I. *aijahaddánnibi* heute getrocken haben
Praet. II. *aijahaddánibüna* gestern...

Praet. III. *aijahaddánikuba* vorlängst...
Futurum. *aijahaddánipa* trocken werden.
Gerund. *aijahaddánte, aijahaddánti, aijahaddánibia*
daijahaddánibiabüna ich hätte Zeit, etc.
daijahaddánibiabünáma ich hätte gestern trecken sollen
daijahaddánibiakubáma ich hätte vorlängst...
Substant. *aijahaddahü* das trecken das Cassabi.

PARTICIPIUM.

Praesens. *aijahaddáti* einer der Cassabi treckt; id., mehrere solche
aijahaddátikilli der Cassabi treckt
aijaháddahalin der welcher...
aijahaddahalinína die welche...
Praet. I. *aijaháddatíbi* einer der heute...; id. mehrere solche
aijahaddatúbi eine die heute...
aijaháddahibíru was heute getrocken ist
Praet. II. *aijaháddatíbüna*
Praet. III. *aijahaddatíkuba*
Futurum. *aijahaddatípa*

Observation I. — Hier sind noch folgende Participia passiva zu bemerken.

Aijahaddahüssia getrocken; *kia kalli aijahaddahükurru atenénnua* der Cassabi der anfangs getrocken wird, oder getrocken werden; *kia kalli aijaháddahibünáru* das Brod das gestern getrocken ist; *kia kalli aijaháddakükubáru* das Brod das vorlängst...; *aijahaddáku* getrocken; manchmal auch so viel als zu trecken ».

Observation II. — Was § 68, von der ersten Classe bemerckt ist, gilt hier auch:

kia kalli daijahadássia das Brod das ich trecke
kia kalli büjahaddássiäbi das Brod das du heute getrocken hast
kia kalli lijahaddássiábüna das Brod das er gestern...
kia kalli waijahaddássiákuba das Brod das wir vorlängst
kia kalli hüjahaddássiápa das Brod das ihr trecken werdet.

§ 72. — Diese zweite Classe hat noch eine eigene Ar von tempore, das fast instar omnium ist; sie setzen zum

Presenti, z. B. *daijahádda*, noch *ka* hinzu so heisst es *daijahaddáka*; und das brauchen sie statt des Presentis und allen drei Praeteritorum: *waijahaddákan wakálle* wir trecken unsern Cassabi; *danukebe daijahaddákan dakalle* ich habe heute meinen Cassabi getrocken; *miake lijahaddákan lakalle* er hat gestern seinen Cassabi getrocken; *wakilli lijahaddákan*, etc.

Observation. — Und die aparte Formation mit *ka* ist bei diesen Verbis in *an* so gewöhnlich, dass von vielen, wo nicht gar den meisten, kein anderes Praesens gebräuchlich ist, z. B. *dahakáka* ich sage (*dahaka* ist gar nicht gewöhnlich ausser im Imperativum *bahakà* sage du); *dadiáka* ich rede; *daddikáka* ich besuche; *daonabaka* ich antworte; *dassikaka* ich bin gehorsam; *dassáka* ich nenne.

§ 73. — Exempel von dieser zweiten Classe sind: *ahakán* sagen; *adián* reden; *addikán* besuchen; *aijukán* jagen; *u, assukán* kappen; *o, aollassan* spalten; *o, aonnabán* antworten; *u, aparrán* schlagen; *u, apurissán* die Haut abschaben; *anssan* reiben; *u, assukussán* waschen; *u, ahuladán* durchlöchern; *ü, aümahán* feindselig traktiren; *u, aijukarrán* verkaufen; *akán* sich waschen; *ü, akarridán* brechen; *akánabán* hören; *u, akartán* begraben; *akkudán* weben; *u, akkurán* backen; *u, assán* nennen; *assikán* gehorsam sein; *u, assián* fischen mit einem Korb; *u, amúllidán* belügen; *ü, aükán* heirathen; *u, áddurán* flechten; *addakán* Wasser lassen; *ikkián* seine Nothdurft verrichten; *assakkadán* begegnen; *assinán* verirren; *ákuikittán* zurückkehren; *u, ákujabuán* bitten; *u, állukkudán* austheilen; *ü, alámmadán* wackeln (*alámmatammadin* hie und her wackeln); *u, amálikuttán* lehren; *u, amalikúttuán* lernen; *u, amantán* schleifen; *u, amároadán* mit dem hölzernen Pfeil schiessen; *annakán* umfassen; *u. attikahán* ersaufen.

§ 74. — Von den Verbis der dritten Classe die sich im Infinitivus auf *unnua* endigen, wollen wir zum Muster nehmen: *aijuhudúnnua* hangen.

PRASENS.

Indicat. *daijuhúdoa, bujuhúdoa, lujuhúdoa, tuju..., waijú..., hujú...*, etc.

Optat. *daijuhudúnnuaka, buju..., luju..., tuju..., waiju..., huju..., naiju...*

PRAETERITUM I.

Indicat. *daijuhudúbi, buju..., luju...,* etc.
Optat. *daijuhudúnnuakäbi, buju..., luju...,* etc.

PRAETERITUM II.

Indicat. *daijuhudúbuna, buju...,* etc.
Optat. *daijuhudúnnuabunáma, buju,* etc.

PRAETERITUM III.

Indicat. *daijuhudoákuba, buju...,* etc.
Optat. *daijuhudúnnuakubáma, buju...,* etc.

FUTURUM.

daijuhudúpa, buju..., etc

IMPERATIVUS.

bujuhudoáte, lujuhudoáte oder *lujuhudoálte
naijuhudoálte.*

INFINITIVUS.

Praesens. *aijuhudúnnua* hangen
Praet. I. *aijuhudúnnuánibi* heute gehangen haben
Praet. II. *aijuhudúnnuanibuna* gestern...
Praet. III. *aijuhudúnnuanikuba* vorlángst...
Gerund. *aijuhudúnnuabia* oder *aijuhudúnti* um zu hangen
Futur. *aijuhudúnnuapa* hangen werden.

Nota. — Vom gerund. kommt her: *daijuhudúnnuabiapa* ich werde hangen müssen; *daijuhudúnnuabiabunama* ich hätte gestern, würde, sollen, mögen hangen; *daijuhudúnnuabiakubama* ich hätte vorlängst...
aijuhúdoahü das Hangen (ist ein substantivum).

PARTICIPIA.

Praesens. *aijuhudúti* ein Hängender, *aijuhudútu* eine Hängende
So auch: *aparükütti* einer der getödtet wird, von *aparükúttunnua*; *assukússukuttutti* einer der gewaschen wird, von *assukússukuttunnua*; *assukúti* einer der sich kappt, von *assukúnnua.*

Observation. — Man muss sich nicht befremden lassen, dass es manchmal wunderlich klingt in der Bedeutung; es ist nur ein Exempel, wie alle Wörter von dieser Art gemacht werden, z. B. ein anderes : *assukússukuttúnnua* gewaschen werden, *wassukússukuttûnti* dass wir mögen gewaschen werden, *nassukússukuttúnnuabiabunáma* sie hatten gestern würden gew. werd., *bussukússukuttúnnuabicekubáma* du hättest vorlängst würden gew. werd. i. e. würdest vorlängst gewaschen werden.

Aijuhùdoáli der da hängt; *aijuhúdoákilli* und *aijuhúdóalin* ebendasselbe

Aijuhúdoahalininu mehere die hängen.

Praet. I. *aijuhudutíbi* einer der heute gehangen hat,
   aijuhudutûbi eine die...
Praet. II. *aijuhudutíbuna* einer der gestern...
   aijuhudutúbuna eine die...
Praet. III. *aijuhudutikuba* einer der vorlängst...
   aijuhudutukuba eine die...
Fut. *aijuhudutipa* einer der hangen wird,
   aijuhúduka etwas auf hangenes, manchmal heisst es auch « aufzuhangen ».

§ 75. — Exempel von dieser Art sind noch : *abukúnnua* kochen; *abuledúnnua* verloren werden, oder sein; *aübúnnua* aufhören, nachlassen; *abulidúnnua* sich bemalen; *adittunnua* sich selbst kennen; *addeledúnnua* ankern; *apussidúnna* sich selbst los machen; *adibaldikittúnnua* geberbekuttet werden; *adikillúnnua* eingewickelt werden; *ebessúnnua* blühen; *ahudukullúnnua* ums Leben gebracht werden; *ahududúnnua* sich bücken; *ahuladúnnua* durchlöchert sein; *akudúnnua* hinein gehen; *aijabudúkittúnnua* gebraten werden; *aidikittúnnua* gegürtet werden; *aijakúnnua* durchgehen; *aijakussúnnua* verlöschen; *aümattúnnua* böse, zornig sein; *aüntúnnua* siegen; *aijukunnua* sich selbst schiessen; *assukúnnua* sich selbst kappen; *ibittunnua* brennen, sich brennen; *ardúnnua* sich selbst brüsten; *aijuhudukuttahüssia* gehenkter, gehenkte, gehenktes; da setzt man aber vor : *likia*, *turreha*, etc.

§ 76. — Von den Verbis der vierten classe, die sich auf *ên* endigen und die (vermuthlich alle) das Pronomen hinten haben, mag zum Exempel dienen :

   Hállikebên sich freuen.

PRAESENS.

Indicat. Sing. *hállikebbede*　　　Pl. *hállikebbéu*
　　　　　　　hállikebbebü　　　　　*hállikebbéhü*
　　　　　　　hállikebbei　　　　　　*hállikebbéje*
　　　　　　　hállikebben
Optat. Sing. *hállikebbékumáde*　　　*hállikebbékumáu*
　　　　　　hállikebbékumábu　　　*hállikebbékumáhü*
　　　　　　hállikebbékumái　　　　*hállikebbékumáje*
　　　　　　hállikebbékumán
　Oder *hállikebbénikade*, *hállikebbénikabu*, *hállikebbénikai*, etc.

PRAETERITUM I.

Indicat. *hállikebbébide, hállikebbébibu, hállikebbebi, hállikebbébîn*, etc.

Nota. — Ein aparter Optativus ist davon nicht gebräuchlich; man kann aber auch den Optativus Praesenti dafür brauchen.

PRAETERITUM II.

Indicat. *hallikebbédúnade, hállikebbébúnabu, hallikebbébúnai*, etc.
Optat. *hallikebbéwabünikáde, hallikebbéwabünikábu*, etc.

PRAETERITUM III.

Indicat. *hallikebbékubáde, hallikebbékubáhu, hallikebbékubái*, etc.
Optat. *hallikebbékubámade, hallikebbékubámabu*, etc.

FUTURUM.

hallikebbépade, hallikebbépabu, hallikebbépai, etc.

IMPERATIVUS.

hallikebbébü freue du dich, *lihi hallikébbelte* der soll sich freuen, *wahallikebbétoali* lasst uns uns freuen, *nahallikebbétoali* sie sollen sich...

Nota. — Doch kommen diese beiden letzten Wörter (der folgenden Infinitivus Gerundi) nicht von *hallikebbên* her, sondern von *ahállikebbetúnnua*, das ebendasselbe bedeutet: sich freuen (Ammerk. der Cop.: diese Nota kommt an das Ende der nachfolgenden Abtheilung der Infinitivum zu stehen.

INFITIVUS.

Praesens. *hallikebbên* sich freuen
Praet. I. *hallikebbénibi* sich heute gefreut haben
Praet. II. *hallikebbénibuna* sich gestern...
Praet. III. *hallikebbénikuba* sich vorlängst...
Gerund. *hallikebbênti, hallikebbénibia* sich zu freuen; also : *hallikebbêntiu* oder *hallikebbénibiäu* dass wir uns freuen mögen; davon kommt her: *hallikebbénibiakubámade* ich hätte mich vorlängst freuen mögen, oder würde, etc.; und so weiter in den übrigen Personen und Praeteritis, wie aus § 67 und 71 schon deutlich ist.
Futurum. *hallikebbénipa.*

PARTICIPIUM.

Praesens. *Hallikebbéti* einer der..., *hallikebbetu* eine die... Pl. *hallikebbeti*
Praet. I. *Hallikebbétibi*
Praet. II. *Hallikebbetibuna*
Praet. III. *Hallikebbetikuba.*

Observation 1. — Man muss sich nicht befremden lassen, wenn dieses Wort etwa in einer andern Form zum Vorschein kommt; dann *hallikebbên, hallikebbéwabün, hallikebbéhuábün, hallikebbemakíma; ahallikebbehúnnua* heisst alles « sich freuen », davon sie bald dies, bald jenes brauchen, z. B. *hallikebbéwabúpa-danuhu-de* ich werde mich heute freuen, von *hallikebbéwabün; hallikebbehuabúkadanuhude* ich mich heute freue, von *hallikebbehuábün; hallikebbekudanikápa* ich werde mich wieder freuen, von *hallikebbékún.*

Observation 2. — Wenn man hört: *wahallikébbe*, so ist das von *hallikebbéhi* die Freude:

dahallikébbe meine Freude
bahallikébbe deine »
lahallikébbe seine »
tahallikébbe ihre »
wahallikébbe unsere »
hahallikébbe euere »
nahallikébbe ihre »

§ 77. — Die meisten von diesen Verbis auf *ên* nehmen

im Praesenti *ka* an, und gehören also zur fünften Classe, nach § 65; die aber auch das nicht allezeit thun, sondern durchgehends, so formirt werden können, wie *hallikebbên*, § 76; die haben doch auch das eigene § 72 ausgezeigte Tempus, z. B. *hallikebbéka, hallikebbékade*, etc.

§ 78. — Exempel von Verbis, die nach der Forma « *hallikebbên* » gehen, sind: *káttikebên* stehlen; *iribên* unrein sein; *háulên* krumm sein; *héhên* blass sein; *ibên* voll sein; *ipillíbên* und *ipirubên* gross sein; *karrimên* schwartz sein; *káttimên* mit etwas gebunden, fest gemacht sein; *kákên* Kleider anhaben; *máhallikebbên* missvergnügt sein; *mákulên* nicht roth sein; *mammolên* nicht trunken sein; *sipên* bitter sein; *wáddibbên* lang sein; *bélên* weich sein; *erekên* das Gras wegmachen; *hébbên* alt sein; *idên* gar gekocht sein; *kämên* einen Geruch von sich geben; *kállimên* glänzen, scheinen; *kássên* Würmer haben; *kulên* roth sein; *mákên* kein Kleider anheben; *máhalên* nicht alt sein; *májuehên* nicht faul sein; *werebên* warm sein; *perên* heiss sein; *subulên* grün sein: *waikillên* weit entfernt sein.

§ 79. — Einige Verba dieser vierten Classe weichen von der § 76 beschriebenen Form darin ab, dass sie das Pronomen anders setzen, kommen aber in andern völlig damit überein, z. B. *missirên* gerade sein.

Praesens. *Missireda, missireba, missirela, ...ta, ...wa, ...ha, ...na*
Praet. I. *Missiredibi*
Praet. II. *missiredabuna*
Praet. III. *missiredakuba*
Futurum. *Missiredapa.*

Observation. — Es wird das Wort selten allein gebraucht, und man kann es auch ansehen als Adverbium, das mit einem Pronomine zusammengesetzt wird; man sagt, z. B. *missireda adián* ich rede gerade heraus, *missirebupa adián* du sollst gerade herausreden.

§ 80. — Wie § 65 bereits angezeigt worden, so gibt es noch Verba die sich auf *an* und *än* endigen, und das Pronomen hinten setzen; man hat aber nicht nöthig desfalls eine neue Classe zu machen, weil die meisten zusammengesetzte Wörter sind, und also hieher nicht gehören; und die einfachen kann man ohne Schwierigkeit formiren, wenn man sich mit oben stehenden Paradigmata bekannt gemacht hat.

Einige der angezeigten Wörter haben ein langes *a*, andere haben ein kurzes; wir wollen von jeder Classe ein Exempel hersetzen.

§ 81. — Ein kurzes *a* hat, z. B. *Jibarân* « zurückbleiben »; dann, wenn es gleich im Infinit. lang ausgesprochen ist, so wird es doch im Futuro kurz ausgesprochen.

Praesens. *Jibarrade* ich bleibe zurück, *jibarrabu, jibarrai*, etc.

Gerund. *Jibarranibiabu* dass du zurückbleiben möchtest.

§ 82. — Nach dieser Form gehen folgende Verba: *kamonáikan* arm sein; *kassan* Kinder haben; *kassikoan* wohnen; *kalan* zugehen (von einer Wunde); *üsan* gut sein; *kaiman* böse sein; und andere mehr.

§ 83. — So gehen auch die, welche sich auf *än* endigen, z. B.: *emeliän* neu sein; *karaiän* zum Vorschein kommen; *jahaddiän* nahe sein; *jittüän* blutig sein.

Praesens : *Emeliade, emeliabu*

Futurum : *Emeliapade*

Gerund : *Emelianibiai* damit er neu sei, oder werden möge.

§ 84. — Diejenigen von den § 80 erwähnten Verbis, die ein langes *a* im Infinit. haben und behalten, haben weiter nichts besonderes, als dass der Ton immer auf demselben langen *a* bleibt, z. B: *kabburán* geräumig sein, *kabburápan* er wird geräumig sein; *mabburán* enge sein, *mabburápan* er wird enge sein; *makkürrán* klein sein (vom Wasser), *makkürápan* es wird klein sein, etc.

§ 85. — Ehe wir nun zur fünften Classe der Verborum gehen, merken wir uns das arawackische auxiliare *ka* « bei », im Infinit. *în*. Es steht nie für sich als ein apartes Wort, sondern wird allezeit einem andern angehängt, z. B. *lamünnîn* bei ihm sein.

Praesens. *Lámünnikade* ich bin bei ihm, *lámünnikabu* du..., *lámünnikai, lámünnikan, lámünikau, lámünnikahü, lámünnikaje*

Futurum. *Lámünnipade, lámünnipabu, lámünnipai*, etc.

Praet. *Lámünnikubáde, lamünnikubabu, lámünnikubái*, etc.

Gerund. *Lámünninibiäu* dass wir bei ihm sein mögen.

PARTICIPIUM.

Lamünti einer der bei ihm ist; id. mehrere die bei ihm sind, so auch: *wallakkumünnikai* es ist in uns (Marg. Radix ist *kamünîn*, haben, wowon unten noch besonders).

Lamünika kurrui, lamamünika kurunu, lamün mandiniwa lamün mandiniha, lamün mandinina, lamün mandinida, lamün mandiniba, lamamün mandinipai, lamün mandinipade, lamün mandintupa.

Observation 1. — Das Wort *ka* wird vielfältig ausgelassen, als *jahakaoana* sie sind noch hier.

Observation 2. — Eben darum, weil es allzeit mit andern Worten zusammengesetzt wird, sollte es erst unten vorkommen; wir müssen dies aber hier anticipiren, weil viele Verba der fünften Classe dies auxiliare annehmen; z. B. *karrîn* krank sein, *Kárrikade* ich bin krank.

§ 86. — Nur zu den Wörtern der fünften Classe, die die Silbe *ka* im Praesenti annehmen, so kommen so wenige die sie sich in *in, în, ün, un, ên, an, ân*, etc., dass das alles macht nun keine Differenz mehr, darin sich einer, der einige Paradigmata inne hat, nicht finden konnte (denn was diese Verba in der Formation von einander Verschiedenes haben, ist aus den Exempeln § 67, 69, 70, 71, 76 und 81 bereits deutlich); daher man hier deswegen keine besondere Abtheilung macht; aber mehr Attention erfordert folgender Unterschied, da einige, wie wohl wenige dieser Verborum das Pronomen voran setzen, die andern aber hinten.

§ 87. — Von der ersten Sorte ist das Wort *Kanssîn, kanissîn* lieben.

Praesens. *dansika, bansika, lansika, tansika, wansika, hansika, nansika*

Praeter. *dansikuba* ich habe geliebt

Futurum. *dansipa* ich werde lieben

CONJUNTIVUS ET OPTATIVUS.

Praesens. *dansikuma* ich möchte lieben

Praet. *dansikubáma* ich hätte geliebt
dansinnibiakubáma ich hätte lieben sollen

Infinit. *kansinikuba* geliebt haben

Gerund. *kansinibia* um zu lieben, *bansinibia* dass du lieben mögst

PARTICIPIUM.

Praesens. *kansiti* ein Liebender

Praet. I. *kansitíbi*

Praet. II. *kansitibuna*
Praet. III. *kansitikuba*
Item. Participium. Sing. *kansihálin* welcher liebt, plur. *kansihalininu*.

PARTICIPIUM PRAESENS PASSIVI.

Kanssîssia geliebt, *banssîsiannu* deine Geliebten, *tumaqua dansîssia* alles was ich liebe, gern hätte.

Observation. — *Kánsihi* oder *Kánsiki*, ist das Substantivum « Liebe ».

§ 88. — Hierher gehört auch das Wort *Kanssên* das auch « lieben » heisst, aber nur im Plural gebraucht wird, und mit *umonnekoawa*, untereinander.

Praesens. *wanseka wamonnekoawa* wir haben einander lieb
hanséka humonnekoawa ihr habt einander lieb
nanséka namonnekoawa sie haben...
Praet. I. *wanssébi wam..., hansébi hum..., nansébi nam...,* etc.
Praet. II. *wanssébuna wam..., hanssébuna hum...,* etc.
Praet. III. *wanssékuba wamonnekoava*
Futurum. *wansépa nam...,* wir werden einander lieben, etc.

CONJUNCTIVUS UND OPTATIVUS.

Praesens. *wanssékuma wam...,* wir würden einander lieb haben, etc,
Praeter. *wanssekubáma wam...,* wir würden einander lieb gehabt haben, etc.
Imper. *wansselite wam..., hansselite hum..., nansselite nam...*
Infinit. *kanssén* lieben; praeter. *kanssénibi, kanssénibuna, kanssénikuba*, z. B. *wanssénikuba wamonnekoava udumma* weil wir einander lieb gehabt haben.
Gerund. *wanssénibia wam...,* dass wir einander lieben mögen.

PARTICIPIA.

Praesens. *kansséti nam...* die sich einander lieben
Praeter. *kanssétibi nam..., kanssétibuna nam..., kanssétikuba nam...* die... *kanssehalininu nam...,* welche...

Observation. — So gehen auch folgende Verba: *ebentán* verweilen machen, *likia ebentakade* er hält mich auf; *attekidán* überreden, *likia attikidade* er überredet mich; *ikittán* bedienen, warten, aufpassen; und andere mehr. Nur dass sie das *a* der Endung des Infinit. beibehalten.

§ 89. Ein Exempel von den Verbis der fünften Classe, die das Pronomen hinten setzen, kann sein *hadubuttin* schwitzen.

Praesens. *hadubuttikade, hadubuttikabu, hadubuttikai*, etc.
Praet. I. *hadubuttibide*
Praet. II. *hadubuttibunade*
Praet. III. *hadubuttikubade*, etc.
Futurum. *hadubúttipade*.

OPTATIVUS ET CONJUNCTIVUS.

Praesens. *hadubuttinnikade* oder *hadubuttinikamade*, etc.
Praeteritum. *hadubúttinnikakubámade* ich würde geschwitzt haben.
Participium. *hadubuttiti* ein schwitzender.

§ 90. — Die Wörter von dieser Classe und Art, die eine andere Endung im Infinitivum haben, z. B. auf *un, an, ên, án*, etc. (§ 86) haben weiter nichts besonderes, als dass sie denselben letzten Vocalen in der Formation überall beibehalten z. Beispiele: *kakün* leben; *kakükade* ich lebe; *hamarûn* sich fürchten, *hamarukade*; *aboán* krank sein, *aboákade* ich bin...

§ 91. — Also sind Exempel von dieser fünften Classe, die das Pronomen hinten setzen:

hikkulin lahm sein; *annaküdin* in der Mitte sein; *kallukkun* nicht leer sein; *abulukkudun* an der Spitze sein; *adáijahün* erwacksen sein; *túrubuddin* müde sein; *kemekebbün* arbeiten; *haburün* sich schämen; *karrîn* krank sein; *keretin* einen Mann haben; *kaddibéun* einen dicken Leib haben; *hammarun* sich fürchten; *keréun* eine Frau haben, nehmen; *kebérun* verläugnen, verbergen; *koallabán* zu beiden Seiten sein; *anîn* thun; und andere mehr.

§ 92. — Ehe wir weiter gehen, sind ein paar allgemeine Anmerkungen nöthig, die so wohl von allen Verbis gelten, wovon bisher gehandelt worden, als bei denen wovon im Folgenden vorkommen wird: nämlich, 1° Man kann das Pronomen vor allen Verbis ganz ausdrücken, z. B. *dakia aijahadda* ich wandle statt *daijahadda*; *bokia aijahadda* statt *büjahadda*; *dakia hadubuttika* ich schwitze, statt *hadubuttikade*. Manchmal muss man das Pronomen auf diese Weise ganz ausdrücken, wenn ein Nachdruck darin ist und sein soll, z. B. *dai ánikan tuhu* ich thue dies, und *büanikan kia* du thuest jenes; 2° Wenn das Subjectum ausgedrückt ist, so fällt das Pronomen weg, z. B. *Titus aijahadda* Titus wandelt, nicht *Titus liijahadda*.

§ 93. — Bei der Compositione Verborum mit gewissen Wörtern (§ 64), die in allen Temporibus und Modis bleiben können, ist die mit *m* negativo, die merkwürdigste, und kommt am meisten vor.

Sodann ist die mit *kan, kanni* ein wenig; *hittiha* gern; *rubûün* allein; *koa* noch, etc., anzumerken.

Von der Compositione Verborum mit dem *m* negativo mögen §§ 67, 71, 74 angeführten Exempel abgeben, damit sie sich dem Gedächtniss viel besser imprimiren: dann von denen § 76 u. fl., die das Pronomen hinten setzen, ist dabei nicht viel besonders mehr zu merken, als dass man nur das *m* immer vorn setzt, z. B. *hallikebbéde* ich freue mich, *mahallikebbéde* ich freue mich nicht; *hallikebbépade* ich werde mich freuen, *mahallikebbédade* ich werde mich nicht freun.

§ 94. — Also wenn *aijahaddin*, wandeln, mit dem *m* negativo zusammengesetzt wird, so heisst es « nicht ».

Praesens. *Maijahaddinnikade* ich wandle nicht, *maijahaddinnikabu*, etc., oder auch *maijahaddinnida, maijahaddinniba, maijahaddinnilä,* etc.

Opt. Praesens. *madumkin lama* er möchte nicht schlafen; *madumkin dama* ich...

Observation. — Wobei zu bemerken, dass diese letzte Form in sonderheit wird gebraucht, wenn das Verbum ein transitivum ist, und das Objectum ausdrucklich dabei steht, z. B. *Maddikinnikade* ich sehe nicht (ohne Object dabei), *maddikinnidábu* ich sehe dich nicht; *maddikinnibáde* du siehst mich nicht; *maddikinniláu* er sieht uns nicht; *maddikinnitáhü* er sieht euch nicht; *maddikinniwdje* wir sehen sie nicht; *maddikinnihán* ihr sieht es nicht; *maddikinnái* sie sehen ihn nicht.

PRAETERITUM I. — *Mit dem Objecte.*

INDICATIVUS.

Maijahaddíndibi ich habe heute nicht gewandelt
maijahaddínbibi du hast... *maijahaddinwibi* wir haben...
maijahaddínlibi er hat... *maijahaddínhibi* ihr habt...
maijahaddíntibi sie hat... *maijahaddínnibi* sie haben...

OPTATIVUS PRAESENTIS.

Maijahaddindama ich würde nicht wandeln; *maijahaddindanika* als ich nicht wandelte; *maijahaddinnikamade* ich würde nicht wandeln mögen; *maijahaddinnikamabu* oder *maijahaddinbáma* du würdest nicht wandeln mögen; *maijahaddinnibanika* du würdest, möchtest nicht wandeln; und so weiter.

PRAETERITUM II.

INDICATIVUS.

maijahaddinnibúnade, *maijahaddinnibúnabu*, ...*búnai*, etc.

Observation. — Ist das Verbum ein transitivum und das Object stets ausdrücklich, so wird die andere Forma *maijahaddindabuna* gebraucht, z. B. *maddikinnidabunái* ich habe ihn gestern nicht gesehen; *maddikinniwabimáje* wir haben sie gestern nicht gesehen; und so durch alle Personen.

OPTATIVUS.

maijahaddinnibunamáde ich hätte gestern nicht wandeln mögen; *maijahaddinnibunamabu*; *maijahaddinnibunamai*.

Observation 1. — Einige sagen auch: *maijahaddinninibunamáde*, etc.

Observation 2. — Ich hätte gestern nicht wandeln sollen, heisst: *maijahaddinnibiabunamade*.

Observation 3. — Oder wenn ein Objectum ausgedrückt steht, z. B. *maddikindakubái* ich habe ihn nicht gesehen; *maddikinniwakubáje* wir haben sie nicht gesehen.

PRAETERITUM III.

INDICATIVUS.

Maijahaddinnikubáde ich habe nicht gewandelt, etc.

OPTATIVUS.

maijahaddinninikakubámade ich würde nicht gew. haben.

Observation. — Ich hätte nicht wandeln sollen, heisst: *maijahadinnibiakubamade.*

FUTURUM.

Maijahaddínnipada, maijahaddínnipabu, maijahaddinnipai.

Observation. — Man kann auch sagen: *maijahaddindapa, ...bupa, ...lupa,* etc.

In Sonderheit wird diese letzte Form gebraucht, wenn das Verbum ein Transitivum ist, und das Objectum ausgedrückt dabei steht, z. B. *maddikinnipade* ich werde nicht sehen, wenn kein Objectum dabei steht; wird aber das Objectum ausgedrückt, so heisst es: *maddikindapabu* ich werde dich nicht sehen; *...bupade* du wirst mich...; *...lupau* er wird uns; *...tupan* sie wird es, etc.; *...wapai* wir werden ihr, etc.; *...hupaje* ihr werdet sie, etc.; *...napahü* sie werden euch, etc.

Observation. — Setzt man *paruka* « wenn » zu diesem Futuro, so wird gleichfalls die letzte Form gebraucht, und das *pa*, terminatio verbi fällt weg, z. B. *maijahaddindaparuka* wenn ich nicht wandeln werde; *maijahaddinbuparuka* wenn du nicht wandeln wirst; und so durch alle Personen.

IMPERATIVUS.

maijahadinnibâlte du sollst nicht wandeln; *wakia maijahaddinnili* lasst uns nicht wandeln, wir möchten nicht wandeln; *maijahaddinnihâlte* ihr sollt nicht wandeln.

INFINITIVUS.

Praesens. *maijaháddin, maijahaddinniman* nicht wandeln
Praet. I. *maijahadinnibi* heute nicht gewandelt haben
Praet. II. *maijahaddinnibuna* gestern nicht, etc.
Praet. III. *maijahaddinnikuba* vorlängst nicht, etc.; *maijahadinnanibia* dass sie nicht wandeln mögen.

PARTICIPIUM.

Praesens. *maijahaddinnimutti* einer der, etc., mehrere

die, etc.; *maijahaddinnimuttu* fem. et neutrum.

Praet. I. *maijahaddinnimuttibi* masc. et plur.; *maijahaddinnimuttubi* fem. et neutrum

Praet. II. *majahaddinnimuttibuna* masc. et plur.; *maijahadinnimuttubuna* fem. et neutrum.

Praet. III. *maijahaddinnimuttikuba* masc. et plur.; *maijahadinnimuttukuba* fem. et neutrum.

Futurum. *maijahaddinnimuttipa* masc. et plur.; *maijahaddinnimuttupa* fem. et neutrum.

Subst. *maijahaddahíttiti* oder *maijahaddinnimahitti* der nicht gern wandelt.

daddikíssia was ich sehe, *baddikîssia* was du siehst, etc.

maddikindássia was ich nicht gesehen habe, *maddikinbássia*, etc.

§ 95.— Das in § 71 formirte verbum *aijahaddán*, Cassabi trecken, wird negative folgendermassen gemacht: *maijahaddániman*.

PRAESENS.

Indicativus. *Maijahaddanikade* ich trecke nicht..., *kabu*...; *kai*...; *kan*, etc., oder wenn das Objectum dabei steht: *maijahaddanidán bukkale* ich trecke nicht deinen Cassabi; *maijahadanibân dakkalle* du treckst meinen Cass. nicht; *maijahaddanilán hükalle* er treckt eueren Cass. nicht; *maijahaddântân lükalle; maijahaddaniwân tükalle; maijahaddaníhân nakalle; maijahaddaninân hükalle.*

Optativus. *maijahaddanikumade* ich würde nicht...; ...*kumabu*; ...*kumai*, etc.

Nota. — Wenn das Objectum dabei steht, z. B. *dakia maijahaddánikuman bukkalle* ich möchte, würde deinen Cass. nich trecken; *bokkia maijahaddánikuman dakkalle* du möchtest, etc., etc.

PRÄTERITUM I.

Indicativus. *maijahaddánibide;* ...*bibu;* ...*bî;* ...*bîn;* ...*biu;* ...*bihü;* ...*bije.*

Steht aber das Objectum dabei ausgedrückt, so sagt man: *maijahaddándibi* ich habe heute nicht getrocken; *maijahaddánbibi; maijahaddánlibî wakkale* er hat unseren Cass. heute nicht getrocken; ...*tibi;* ...*wibi;* ...*hibi;* ...*nibi.*

Optativus. *Maijahaddánibimade* ich würde heute nicht getrocken haben.

PRAETERITUM II.

Indicativus. *maijahaddánibunade;* ...*bunabu;* ...*bunai.*
Steht aber das Objectum dabei, so heisst es :
maijahaddânbubuna dakkalle du hast gestern meinen Cass. nicht, etc.
Optativus. *maijahaddaninikabunamáde* ich würde, möchte gestern nicht getrocken haben; ...*bunamábu;* ...*mái;* ...*mán.*

PRAETERITUM III.

Indicativus. *maijahaddanikubáde;* ...*bábu;* ...*bái;* ...*bán.*
Wenn das Objectum dabei ausgedrückt ist, so heisst es :
maijahaddândakuba bukkalle ich habe vorlängst deinen Cass. nicht, etc.
maijahaddânbákubâ-n dakalle hast du nicht, etc., etc.

OPTATIVUS.

maijahaddaninikubamáde; ...*mábu;* ...*mái*, etc.
Nota. — *maijahaddaninibiakubámade* ich hätte vorlängst nicht trecken sollen.

FUTURUM.

maijahaddánipade, ...*pabu,* ...*pai,* etc.
Observation. — Steht aber das Objectum dabei, so heisst es :
maijahaddândapa bukkalle ich werde deinen Cass. nicht trecken; ...*bupan dakalle;* ...*lupan,* etc.

IMPERATIVUS.

maijahaddanibáte oder ...*bâlte,* du sollst nicht trecken
wakia maijahaddánili lasst uns nicht trecken

INFINITIVUS.

Praesens. *maijahaddaniman* nicht trecken
Praet. I. *maijahaddanimánibi*
Praet. II. ...*nibuna*
Praet. III. ...*nikuba*
maijahaddânwanibia dass wir nicht trecken mögen.

PARTICIPIUM.

Praesens. *maijahaddanimutti* masc. et plur.; ...*nimuttu* fem. et neut.
Praet. I. ...*muttibi*, ...*muttubi*
Praet. II. ...*muttibuna*, ...*muttubuna*
Praet. III. ..*muttikuba*, ...*muttukuba*

daijahaddássia was ich trecke	*maijahaddadássia* was ich nicht, etc.
büjahaddássia was du treckst	*maijahaddabássia* was du nicht, etc.
lüjahaddássia was er treckt, etc.	*maijahaddalássia* was er nicht, etc.

§ 96. — Das § 74 nach seiner Veränderung beschriebene Wort *aijuhudunnua* hangen, wird negative folgendermassen formirt: *maijuhudunnuaman*

PRAESENS.

INDICATIVUS.

Maijuhudunnuade, ...*abu*, ...*ai*, ...*an*, ...*au*, ...*ahü*, *aje*.

Observation. — Die oben § 94 und § 95 angemerkte zweite Form fällt weg, weil die Verba auf *unnua* fast durchgehends transitiva oder passiva sind.

OPTATIVUS.

Maijuhudunnuánikade, ...*kabu*, ...*kai*, ...*kan*, ...*kau*, ...*kahü*, ...*kaje*.

PRAETERITUM I.

INDICATIVUS.

Maijuhudúnnuabide, ...*bibu*, ...*bî*, ...*bin*, ...*biu*, ...*bihü*, *bije*.

OPTATIVUS.

Maijuhudunnuánikabide, ...*bibu*, etc.

Observation. — Es ist wahr, dass dieses Wort seiner Bedeutung wegen, so schwerlich vorkommen wird, man nimmt es aber zum Muster, seiner Bequemlichkeit wegen, z. B. dass es nicht sogar lange ist, und lernt daran, wie man hundert andere Wörter, die ihrer Bedeutung wegen oft vorkommen können, formiren muss z. B. *Massukussunnuanikabibu* du hättest heute nicht sollen gewaschen werden oder *Massukussukuttunnuanikabibu* id.

Praeteritum II.

Indicativus.

Maijuhudunnuabunade, ...*abu,* ...*äi,* ...*an,* etc.

Optativus.

Maijuhudunnuánibunámade, ...*abu,* ...*äi,* ...*an,* etc.

Praeteritum III.

Indicativus.

Maijuhudunnuakubáde, ...*abu,* ...*äi,* ...*an,* etc.

Optativus.

Maijuhudunnuanikakubámade, ...*abu,* ...*äi,* ...*an,* etc.

Futurum.

Maijuhudunnuápade, ...*abu,* ...*äi,* ...*an,* etc.

Imperativus.

Maijuhudunnuátebu, ...*atëi,* ...*atên,* ...*atëu,* ...*atehü, ateje.*
wákia maijuhudunnoali lasst uns nicht hangen.

Infinitivus.

Praesens. *Maijuhudunnuaman* nicht hangen
Praet. I. *Maijuhudunnuánibi;*
Praet. II. ...*nibuna;*
Praet. III. ...*nikuba.*

Participium.

Praesens. *Maijuhudunnuámutti,* ...*muttu*
Praet. I.   ...*muttibi;* ...*muttubi*

Praet. II. ...*muttibuna*, ...*muttubuna*
Praet. III. ...*muttikuba*, ...*muttukuba*.

Mit dem Pronom. relativo: *Maijuhudunnuahalin* oder ...*tikilli* welcher nicht hängt.

§ 97. — Wer sich vorstehende Paradigmata (§ 94 bis 96) gemerkt hat, der kann die § 76 angezeigte Art von Verbis ohne fernere Anweisung negative formiren, dann man setzt nur das *m* negativ vor, z. B. *mahallikebéde* ich freue mich nicht, bin nicht vergnügt; *mahallikebbébü* bist du nicht vergnügt? *mahallikebbéi* er ist nicht vergnügt, und so weiter.

Observation. — Doch gibt es auch hiebei noch hie und da etwas ex usu zu lernen, z. B.: *ibên* heisst: es ist voll, *mebénikan* es ist nicht voll; *aboakade* ich bin krank, *maboanikade* ich bin nich krank.

Nur ist ex usu zu bemerken, wie einige Wörter den ersten Buchstaben verlieren, wenn dies *m* vorgezetzt wird, z. B.: *kaemên* es gibt einen Geruch von sich, *maemên* es gibt keinen Geruch; *kakên* Kleider anhaben, oder bedeckt sein; *makên* keine Kleider anhaben; *kattikebên* stehlen, *mattikebên* nicht stehlen; *sommolen* trunken sein, *mammolen*; *kemekébbün* arbeiten, *memekébbün*; *kamünnîn* haben, *mamünnin*; *kamondikan* arm sein, *mamondikan*; *kaiman* böse sein, *maiman*; *karaian* zum Vorschein kommen, *maraian*; und so weiter.

Man könnte hier von einigen Regeln gehen, z. B.: die von nominibus abstammenden Verba, die bei ihrer Ableitung *k* vornkriegen, verlieren dasselbe wenn das *m* negative vorgesetzt wird, als von *üssa*, ein Kind, kommt her *kassán* Kinder haben; setzt man das *m* neg. vorn, so fällt das *k* weg: *massán* keine Kinder haben. Aber die Regeln sind doch nicht ganz hinlänglich, und es bleibt dabei, dass man ex usu und aus dem Wörterbuche lernen muss, welche Wörter den ersten Buchstaben behalten, und welche ihn verlieren; welches nun so viel leichter ist weil die letzteren die wenigsten sind, dann die meisten behalten ihren Buchstaben, ausser den vorher angeführten derivatis von Nominibus.

§ 98. — Ebendiesselbe Beschaffenheit hat es auch mit dem Vocali des *m* neg.; zwar nimmt es gemeiniglich den ersten Vocal des Verbi an, und weil die meisten Verbi sich mit *a* anfangen, so hat es am meisten *a*; weil es aber doch nicht mmer zutrifft, so muss man es aber ex usu lernen; das

Wörterbuch wird dabei auch ein gutes Hülfsmittel sein.
Exempel von dieser Anmerkung zu geben, so heisst: *iribên*
unrein sein, *maribên*; *ibên* woll sein, *mebên*; *sipên* bitter
sein, *massipên*; *terên* warm sein, *materên*; *belên* weich
sein, *mebelên*; *semên* süss sein, *massemên*; *hebbên* alt, reif
sein, *mehebben*; *wûrên* führen, *mawurên*; *kulên* roth sein,
makulên; *mihitên*, müde sein, *mihimitên*; *wadin* lang sein,
móadin; *waikillên* weit sein, *móaikillên*; *üssan* gut, gesund
sein, *müüssan*.

§ 99. — Anstatt des *m* negat. kann man auch *kurru*
« nicht » setzen, z. B. *mansidán* ich liebe es nicht, oder
dafür *dansika kurru*. Bei einigen Verben pflegt es allezeit
gebraucht zu werden, z. B. *jibarrân* zurückbleiben (§ 87):
jibarra kúrrude ich bleibe nicht zurük; *jibárrapa kúrrude*;
auf dieselbe Weise auch folgende Verba: *eméliän* neu sein,
emélia kurrú; *üttüan* blutig sein, *üttüa kurru* es ist nicht
blutig; *jahaddian* nahe sein, *jahaddia kurru* es ist nicht
in der nähe; etc.

§ 100. — Das § 85 angeführte auxiliare in Compositione,
wird folgendergestalt negative formirt. Radix ist *Mamünnin*
nicht haben.

Praesens. *lamünnikade* ich bin bei ihm   *mamünláde*
          lamünnikabu du bist   »   *mamünlábu*
          lamünnikai er ist   » etc. *mamünlái*, etc.
Futurum. *Lamünnipade*   *Mamünlupade*
          lamünipabu, etc.   *mamünlupabu*, etc.
Praeter. *Lamünikubáde*   *Mamünlakubáde*
          lamünikubábu, etc.   *mamünlakubábu*, etc.
          Lamünninibiäu, negative   *mamünlanibiäu*.

Nota. — *Lamünîn* bei ihm sein, oder er hat es; *lamüni-
kade* er hat mich, *mamünlade* er hat mich nicht.

Observation.— Wer dies inne hat, kann sich leicht darin
finden, wenn das auxiliare *ka* mit andern Particulis zusam-
mengesetz wird, z. B. *kakuburukkun* eingedenk sein, *kaku-
burúkkukade* ich bin eingedenk, *makuburúkkukade*. Nur
mit *ullukkumün* zusammengesetzt, verdient es apart an-
gemerkt zu werden, nämlich: *lullukkumünti* die in Ihm
sind, *malukkumünlássiánu* die nicht in ihm sind, etc.

§ 101. — Die § 87 u. flg. vorkommenden Verba gehen
oftmal schlechthin nach den § 94-96 angeführten Formen;
manche aber haben auch etwas Besonderes, und weichen

davon ab, z. B. *danssika* ich liebe, *mansida* ich liebe nicht; *bansika* du liebst, *mansiba;* *lansika* er liebt, *mansila;* *tansika* sie liebt, *mansita*, etc. Praet. *dansikuba*, *mansidakuba*. Futurum, *dansipa, mansidápa*. Optativus. Praesens *dansikuma, masidanika*. Praeteritum, *dansikubama, mansidanikubama*.

§ 102. — *Kanssen* geht davon wieder in manchen Stücken ab, wie aus folgendem zu sehen, wenn man es mit § 101 vergleicht:

Praesens. *Mansséniwa wamonnekoawa* wir haben einander nicht lieb; *mansséniha humonnekoawa* ihr habt etc.; *manssénina namonnekoawa* sie haben, etc.

Praeter. *manssékuba wamonnekoawa* wir haben einander nicht lieb gehabt, etc.

Futurum. *manssepa wamonnekoawau* wollen wir einander nicht lieb haben? *manssepa humonnekoawahü* wollt ihr, etc.; *manssepa namonnekoawaje*.

Particip. *manssenti*, oder *manssemútti namonnekoawa* die einander nicht lieb haben; *manssénimahittiti namonnekoawa* die einander nicht wollen, etc.

§ 103. — Einige dieser Verborum, die im Praesenti, *ka* annehmen (§ 86) bekommen noch *ni* davor, wenn sie negative formirt werden, z. B.: *Abóan* krank sein, *maboánikade; ibên* es ist voll, *mébenikan; abóakumade,* ich möchte krank sein, *maboánikumáde; ibékuman* es möchte voll sein, *mebénikuman; ibepan* es wird voll sein, *mébenipan; abóapan* sie wird krank sein; *maboánipan;* hammarukade ich fürchte mich, *hammarúnikade; hammaruppade*, ich werde mich fürchten, *hammarúnippade, dánika* ich thue, *maninikade; dánikuman* ich möchte es thun, *manidánikuman; danipan* ich werde es thun, *manîndapan; danissia* was ich thue, *manîndássia; adaijahúkabu* du bist erwachsen, bist der Vornehmste, *madaijahünikabu; haburúkade* ich schäme mich, *mahaburünnikade*, auch *mahaburúkade; habúrüpabu* du wirst dir schämen, *mahaburünipabu* oder *mahaburünbupa; kebérukade* ich verhehle, *meberunnikade; kereúkade* ich habe, oder nehme eine Frau, *mereúkade* und *mereúnikade*.

§ 104. — Soviel etwa von der Compositione Verborum mit dem *m* negat. (§ 93); die übrigen Wörtchen die zwischen ein Verb eingeschoben werden, und durch alle

Tempora und Modos bleiben können, sind zwar nicht so weitläufig als diese, aber gleichwohl zu merken, und kommen häufig vor als

kan ein wenig

Praesens.	*Daijahadda* ich wandle, *daijahaddakánnika* ich wandle ein wenig, *büjahaddakannika*
Praet. I.	*Daijaháddibi — daijahaddakánnibi*, etc.
Praet. II.	*Daijaháddibüna — daijahaddakánnibüna*
Praet. III.	*Daijaháddakuba — daijahaddakánnikuba*
Futurum.	*Daijaháddipa — daijahaddakánnipa*, etc.
Opt. Praesens.	*Daijahaddáma — daijahaddakánnima*
« Praet. I.	*Daijahaddinnikabima — daijahaddakannikábima*, etc.
« Praet. II.	*Daijahaddinbünáma — daijahaddakannibünáma*, etc.
« Praet. III.	*Daijahaddinikubáma — daijahaddakannikubáma.*

Statt des Imperativi braucht man in dieser Zusammensetzung das Futurum oder den Optativ.: *büjahaddakannipa, büjahaddakannikuma* wandle ein wenig.

INFINITIVUS.

Aijahaddin — aijahaddakannin; aijahaddinnibi — aijahaddakannibi; aijahaddinibüna — aijahaddakanninibüna; aijadinnikuba — aijahaddakanninikuba; aijahaddinnipa — aijahaddakanninipa; büjahaddinnibiakubama, büjahaddakanninibiakubama, du hättest längst ein wenig wandeln sollen.

PARTICIPIA.

Aijahadditi — aijahaddakannimutti der ein wenig wandelt.

§ 105. — Die § 68 angeführten derivata werden mit dem Wörtchen *kan* folgendermassen zusammengesetzt: (Marg. Observation: dann *ni, kan, nikan, nikanniman* bedeutet alles ein wenig).

Aijahadda dánika — aijahaddakanni dánika, als ich ein wenig wandelte;

Daddikîssia was ich sehe — *nikandássia, addikin* was ich ein wenig sehe;

baddikîssia was du siehst — *nikanbássia addikin* was du ein wenig siehest;

laddikîssia was er sieht — *nikanlâssia, addikin* was er ein wenig sieht;

taddikîssia — nikantâssia addikin; haddikîssia — nikanhássia addikin;

waddikissiannu — nikanwâssiannu addikin, welches wir ein wenig sehen;

daddikîssiabi — nikandâssiabi addikin was ich heute ein wenig gesehen habe;

daddikîssiábuna — nikandâssiábuna addikin was ich gestern ein wenig gesehen habe;

daddikîssiakuba — nikandâssiákuba addikin was ich ein wenig gesehen habe, etc.

§ 106. — Die Verba die so im Infinitivo *k* haben, behalten es im Praesenti in dieser Zusammensetzung, z. B.: *assonnukun, dassonnuka* § 70, *dassonukakannika* ich schütte ein wenig aus.

Die aber das *k* im Infinitivo nicht haben, sondern nur im Praesenti annehmen, werfen es in dieser Zusammensetzung weg, als:

ahürkedân, wahürkedaka wabukoawa, wahürkedakannika wabukoawa wir versammeln nur ein wenig.

Das Verbum *ahakân* hat schon ein *k* im Infinitivo, und nimmt doch dazu *k* im Praesenti an; *dahakáka* ich sage; letzteres fällt also in dieser Zusammensetzung weg, ersteres aber bleibt; also heisst es: *dahakakannika* ich sage ein wenig; *adián, dadiáka — dadiakannika; abóakade* von *abóan — aboakánnikade; hadubuttin, hadubúttikade — hadubuttikannikade; karrîn, karrikade — karrikannikade.*

§ 107. — Das § 79 angeführte Wort *missirên* wird mit *kan* so gemacht:

Missirekannipa dadiân ich rede ein wenig; *missirekannipa dadiân* ich werde ein wenig gerade reden.

Observation. — Man möchte einwenden, das im Praesenti angenommene *ka* hie gleichwohl noch da nach *kanni*, es ist aber nicht. Dann nach § 104 hat *daijahadda* auch *daijahaddakannika;* dies *ka* ist also eine aparte termination, welche man auch im Futuro sieht, da dies *ka* allezeit in *pa* verwandelt wird, als: *Hadubuttinkannipade, dadiakannipa* heisst so wie es § 104 mit *aijahaddin* gemacht wird; und auf diese Weise werden viele andere Particula in dieser Zusammensetzung mit den Verbis construirt, z. B.: *wakillikannika dakannabun kia umama* es ist etwas lange dass ich davon gehört; *kebennakánnika maijauquadân jaha* ich bleibe etwas lange hier; *kebennakánnipa maijauquadân jaha* ich werde etwas lang hier bleiben.

§ 108. — Von der § 71 angeführten Formirung einiger Verborum ist hier nichts besonders zu merken; wenn selbige Verba mit *kan* zusammengesetzt werden, so geschieht es so, wie § 104 bereits angezeigt worden.

Von denen angeführten § 74 ist hier auch weiter nichts zu merken als dass das Wörtchen *kannika* zugesetzt wird wie § 104 gesehen, und das übrige vom Verbo bleibt selbst wie es war, z. B. *daijuhúdoa — daijuhudoakannika; daijuhudoákuba — daijuhudoakannikuba; daijuhudúnnuaka — daijuhudoakannikama* ich möchte ein weinig hangen, und so weiter (siehe § 104).

§ 109. — Das Wörtchen *hittika* « gern », wird auch oft mit einem Verbo zusammengesetzt, dass es mit demselben ein Wort ausmacht (§ 93) und bedeutet, was man mit « wollen », ausdrückt, Lust zu etwas haben, geneigt zu etwas sein. Es wird in ein Verbum just so eingeschoben, wie das Wörtchen *kan, kanika* (§ 104), z. B.: *daijahaddahittika* ich habe Lust zu wandeln.

Praesens. *daddikahiltikabü* ich will dich gern sehen
Praet. I. *daddikahittibi* ich habe ihn heute gern sehen (wollen)
Praet. II. *daddikahittibünäï* ich habe ihn gestern gern sehen (wollen)
Praet. III. *daddikahittikubaï* ich habe ihn vorlängst sehen (wollen)
Futurum. *daddikahittipaï* ich werde ihn gern sehen (wollen)
daddikahittiparukaï wenn ich werde Lust haben, ihn zu sehen
Opt. praes. *daddikahittikumäï* ich möchte ihn sehr gern sehen, ich würde, etc.
Opt. praet. *daddikahittikubámäï* ich würde ihn gern haben sehen wollen
Infinit. *addikahittin* gern sehen wollen
addikahittinnikuba gern sehen haben gewollt
Partic. *addikahittiti* der gerne sehen will
addikahittilikuba der gern hat sehen wollen
Negative; von *attin* **trinken.**

Praesens. *mattahittikade* ich mag nicht trinken
mattahittidán ich mag es nicht trinken
Futurum. *mattahittipade* ich werde Lust haben zu trinken
mattahittidápan ich werde es nicht trinken wollen

Daddikahittîssia was ich gern sehen möchte; *daddikahittîssiannukuba* die ich vorlängst gern habe sehen wollen; *daddikahittîssiabi* was ich heute gern habe sehen gewollt.

Observation 1. — So pflegen die Arawaken auch woll diese in bisherigen oft genannten Wörtchen zugleich zu zusetzen, die zum Muster von andern dienen können, denn sie gebrauchen noch viele andere Wörtchen auf diese Weise: *daijahaddakannihittiparuka* wenn ich werde Lust haben ein wenig zu wandeln; *daijahaddakannihittikuma* ich würde Lust haben ein wenig zu wandeln.

Observation 2. — Die Verba, so in Praesenti *ka* annehmen, verlieren es in dieser Zusammensetzung mit *hittika*, z. B. *karrihittikade* ich bin gern krank, etc. Es heisst aber auch gemeiniglich: es ist in mir eine Disposition und Fähigkeit zum krank sein.

Observation 3. — Hieraus sieht man zugleich eine zweite Bedeutung des Wortes *hittika* in Compositione, die auch in mehreren Fällen vorkommt, z. B. *kamiahittikade*, es ist in mir eine Disposition zum bös werden, wenn man es auch allenfalls nicht gern hätte.

§ 110. — Das Wörtchen *rubuún*, « allein », fliesst auch oft mit den Verbis zusammen, da dann die letze Silbe wegfällt, und das Pronomen hinten steht; würde das Subjectum ausdrücklich gesetzt, so steht statt *ün* von *rubuún, ma*.

Wie aus folgenden Exempeln zu ersehen, *aijahaddarubáma*.
Praesens. *aijahaddarubúda* ich wandle nur, thue nichts weiter als wandeln.
adumkarubúba du schläfst nur, ...*búla*, ...*búta*, ...*búa*, ...*búha*, ...*búna*
Praet. I. *adumkarubúdibi*, ...*bibi*, ...*libi*, ...*tibi*, ...*wibi*, ...*hibi*, ...*nibi*.

Observation. — Wie in allen diesen Exempeln im Deutschen auf dem Wörtchen « nur » ein aparter Accent liegt, just so muss im Arawakischen auf die Silbe *bu* von *rubu* ein besonderer Ton gelegt werden.

Praet. II.   *adumkarubudábuna*, ...*búbuna*, ...*lúbuna*, *túbuna*, etc.

Praet. III.   *adumkarubudábuka*, ...*bákuba*, ...*lákuba*, ...*tákuba*, etc.

Futurum.   *adumkarubudápa*, ...*búpa*, ...*lúpa*, ...*túpa*, ...*wapa*, ...*húpa*, ...*nápa*

Optat. praes. *adumkarubúdanika*, ...*banika*, ...*lanika*, etc.

Optat. praet. *adumkarubudanikakubáma*, ...*banikakubáma*.

Imperat.   *adumkarububáte* schlafe nur, *adumkarubuhâte*, *adumkurubuhálte* schlaft ihr nur.

INFINITIVUS.

Praesens. *adumkarubúman*
Praet. *adumkarubúmánikuba*
Particip. *adumkarubumutti* der nur schläft.

Observation. — Man braucht also: *adumkarubúmán* nur schlafen, als ein Wort für sich anzusehen (wie es auch nach der Zusammensetzung ist), und so zu tractiren, ohne fernere Reflexion auf *rubûün*, so geht es ganz regular nach Art der Verborum compositorum, davon dies ein Exempel sein kann; alsdann folgt von selbst, dass was das Subjetum vorstellt, es folgender Gestalt sein muss: *Titus aijahaddarubúma* Titus thut nichts als wandeln, *Titus aijahaddarubumáppa* Titus wird nichts thun als schlafen.

§ 111. — Die Wörtchen *kan* oder *nikan* und *rubûün* werden gleichfalls oft mit einander einem Verbo inserirt, wobei dann zu bemerken, dass die Idee von *rubûün*, allein, sich unmittelbar auf die von *nikan* ein wenig referirt, und nicht auf das Verbum, z. B. *nikanrubúda aijahaddin* ich gehe nur ein wenig; *nikanrubúda majauquan* ich bleibe nur ein wenig; *nikanrububúpa majauquan* du sollst nur ein wenig bleiben.

Die Idee die das Wörtchen « nur » inserirt, begreift sich hier lediglich auf « *nikan* » ein wenig; also will es nicht sagen: ich gehe nur und fahre nicht; ingleichen will es nicht sagen: ich gehe nur, es geht keiner mit mir; sondern es heisst: ich gehe nur ein weinig, nicht viel.

nikanrubudapa adiân bumün ich will dir nur ein wenig sagen (nicht viel).

adiárubukannidapa bumün ich will nur ein wenig mit dir reden (dir weiter nicht thun).

Observation. — In diesem letzten Exempel referirt sich die Idee von *rubuûn* auf die von *adiân*, reden, auf welche Weise man viele andere Exempel dergl. wird verstehen können: *abaltarubukannibupa jaha* du sollst hier nur ein wenig sitzen (nicht herumgehen, nicht arbeiten); *addikarubukannibupa danuhan* du solltest es heute nur ein wenig sehen.

§ 112. — Das Wörtchen *koa*, noch, mit einem Verbo zusammengesetzt (§ 93) (denn für sich allein steht es nie) kommt sehr oft vor, ist aber leichter zu merken als alle bisher angeführten Wörtchen von der Art: denn man braucht nur das Pronomen hinten zu setzen, und zwischen dem Verbo und Pronomine *koa* einzurücken; als:

mandinkoadà ich komme noch nicht; *mandinkoabà*, *mandinkoalà*, etc.

Observation. — In manchen Fällen, setzen sie gern nach *koa*, die Silbe *re*, die aber da just nichts besonderes bedeutet, als *jumünikoaréla* es ist noch da; man sagt aber auch: *jumünnikoala, jumünnikoarena* sie sind noch da, und so weiter.

§ 113. — Noch sind hier eine paar Wörter, die aber nie für sich allein stehen, wohl zu merken, weil sie sehr häufig mit Verbis von allerhand Art und Bedeutung zusammengesetzt und gebraucht werden, nämlich: *makéma* und die Silbe *ku* die beide einerlei bedeuten; denn sie intensiren oder erhöhen die Bedeutung des Wortes womit sie zusammengesetzt sind, z. B. *hallikebbên* sich freuen, *hallikebbemakéman* oder *hallikebbekûn* sich sehr freuen; *karrin* Schmerzen haben, krank sein, *karrimakéman* oder *karrikûn* grosse Schmerzen haben; *üssan* gut sein, gesund sein; *üssamakéman* oder *üssakûn* sehr gut, etc.; *kaiman* böse sein, *kaimakéman* oder *kaimakûn* sehr böse sein.

Observation. — Hier sieht man zugleich, dass das *ma* der Verbi in der Zusammensetzung wegfällt.

§ 114. — Von jeder dieser Arten ein Exempel zu geben, so kann von der ersten zum Muster dienen: *hallikebbemakéman* sich sehr freuen.

PRAESENS.

Indicat. *hallikebbemakéda*, ...*ba*, ...*la*, ...*ta*, ...*wa*, ...*ha*, ...*na*

Optat. *hallikebbemakédanika*, ...*banika*, ...*lanika*, ...*tanika*, etc.

Man sagt auch statt dessen: *hallikebbémakédama*, ...*kébama*, etc.

PRETERITUM I.

Indicat. *hallikebbemakédibi*, ...*bibi*, ...*libi*, ...*tibi*, ...*wibi*, ...*hibi*, ...*nibi*

Optat. *hallikebbemakenibimáde* ich würde mich heute sehr gefreut haben

PRAETERITUM II

Indicat. *hallikebbemakebunáde* oder *hallikebbemákedabuna*
Optat. *hallikębbemákenibunámade*

PRETERITUM III.

Indicat. *hallikebbemakekubade* oder *hallikebbemakedakuba*
Optat. *hallikebbemakenikakubámade*

FUTURUM.

hallikebbemakédapa, ...*bupa*, ...*lupa*, ...*tupa*, etc.

IMPERATIVUS.

hallikebbemakebáte freue dich sehr, *hallikebbemakehate* freuet euch sehr.

Doch ist es gewöhnlich statt dessen, des Futurum und Optativus zu gebrauchen.

INFINITIVUS.

Praesens. *hallikebbemakéman* sich sehr freuen
Praet. I. *hallikebbemakénibi*
Praet. II. *hallikebbemakénibuna*
Praet. III. *hallikebbemakénikuba*

GERUNDIUM.

hallikebbemakéwanibia dass wir uns sehr freuen mögen

PARTICIPIUM.

Praesens. *hallikebbemakemutti*, ...*makemuttu,* femin. und neutrum.
Praet. I. *hallikebbemakemuttibi*
Praet. II. *hallikebbemakemuttibuna,* ...*muttubuna* femin. und neut.
Praet. III. *hallikebbemakemuttikuba*
Futurum. *hallikebbemakemuttipa,*

§ 115. — Die zweite Form: *hallikebbekûn* die just eben das bedeutet « sich sehr freuen », ist in der Formation wenig von der vorigen verschieden.

PRAESENS.

Indicat. *hallikebbekúda,* ...*kuba,* ...*kula,* ...*kuta,* ...*kua,* ...*kuha,* ...*kuna*
Optat. *allikebbekúdanika,* ...*banika,*... *lanika,*... *tanika,* ...*wanika,* etc.
Man sagt auch; *hallikebbekúdama,* ...*bama,* ...*lama.*

PRAETERITUM I.

hallikebbekúdibi oder *hallikebbekúbide*

PRAETERITUM II.

hallikebbekúdabuna oder *hallikebbekubunade*

PRAETERITUM III.

hallikebbekúdakuba

FUTURUM.

hallikebbekúdapa

IMPERATIVUS.

hallikebbekúbáte, ...*hate,* ...*hálte.*
Wiewohl dafür das Futurum oder der Optativus mehr gebraucht wird.

INFINITIVUS.

Praesens. *hallikebbekûn*
Praet. III. *hallikebbekúnikuba*

GERUNDIA.

hallikebbekúwanibia dass wir uns sehr freuen mögen
hallikebbekúhanibia; ...*nanibia*, etc.

PARTICIPIA.

hallikebbekutti der sich sehr freuet
hallikebbekutikuba der sich sehr gefreuet.

§ 116. — Ausser diesen beiden § 113 angeführten Arten sich auszudrücken, um die Bedeutung des Wortes zu erhöhen, hat es noch andere, die eben das anzeigen, doch nun leicht zu merken sind, weil der Unterchied sogar gross nicht ist, z. B. die Silbe *ên* zu einem Verbo gesetzt bedeutet eben das, und das geschieht in Sonderheit bei Verbis, die sich auf *in* endigen, z. B. *wadin* lange sein, *wadikan* es ist lang, *wadikên* es ist sehr lang, manchmal bedeutet es auch: es ist zu lang; *móadin* kurz sein, *moádikan* es ist kurz, *moadikên* es ist sehr kurz, oder zu kurz. So auch *karrikên* es thut sehr weh.

Observation.— Doch kommt diese Form auch von Verbis, die sich auf *an* endigen, z. B. *kaimakên* sie, oder es ist sehr böse.

§ 117. — Die Formation der bisher §§ 110, 114 und 115 angeführten Paradigmata, wird sehr erleichtert werden, wenn man sich folgendes wohl merkt: nämlich, dass die Pronomina mit der Termination Verborum allein zusammengesetzt und gebraucht werden, da denn ein anderes Verbum darunter verstanden wird, das man aus dem Zusammenhange der ganzen Rede leicht erkennen kann. Am meisten ist *ahakân* oder *anîn* darunter zu verstehen.

PRAESENS.

Indicat. *da* (nämlich *ahakân*) *bumün* ich sage dir; *ba* ...*damün* du sagst mir; *la* ...*wamün* er sagt uns; *ta* ...*humün*, etc.
Optat. *dama* (nämlich *ahakân*) *bumün* ich würde dir sagen; *bama* ...*lumün*; *lama* ...*namün*, etc.

Observation 1. — *danika, banika, lanika,* und so weiter ist ebendasselbe.

Observation 2. — Wenn man anstatt *ahakân, anîn* darunter versteht, so heisst es: ich würde dies thun, etc

PRAETERITUM I.

dibi-lumün ich habe ihn heute gesagt, oder *dibe* ...*lumün*
bibi, bibe-damün (nämlich *adiân*) du hast mir heute, etc.
libi, libe-damün (nämlich *adiân*) er hat dir heute, etc.
tibi, tibe-wamün (nämlich *adiân*) sie hat uns heute, etc.
wibi, wibe-namün (nämlich *adiân*) wir haben heute, etc.
hibi, hibe-lumün (nämlich *adiân*) ihr habt ihr, etc.
nibi, nibe-humün (nämlich *adiân*) sie haben heute euch

PRAETERITUM II.

dábuma bumün (adiân) ich habe dir gestern gesagt
búbuma damün (adiân) du hast mir, etc.

PRAETERITUM III.

dakuba lumün (adiân) ich habe ihm vorlängst gesagt, etc.

OPTATIVUS PRAETERITUM III.

danikakubáma bumün (adiân) ich wurde dir gesagt haben.

FUTURUM.

dapa lumün (adiân) ich will ihm sagen, etc.
Observation. — Wenn es sich auf eine vorhergehende Rede bezieht, so ist in dieser Form gewöhnlich, dass man es nicht durch *n* sondern *i* ausdrückt, z. B. *dapai* ich will, werde es thun oder sagen; *bupai* du sollst es, etc.; *lupai* er wird, oder soll es, etc.

IMPERATIVUS.

bate damün (adiân) sage mir, oder thue mir, oder gib mir (Marg.: *bate dá* gib mir es).
hate oder *hâlte lumün (adiân)* sagt ihm.

INFINITIVUS.

Praesens. *dân* mein Sagen, oder Thun, nachdem man *adiân* oder *anîn* darunter versteht.
bân dein Sagen, oder Thun; *Lân* sein, etc.
Praet. I. *dánibi lumün (adiân* oder *anîn) ullukkudi* wie ich ihm heute gesagt, oder gethan habe
bánibi damün (adiân oder *anîn) ullukkudi* wie du mir, etc.

Praet. II. *danibuna bumün (adián* oder *anîn) ullukkudi,*
wie ich dir gestern, etc.

Praet. III. *danikuba bumün (adián* oder *anîn) ullukkudi,*
wie ich dir vorlängst, etc.

PARTICIPIUM

Mamutti, mamuttikuba damün (adiân oder *anîn)* welcher oder welche mir sagt oder sagen, gesagt oder gethan hat, oder gethan haben.

Es kann aber nicht allein so stehen, weil kein Pronomen davor gesetzt werden kann, den Sinn und der Bedeutung nach; indess kommt es vor, wenn ein Wort vorhergeht darauf es sich bezieht, als: *namaqua mamuttikuba damün (adián)*, all die mir gesagt haben.

§ 118. — Die § 117 beschriebene Form nimmt auf das Pronomen mit der Terminatione verbi zusammengesetzt, durch alle Tempora, modos und personas, wenn noch die Silbe *makên* davor steht; das die Bedeutung auch hier erhöht (§ 113), z. B.

makéda (adián) mit Nachdruck sagen; folgendes Exempel wird es deutlich machen: *poi! makéman* sich sehr verwundern (eigentlich heisst es: mit Nachdruck, ei! sagen.)

Observation. — Denn schlechthin verwundern heisst: *poi! man* ei! sagen.

PRAESENS.

Indicat. *poi! da* ich verwundere mich; *poi! ba* du verwunderst dich.

poi! la er verwundert sich, etc., etc.; *poi makéda* ich verwundere mich sehr.

poi! makéba du verwunderst dich sehr, etc., etc.

Optativ. *poi! dáma* ich würde mich verwundern; *poi! báma*, etc.

Praeteritum I.

poi! dibi ich habe mich heute verwundert.
poi! makídibi ich habe mich heute sehr verwundert.
poi! makíbibi du hast dich heute, etc.
Kia ukannamün, daruber, und so weiter.

Praeteritum II.

poi! dabuna, ich habe mich gestern verwundert.
poi! makédabuna ich habe mich gestern sehr verwundert.

FUTURUM.

poi! dapa ich werde mich verwundern *(kia ukunnamün)*
poi! makédapa ich werde mich sehr verwundern, etc.

GERUNDIA.

poi! manibia dass sie sich verwundern mögen
poi! makénanibia dass sie sich sehr verwundern mögen.

PARTICIPIA.

poi! mamutti der, oder die sich, *kia ukunnamün* darüber wundern; *poi! makémutti* der sich sehr wundert, mehrere die sich sehr wundern.

§ 119. — So viel von den Verbis regularibus (§ 64). Von irregularibus haben die Arawaken einen ziemlichen Vorrath; doch werden ihre Abweichungen von jenen nun leicht zu merken sein; wir wollen die Vornehmsten und Gebräuchlichsten nun nacheinander aufführen: was hernach etwa noch für welche vorkommen, die wird ein jeder ohne Schwierigkeit formiren können, der sich diese bekannt gemacht hat.......

Hier hört das Manuscript auf.

AVERTISSEMENT

L'impression de ce volume touchait à sa fin, lorsque de retour d'uu troisième voyage qui a eu pour résultat géographique l'exploration du Rio Guaviare, M. le D' Crevaux a remis à M. Lucien Adam onze vocabulaires de langues parlées dans la région de l'Orénoque.

De l'examen de ces documents, il ressort :

1° Que le Puinavi, le Piaroa, le Guahibo, le Yarouro, l'Otomaco et le Guaraouno n'appartiennent à aucune famille connue, et qu'ils ne présentent point les uns avec les autres d'affinités caractéristiques.

2° Que le Piapoco, le Caouiri, le Barè et le Baniva peuvent être rattachés au groupe que M. Martius a constitué en lui donnant le nom de Gouck ou de Coco.

3° Que le Barè et le Baniva étaient déjà connus par trois vocabulaires publiés dans le recueil dont la science est redevable au savant Ethnographe (*Wörtersammlung brasilianischer Sprachen* von D' Carl Friedrich Phil. v. Martius. T. II pp. 230, 261, 285), mais qu'au regard de ces deux idiomes, notre éminent compatriote aura rendu aux linguistes le service de confirmer les résultats des investigations antérieures, en donnant, du même coup, la preuve de l'exactitude et du soin avec lesquels il a composé ses vocabulaires.

4° Que le Cariniaco est, comme le Roucouyenne, un dialecte foncièrement galibi.

VOCABULAIRE

DE LA

LANGUE PIAPOCO

(Les Piapocos habitent trois hameaux situés sur les rives du Rio Guaviare, à peu de distance de son embouchure).

ACHETER, *ouéniaca; pi-ouaouac pi-ouéniaca-na* veux-tu acheter? *nou-aouaca n-ouéniaca iaï hamaca* je veux acheter ce hamac.

AGAMI, *matchari*.

AGOUTI, *ounitchaouina*.

ALLER, *nou-acaoua, nou-coa, n-acoa*, je vais; *pi-acaoua* tu vas; *i-acaoua* il va; *oua-oua* nous allons; *oua-oua-ɲi* allons, partons!

AMER, *ipiséri*.

AMI, *cayaberinouapitsa*.

AMONT (en), *épo-ré*.

ANNÉE, *camoui*.

APRÈS, *idenami*.

APRÈS-DEMAIN, *aouanimisa*.

ARA, *ounani*.

ARC, *lémapo*.

ASSEOIR, *pi-aouïna traï* assieds-toi ici!

ASSIETTE (coupe), *kirapiéri*.

ATTENDRE, *pi-conacou tsoumanca* attends un peu!

AUJOURD'HUI, *sioukaéri*.

AUTRE, *aïba*.

AVAL (en), *apioua-ré*.

AVOIR: *aténouri* j'ai, *canacouénouri* je n'ai pas; *nou-courouacaou* j'ai; *eydepeda hamaca* as-tu un hamac? *eydepíri saouri* as-tu du coton?

Bacove, *catchiké*.
Banane, *paratouna*.
Banc, *yarououési*.
Barbe, *ouasinouma*. Baniva, *no-chinumu* ma barbe. Baré, *nu-sinamu* ma barbe.
Beaucoup, *manououacana*.
Biche, *néri*.
Bien (très-), *caïvata*.
Blanc (un homme), *ouaouaïmi*.
Blanc (couleur), *cnbaréri*.
Bleu, *ipouréri*.
Boire, *caïna campira* pourquoi ne bois-tu pas?
Bois (à bruler), *kitché*.
Boisson, *yocota, yaraki, kouria*.
Bon, *cayavero*; bonne, *cayavesto*; *ouaouaïmi cayaveri* bon blanc; *nanaï cayavetso* bonne femme.
Boucan, *midesi*.
Bras, *ouananani*; avant-bras, *ouanasioua*. Culino *nouana*.
Caïman, *tchamana, carsouïri*.
Calimbé (sorte de caleçon à l'usage des hommes), *ouadabarisi*.
Canal, *ouniba*.
Canard, *coumata*. Uainuma, *ghumâta*.
Canot, *îda*. Manao, *ytscha*. Uirina, *idâ*. Cariay, *ytza*. Uainuma, Tariana, Baniva, *ita*. Baré, *isa*.
Capitaine, *ouaïoucari*.
Carbet, *capi*; *aréna capi-ia* où est ce carbet?
Carquois (pour les flèches curarisées), *iouno*.
Cassave, *macado*.
Catarrhe, *ouyasi*.
Ce, cet, *iaï, ia* (proximité); *iaïdé* (éloignement).
Cette, *ouaï*,
Chapeau (couronne de plumes), *cayououa*.
Charbon, *catari*.
Chaud, *oureké*; j'ai chaud *ourekénouriou*.
Cheveux, *ivita-baynasi* (*nou-évita* ma tête).
Chien, *aouri*.
Ciel, *ééri, éri*.
Cils, *ouatousioui*.
Colombe, *ounoucou*.
Combien: *casimacaré-na iveni* combien cela vaut-il? *casimacaré-na éri* combien de jours?

COMMENT: *kéno pierna-na* comment vas-tu? *camina ipiré-na* comment s'appelle cela? *camina idiré-na iaï asiéri* comment s'appelle cet homme?

COMPRENDRE: *camita nouariou* je ne comprends pas; *camita nouario Mitoua itaki* je ne comprends pas la langue des Mitouas.

CONNAÎTRE: *piéri iéouari yakareken* connais-tu ce village? *asiéri piéri iéouari* l'homme que tu connais.

CORDE, *ianasi*; corde autour de la taille *ouaribapisi*; corde autour du bras *ianouaouapisi*.

COTON, *saouari*; *canacanouri saouari* je n'ai pas de coton; *pirimisi* espèce de coton fournie par le Ceibo.

CUIR, *imasi*.

CUISSE, *ouacoutsoui*.

DEMAIN, *taouitcha*.

DENTS, *ieisi*. Baniva, *na-si, no-yeihei*.

DÉSIRER: *nou-aouaca dabe* je désire un remède.

DESSOUS, *yahita*.

DESSUS, *itana, inata*; dessus le banc *yarouési inata*.

DIABLES, *tchatari, coutani, oumaouari, savari*.

DIRE: *nou-maca* je dis, *pi-maca* tu dis, *i-maca* il dit, *ouaï-maca* nous disons, *caïkéouaï-maca* vous dites; *kéno pi-maca* que dis-tu? *ouaouaïmi caï-maca* les Blancs disent.

DOIGT, *ouacapi-yénibeni* (*nou-capi* ma main).

DONNER: *pianouri aïba* donne-moi l'autre; *pianouri-o ouni* donne-moi de l'eau.

DORMIR: *anarimi ouaïmac* dormir dans la forêt: *nou-acoa n-ouimac caïnintara* je vais dormir sur la plage. Jumana, *nimaca* je dors, *uymaka* aller dormir.

DOUX, *poutchitchéri*.

DROITE, *méouapo*.

EAU, *ouni*. Marauha *uny*. Moxa *une*. Manao *unüa*. Uirina *uune*. Barè *ony*. Araicu *uny*. Uainuma *oòhni, auny, uné*. Jucuna *ohni*. Tariana *yni*. Baniva *wéni, uni*, Mariaté *uny*.

ECZÉMA, *pocarari*.

ENFANT; *kirasi* petit garçon; *kirasiou* petite fille; *asoumetzo* petite.

ENNEMI, *nouïni*.

EPINE, *mouia*.

FAIM: *canaïca-noua* j'ai faim; *canaï-pia* as-tu faim? *canaïcase-i* il a faim; *canaïcasé-oua* elle a faim.

FAIRE: *pi-maninouriou îda* fais moi un canot.

Farine de manioc, *matsouca*. Jumana *massuca* farine. Cauixana, *mazoaka*. Baniva, *matsùca, matchuka*. Barè *matúca*.

Fatigué : *camita inapi-noua*, je ne suis pas fatigué.

Femme, *nanaï, inanaï*. Mariaté *ynana*.

Feu, *kitché, kitré*.

Fièvre paludéenne, *mécouni;* as-tu la fièvre, *pietare mécouni?* je n'ai pas la fièvre, *camita nou-atara mécouni; ouaï nanaï ou-atare mécouni*, cette femme a la fièvre; *ia asiéri i-atare mécouni*, cet homme a la fièvre.

Flèche, *tsoucourou;* petite flèche curarisée, *ioucoua cousi*.

Frère, *nou-beri*.

Froid, *casarinica;* j'ai froid, *casarinica-nouriou;* il a froid, *casarinica-iriou;* elle a froid, *casarinica-ouriou;* ils ont froid, *casarinica-nariou*.

Fumée, *isa*.

Fumer (du tabac), *nou-sidou*.

Gauche, *apaou*.

Goéland, *ouanaouanaré, acataré*.

Goyavier (sauvage), *kitcharé*.

Graisse, *iési*. Tariana *nu-isi*.

Grand : *îda manouïri* grand canot.

Grenouille, *baysé*.

Hache, *sipari*.

Hamac : *nouasou hamaca* mon hamac, *piasou hamaca* ton hamac, *iarasou hamaca* son hamac (en parlant d'un homme), *ouasoua hamaca* son hamac (en parlant d'une femme).

Hier, *takitché*.

Hocco, *caouïpi*.

Homme, *asiéri*. Uainuma, *achijari*.

Hotte, *ouri*.

Huile, *iési*.

Ici, *traï*.

Iguane, *tsamanari*.

Ile, *iouaouata*.

Ils, elles, *nia*.

Indien, *ouénaïca*.

Jambe, *ouacaoua*.

Jaune, *éveri*.

Jeune : *asiéri oucouriri* homme jeune; *nanaï manacao* femme jeune.

Joli, *cayabasiri;* jolie, *cayabasitso*.

Jour, *éri, ériapi*. Marauha, *ary*.

Lagune, *carisa*. Jucana, *cari*.

Laid, *bavséri*; laide, *bavetsa*.

Loin, *découré*.

Lune, *héri*. Manao, *ghairy*. Araicu, *kairy*. Uainuma, *ghèry*, *cari*. Baniva, *keri*. Mariaté, *gheery*.

Main : *nou-capi* ma main, *pi-capi* ta main, *ou-capi* sa main. Barè, *nu-kaby*. Araicu, *ni-kabu*. Uainuma, *no-gaapi*. Jumana, *ni-kapy*. Cauixana, *na-gabi*. Baniva, *wa-cavi*. Mariaté, *ghapy*.

Maïs, *canaï*.

Mal : *baoua canoanana* je vais mal; *tsatenakaï piriou* où avez vous mal? *cayoucanoua ouari* j'ai mal au pied; *cayoucanoua noueba* j'ai mal à la rate.

Malade : *caourécapia* es-tu malade? *caourécanoua* je suis malade; *caouré-icacaoua*, elle est malade; *caouré-icacani*, il est malade; *camita caourécanoua*, je ne suis pas malade; *inapicanoua*, je suis malade; *camita inapinoua*, je ne suis pas malade.

Maladie de la peau (analogue au Vitiligo), *séro*.

Manger : *nou-aouaca nou-yaca* je veux manger; *piouaoua piyaca* tu veux manger; *caïna campiya* pourquoi ne manges-tu pas? Cariay, *nu-yacáta*.

Manioc, *capiari* (yuca dulce), *caïna* (yuca brava).

Matin, *mapisaï*.

Mauvais, *bavéri*.

Médecin, *camarikéri*.

Mère : *nou-atoua* ma mère, *pi-atoua* ta mère, *i-atoua* sa mère, *ou-atoua*, sa mère (en parlant d'une femme); *iaï hamaca nou-toua*, *ièdakéra* ce hamac est à ma mère. Canamarc, *natou*.

Moi, *noua*. Manao, *no*. Marauha, *nya*. Cariay, *ninai*. Araicu, *una*. Uainuma, *nuu*. Passè, *noo*. Gauxiana, *nauha*, *noa*. Mariaté, *nu*.

Molaires, *ouacacouta*.

Mort, *tchekaïmi*, *tchekaouma*.

Moustique, *anotcho*.

Nègre, *kouriri*.

Nez : *nouïacou* mon nez.

Noir, *kouriri*. Marauha, *hurghy*.

Noms de nombre : un, *abéri*.

Deux, *poutseyba*.

Trois, *maysiba*.

QUATRE, *baynouaca*.
CINQ, *abayma ouacapi*.
SIX, *aï-ouacapi béré*.
SEPT, *aï-ouacapi poutseyba*.
HUIT, *aï-ouacapi ermaysiba*.
NEUF, *aï-ouacapi baynouaca*.
DIX, *abe ouacapi*.
ONZE, *ouabari béré*.
DOUZE, *ouabaré béré poutseyba*.
TREIZE, *ouabari béré maysiba*.
QUATORZE, *ouabari béré baynouca*.
QUINZE, *abeyma ouabari*.
SEIZE, *aïba-bari béré*.
DIX-SEPT, *aïba-bari béré poutseyba*.
DIX-HUIT, *aïba-bari béré maysiba*.
DIX-NFUF, *aïba-bari béré baynouca*.
VINGT, *abeda ouabari*.
NON, *camita, iapi*.
NOUS, *ouïa*. Marauha, *uya*. Cauixana, *ua*
NUIT, *cata*.
ŒIL : *noutoui* mon œil ; *pitoui* ton œil. Barè, *naûity*. Uainuma, *no-tohi*. Baniva, *no-iti*. Tariana, *noti*. Mariaté, *no-doi*.
ŒUF, *iévé*. Tariana, *diévé*.
OISEAU, *couïpira*.
ONCLE, *ouacouïri*.
ONGLE, *ouaouba*.
OREILLES, *ouaouï*. Uainuma, *no-hoi*, mon oreille. Jumana, *no-uhü*. Jucuna, *nooi*. Mariaté, *nuy*.
ORION, *macoutchiri*.
ORTEIL, *ouabari-yenibéni* (*ouabari* son pied).
OUI, *haa, haata*.
PAKÉRA, *tchamou*.
PANIER, *mapiri ; tourima* (à cassave).
PARAKA, *ouatanacoua*.
PARLER : *cayaoua itani asiérike* cet homme parle espagnol ; *nou-tani*, je parle.
PARTIR : *tracari-na piaoua* quand pars-tu ?
PATATE, *cariri*.
PÉCARI, *apitcha*.
PÉNÉLOPE, *couïouï, coutououï*.
PERDRIX, *taca*.

Père : *nouaniri*, mou père.
Perroquet (une espèce de), *couri-coulé*. Roucouyenne, *coulé-coulé*.
Petit, *atsoumeri*.
Peu, *poutseyteri*.
Pied, *ouabari, ouari*.
Piment, *aasi*.
Plage, *caïna*.
Plateau (pour servir la cassave ou le couac), *ouapa*.
Platine (pour faire cuire la cassave), *pouari*.
Pléiades, *macabari*.
Plomb, *imi*.
Pluie, *ounia*.
Plumes (d'ornements pour la tête), *tatarouicani*.
Poitrine, *ououcouta*.
Poix, *maïni*.
Poncho, *ouamana*.
Pot (à eau), *catoua*.
Potiron, *aïe*.
Poudre, *enou*.
Poule, *caouameu*.
Près, *maouanita*.
Priser (du tabac), *noumia*.
Raie, *iadouri*.
Pape, *ata, yéco*.
Rate : *noueba* ma rate ; *kaïviké noueba* j'ai mal à la rate ; *kaïviké ieba* il a mal à la rate.
Remède, *dabe, maouré*.
Rive escarpée, *tchouïtari*.
Rivière, *inanaba*.
Roseau, *sitoa*,
Roucou, *onoto*.
Rouge, *kiréri*. Uainuma, *cariri*.
Ruisseau, *ouniba*.
Sang, *iraï*. Uainuma, *irahi*. Mariaté, *yray*.
Sarbacane, *manoucouari*.
Sel, *pouïveri*.
Serpent boa, *irica*.
Singe, *pouoï*.
Sœur, *oucapi*.
Soif : *macaracanouaou ouni* j'ai soif d'eau ; *macaracanouaou camaïca* j'ai soif de jus de canne.

Soir, *taïkaré*.

Soleil, *éri*.

Sourcils, *ouésoa*. Canamare, *nu-schüah*.

Tabac, *tchémi*.

Tamanoir, *saarou*.

Tamis, *tsoupisi*.

Tante, *ouacouirou*. Manao, *na-küeru*.

Tapis, *éma*. Uainuma, *aehma*. Jucuna, *emam*.

Tchoucou, boisson amère faite avec la graine de Coupano et qui agit comme aliment d'épargne, à l'instar de la coca.

Terre, *cari*. Araicu, *gháry*.

Tête : *nou-évita* ma tête. Uainuma, *ba-ita*. Tariana, *nhu-ida*. Mariaté, *no-bida*.

Tigre, *tchaouï*.

Toi, tu, *pia*. Manao, *pi*. Marauha, *pya*. Cariay, *piuai*. Araicu, *upue*. Uainuma, *piy*. Passè, *püeü*. Cauixana, *pua*. Mariaté, *pyy*.

Tonnerre, *éno*.

Tortue, *âra*, *oubé*, *kérékay*, *icouri* (tortue de terre).

Toucan, *tchasé*.

Tous, *abeda*.

Venir : *pierná haoe ouaï* viens ici ; *nouanac hare ouaï* je viens ; *tisano pierna* d'où viens-tu ? *camina iasisare* qui vient ? *camina inanaï iaisara* quelle femme vient ?

Vent, *caouri*. Uainuma, *ghary*.

Ventre, *ouadé*.

Viande, *inasi*.

Vieux : *asiéri béri* vieil homme ; *nanaï bérou* vieille femme

Village, *yacare*.

Violet, *capiraréri*.

Voir : *pica ouaouaïmi* vois-tu le Blanc ?

Vouloir : *camina piouaoua* que veux-tu ? *canacanouaoua* je ne veux rien.

Vous, *ouabeda* (?)

VOCABULAIRE

DE LA

LANGUE CAOUIRI

(Les Caouiris sont établis dans des lagunes situées non loin de la rive gauche du Guaviare).

Agouti, *pisi*. Uainuma, *pihtzi*.
Amont (en), *pahouououa-ré*.
Aval (en), *pariesa-ré*.
Blanc (homme), *ouaouaymi*. Piapoco, *ouaouaïmi*.
Bon, *iraouinay*.
Caïman, *ameneveni*.
Canot, *noutaniparé*.
Canne a sucre, *besone*.
Capibara, *késo*.
Catarrhe, *ouépiri*.
Chaud: *amoa banouria* j'ai chaud; *amoa piriou* tu as chaud; *amoa barouria* elle a chaud: *oure banariou* nous avons chaud. Piapoco, *oureke-nouriou*.
Coton, *saouari*. Piapoco, *saouari*.
Donner: *piaoure ouni* donne-moi de l'eau; *piououa-nouriou ikounine* donne-moi du feu. Piapoco, *pianoure*.
Eau, *ouni*. Piapoco, *ouni*.
Femme, *sisé*.
Fièvre, *aouinacahé*.
Froid: *caharini-piriou* tu as froid; *cahariniba-nariou* ils ont grand froid. Piapoco, *casarinica-nouriou*.
Grand, *nahouinay*.
Hamac, *nacahi*.
Indien, *ouénaouïca*. Piapoco, *ouénaïca*.
Loin, *técouré*. Piapoco, *découré*.
Méchant, *masodé*. Baniva, *matschidi*.

Mère : *nou-acara*, ma mère.
Noir, *kouridé*. Piapoco, *kouriri*.
Non, *aïpahapi*. Piapoco, *iapi*.
Nourrisson, *kirahi*. Piapoco, *kirasi*.
Oiseau, *darounasi*.
Oui, *ahahauda*. Piapoco, *haa*.
Pagaie, *nou-dénaré*. Uainuma, *déna*.
Pécari, *samouri*.
Père, *nou-aniricare*. Piapoco, *nou-aniri*.
Petit, *itounay*.
Plage, *cayana*. Piapoco, *caïna*.
Près, *dépané*.
Roseau, *soucouri*.
Savane, *manicouari*.
Tabac, *sema*. Baniva, *djéema*.
Tortue, *oua*.
Venir : *aïré inaouikera-* viens ici !
Vieillard, *béri* ; vieille femme *bérou siéni*. Piapoco, *béri*, *bérou*.

VOCABULAIRE

DE LA

LANGUE BARÈ

(Indiens des rives du Guaïnia.)

Mont (en), *ouénion-té*.
Aval (en), *cadio-té*.
Avoir : *ni-coni* j'ai ; *docabico* tu as ; *i-çohati* il a ; *oué-coni* nous avons ; *mé-cohati* ils ont ; *héna beydaoud*

canico, je n'ai pas ; *héna beydaocauoco* nous n'avons pas. M. (1) *ducabicu uni*, as-tu de l'eau ?

BLANC, *baharini*. M. *baline*.

BLEU, *taïni*.

BANANES, *parana*. M. *palanou*.

BOUCHE, *nou-nouma*. M. *no·núma, nu·núma*.

CASSAVE, *cosi*. M. *cúsi*.

CHEVEUX, *nitha*. M. *nita, notha*.

DENTS, *nahay*. M. *na-hei, no-y*.

DONNER : *bidanico ouni* donne-moi de l'eau ; *bidanico caméni* donne-moi du feu ; M. *decanico*, donne-moi.

EAU, *ouni*, M. *úni, ony*.

FARINE DE MANIOC, *matchoka*. M. *matchuca*.

FEMME, *hiniateti*. M. *inéituti*.

FEU, *caméni*. M. *camini, ghaményˆ*.

HAMAC, *mi* ; *no-mié* mon hamac ; *pi-mié* ton hamac ; *bidécapi mié* son hamac. M. *mih*.

Ici, *aouéheni*.

LA, *asati*.

LUNE, *huinéti*.

MAIN, *noucabi*. Mi *nucaby, nukaby*.

NEZ : *nonoti* mon nez ; *biti* ton nez ; *biaditi* son nez. M. *nu-ti, noty*.

Noms de nombre : UN, *baconacay*. M. *bucunakilhi*.

DEUX, *biconana*. M. *pikuna, micunum*.

TROIS, *kiliconama*. M. *kilicunama*.

ŒIL : *nouiti* mon œil. M. *nu-iti, nauíty*.

OREILLE : *no-datini* mon oreille ; *bi-datini* ton oreille ; *i-datini* son oreille.

PETITE FILLE, *kiebèté*.

PEU, *panté*.

ROUGE, *kiani*. M. *ghyany, kiyun*.

SOLEIL, *camoho*. M. *ghamu*. Manao, *gamuy*. Uirina, *camoê*. Cariay, *ghamuy*. Araicu, *ghuma*. Uainuma, *gamuhi, camui*. Jucuna, *camú*. Baniva, *camui*. Mariaté, *gamuy*.

TÊTE, *no-dosia*. M. *na-dúsia. no-totia*.

VENTRE, *no-doré*. M. *no-dullah, nutúla*. Manao, *nutúla*.

---

(1) M. Abréviation pour MARTIUS. *Vocabulaires de la langue Barè, de la langue Baniva.*

VOCABULAIRE
DE LA
LANGUE BANIVA

(Les Banivas sont riverains de l'Atabuapo, affluent du Guaviare).

GOUTI, *picouroua*.
AIMER : *noaíapi*, j'aime.
APRÈS-DEMAIN, *benata*.
ARA, *paraha*.
ARRIVER : *nanopa* j'arriverai ; *pinopa* tu arriveras ; *Atouré yayouaya ouayérita* nous arriverons demain à Aturé ; *yayouaya minopa Atouré* ils arriveront demain à Aturé.
AVOIR : *nayouéro*, j'ai ; *piouéro*, tu as ; *iouéro*, il a ; *nayoéhé*, j'ai ; *pioéhé*, tu as ; *ioéhé*, il a.
BEAUCOUP, *souberi*.
BLANC, *taranasu*.
BONJOUR, *arivuaoui*.
BONSOIR, *yaouaï*.
CASSAVE, *caca*. M. *caca*.
CHEVEUX : *notsipana*, mes cheveux ; *pitsipana*, tes cheveux. *iotsipana*, ses cheveux ; M. *notsipana*.
CRIQUE, *obopi*.
CROIX DU SUD, *parouman*.
CURARE, *maouaourî*.
DEMAIN, *yavaya, yaouaï*. M. *yauwaiha*.
DENTS : *narsi*, mes dents ; *persi*, tes dents ; *aoui narsi*, j'ai mal aux dents ; *aoui iarsi*, il a mal aux dents. M. *ná-si*.
DONNER : *pitana arsi*, donne-moi du feu ; *pitanaïe payari caca*, donne-moi toute la cassave.
DORMIR, *oua-tsima* ; allons dormir, *oua-tsimitsia*.
ÉCLAIR, *améréro*.
ENFANT, *ouirobero*. M. *irluberlib*.
ÉTÉ, *amousiami*.
ÉTOILE, *ouiouinari*. M. *uiminari*.

Être : *noyaparou*, je suis ; *piaparou*, tu es ; *ouarita*, il est ; *daba-mihé Apatou*, Apatou est-il là ? *yabedapihé*, il n'y est pas.

Eux, *anta*.

Femme, *néyaoua* ; *noto néyaoua*, ma femme ; M. *néyau*.

Feu, *arsi*. M. *ársi*.

Forêt, *taouahe*. M. *taúape*.

Hamac (en filet), *bitsa* ; *no-bitsare*, mon hamac ; *bi-bitsare*, ton hamac ; *io-bitsare*, son hamac ; *maroua mabitsa*, nous faisons un hamac. M. *mitsa*.

Hier, *iarcia*.

Hiver, *ouéniani*.

Homme, *énami* ; *no-mihé*, mon homme ; *pi-mihé*, ton homme ; *io-mihé*, son homme. M. *henúmi*.

Il, *étaha*.

Ile, *cadonori*.

Indien, *mamari*.

Joli : *ouédonané*, tu es joli ; *ouédoanaripi*, tu es jolie.

Jour, *péporsiva*. M. *pépurhi*.

Loin, *yamé*.

Lune, *pia*, *aucita*. M. *narhita*.

Manger : *namiha*, je mange.

Médecin, *piatché*.

Moi, *noyaha*.

Montagne, *yapa*.

Non, *iaha*.

Nous, *guayaha*.

Nuit, *yarsapoué*. M. *yarapu*.

Orion, *ózoné*.

Oui, *ehé*.

Partir : *yaoursaa yaouayéperi*, demain nous partirons de bonne heure.

Pécari, *abida*.

Perroquet, *couli-couya*.

Peu, *arémonati*.

Plage, *iatsina*.

Plante enivrante (pour le poisson), *ouïa sinapou*.

Pléïades, *atorotari*.

Pluie, *yaoua ouéni*. M. *wéni*, eau.

Près, *amóti*.

Roche, *ipa*. Jabaana, *iba*. Jucuna, *ipa*.

Singe, *pouatché*.

Soleil, *amorci, patséarona.* M. *hamuri.*
Terre, *yatsipé.* M. *yatsiphe.*
Tigre, *ouachi, ouarsi; aconé-na ouarsi*, j'ai peur du tigre.
Tonnerre, *iouari.*
Tout, *payari.*
Venir : *païarou arsaba*, venez tous! *mapi*, viens! M. *maihipéta*, viens ici!
Vent, *ouitsi.* M. *nitsi.*
Vouloir : *no-eïaha*, je veux ; *pi-eïaha*, tu veux ; *ou-eïha*, il veut; *ou-eïaha neïaoua*, elle veut.
Vous, *aouaha.*

VOCABULAIRE

DE LA

LANGUE PUINAVI

(Les Puinavis sont fixés sur les rives de l'Inirida, grand affluent de droite du Guaviare).

Cajou, *merei.*
Aller : *binô*, allons! *bieco aynoc*, allons manger ; *yeso aynoc*, je vais manger.
Amont (en), *houma.*
Aval (en), *aoma.*
Banane, *saoua.*
Boire : *u asioua*, je bois de l'eau.
Bouche, *ayé.*
Canot, *ha.*
Cheveux, *ahu.*
Doigt, *arap-cabot.*
Eau, *u, eti.*
Hamac, *éto* (en tissu plein), *kan* (en filet); *apin-kan*, mon hamac; *mapin-kan*, ton hamac; *hemapin-kan*, son hamac; *makanari*, tu as un hamac.
Langue, *arok.*
Lèvre, *yé-sipic.*

Lune, *héboet.*
Main : *arap,* ma main ; *mirap,* ta main ; *maraptema,* sa main.
Maïs, *cana.*
Mal (j'ai), *a-popshic.*
Manger, *aynoc.*
Mien, *apen.*
Mollet, *apep.*
Nez, *mohec; apin-mohec,* mon nez ; *mapin-mohec,* ton nez ; *heapina-mohec,* son nez ; *mapinte-mohec,* ton nez.
Noms de nombre : Un, *atam.*
Deux, *akao.*
Trois, *apaoui.*
Quatre, *akaouno.*
Cinq, *daptan.*
Six, *tamda-barouba.*
Sept, *paourou-baraba.*
Huit, *akaouno-baraba.*
Dix, *daouraba.*
Onze, *poïra-baraba.*
Douze, *caouna-baraba.*
Quinze, *daptan-baraba.*
Vingt, *simarga.*
Non, *ia.*
Œil, *ambic.*
Oreille, *about.*
Orteil, *asim-cabot.*
Pagaie, *hamoat.*
Pied, *asim.*
Poitrine, *pago.*
Pot (a eau) : *mabouhouri,* tu as un pot (à eau).
Ramer : *mabhap* (tu rames ?)
Sien, *bapina.*
Soleil, *iama.*
Sourcils, *abihia.*
Terre, *niti.*
Tête, *ahouiat; apin ahouiat,* ma tête ; *mapin ahouiat,* ta tête.
Tien, *mapinte.*
Tortue, *chipiro.*
Venir, *maiounani arica,* viens ici ; *akono,* je viens.
Ventre, *oumpopo.*

VOCABULAIRE
DE LA
LANGUE PIAROA

(Les Piaroas sont voisins de l'embouchure du Mataveni, affluent de gauche de l'Orénoque).

AGOUTI, *tchicao.*
ARA, *itchou.*
BANANES, *parourou.*
BOIS, *mi.*
BON, *adiba.*
CAÏMAN, *hamana.*
CALEBASSE, *mourica.*
CALIMBÉ, *tiahtan.*
CHEVEUX, *touotsé.*
CHICA (couleur rouge), *kéraou.*
CHIEN, *aouri.* Piapoco, *aouri.*
CIGOGNE, *ouata.*
COQ, *akiara.*
COUATA, *ouéoua.*
DENTS, *tchacou.*
DOIGT, *tchidotsi.*
EAU, *ahiia.*
FEU, *ocoura.*
HAMAC, *ouanisha.*
HOCCO, *ihouré.*
MARAILLE, *maraca.*
MAUVAIS, *souraha.*
NEZ, *tchihino.*
ORION, *ouayoura.*
PAKIRA, *imé.*
PARAQUA, *haraqua.*
PÉCARÉ, *ihouré.*
PERROQUET, *outou-ouayou.*
PLÉIADES *ateiou.*

Pied, *tchihépui*.
Pierre, *naoua*.
Strychnos toxifera, *manéma*.
Strychnos a quatre feuilles, *ouïpoho*.
Tabac, *haté*,
Tapir, *ouaou*.
Tigre, *yeoui*.
Yeux, *tchiahere*.

VOCABULAIRE

DE LA

LANGUE GUAHIBA

(Les Guahibos sont riverains du Vichada, affluent de l'Orénoque.)

Aller : *nacancha*, allons-nous en ! *macancha*, je m'en vais.
Amont (en), *ténigo*.
Arc, *bitsabi*.
Asseoir : *éca*, asseyez-vous !
Assez, *nabita*.
Avare, *asiboua*.
Bambou, *couerrabo*.
Banc, *tapi*.
Beaucoup, *navita*.
Blanc, *ouena, pobia*.
Bois, forêt, *naï*.
Bois a bruler, *isoto*.
Boissons fermentées, *iaraki, couria*.
Boisson amère, *tsoucou*.
Bon, *canapana*.
Caïman, *mahinhé*.
Calebasse, *tsoropa*.
Calimbé, *bapoïbiri*.
Canard, *nahiboui*.
Canot, *héra, éra*.

Cassave, *péri*. Baniva, *perité*.
Chaleur, *anéné*.
Chemin, *namouto*.
Cheveux : *pihamatana*, tes cheveux; *tahamatana*, ses cheveux.
Chien, *aouri*.
Cigarette, *hobo*.
Ciseaux, *daloubasi*.
Collier, *mouré*.
Coq, *ouacara*.
Courge (façonnée en vase à boire), *souroupa*.
Cousin, *tamoho*.
Cousine, *acoué*.
Cristal de roche, *guanare*.
Curare, *courari*.
Donner : *nérahoré*, donnez-moi.
Eau, *méra*.
Éclair, *isoto*.
Femme, *pihaoua*.
Feu, *isoto*.
Flèche, *houatabo*.
Frère, *hani*; *pi-hani*, ton frère; *ta-hani*, son frère.
Fumer, *tousouba*.
Grand, *pinihio*.
Hamac, *bou*; *pihabou*, ton hamac; *tahabou*, son hamac.
Hameçon, *oupaba*.
Hocco, *étouiri*.
Homme, *pebi*; *niapebi*, mon homme.
Indien, *ano*.
Là est, *eka*.
Loin, *tahu*.
Lune, *hoamito*, *ouaméto*.
Maïs, *hetsa*.
Mauvais, *abéhé*.
Mère, *îna*, *ena*.
Moi, *hano*.
Moustique, *ouacapé*.
Noir, *sebia*.
Pagaie, *dénipa*.
Panier, *lisobo*.
Payer, *matamo*.
Pécari, *apouï*.

Père, *aha.*
Petit, *tchikiri.*
Pierre, *ibou.*
Platine (à cassave), *irabourito.*
Pluie, *ema.*
Plume, *picouirape.*
Poudre sternutatoire, *niopo.*
Rivière, *basoué.*
Roche, *iboti.*
Rocou, *hotchi.*
Rouge, *tsobi, sobia.*
Sarbacane, *yououana.*
Savane, *guayapo, ouayapo.*
Sel, *iahu.*
Sœur, *oua.*
Soleil, *icatia, ouameto matacabi, isota*
Tabac, *sema.*
Taisez-vous! *moya.;*
Tamis, *yacari.*
Terre, *ira.*
Tigre, *nabouti, negouti.*
Tonnerre, *iamohé.*
Tortue, *aara, asapané.*
Trouble (à pêcher), *traya.*

VOCABULAIRE

DE LA

LANGUE YAROURA

(Les Yarouros sont établis sur la rive gauche de l'Orénoque, en aval des Guahibos).

eaucoup, *hina.*
Boire, *hara.*
Bon, *tsade.*
Cassave, *també.*
Crapaud, *codo-codo,*

Donner : *yoro ambi,* donne du tabac !
Eau, *ouï.*
Faim, *tamachou.*
Grenouille, *nouana.*
Hamac, *bouéré; caem bouéré*, mon hamac ; *naya bouéré* ton hamac.
Ile, *torotcha.*
Jupiter (la planète), *boé.*
Loin, *ati.*
Lui, *agoma.*
Lune, *boupene.*
Manger, *ourarea.*
Méchant, *tséindé.*
Moi, *codé.*
Noms de nombre : Un, *cancame.*
Deux, *iououani.*
Trois, *tarani.*
Quatre, *adoïtchemi.*
Cinq, *canikiro.*
Six, *canikiro penouani.*
Dix, *itoutabo.*
Non (il n'y a pas), *keni.*
Orion, *raïcoto.*
Oui, *tcha.*
Peu, *tacouri.*
Pléiades, *bouino.*
Savane, *tchiri.*
Savoir : *davade,* je ne sais pas.
Soleil, *do.*
Tapir, *ouratchou.*
Tente, *hi.*
Tigre, *ouparene.*
Toi, *i.*

VOCABULAIRE

DE LA

LANGUE OTOMACA

(Les Otomacos sont établis sur la rive gauche de l'Orénoque, en aval des Yarouros).

Assez, *amoania*.
Bois a brûler, *yéa*.
Bon, *téa*.
Canot, *oupo*.
Chien, *ouiroro*.
Donner : *déat-goui*, donne-moi du tabac !
Eau, *ia*.
Femme, *ondoua*.
Feu, *noua*.
Hamac, *ayana*; *nakea ayana*, mon hamac; *youkea ayana*, ton hamac; *agoma ayana*, son hamac.
Homme, *andoua*.
Ile, *ayaoué*.
Lagune, *aoua*.
Loin, *tambou*.
Lui, *man*.
Lune, *oura*.
Maman, *marioso*.
Marmite, *bopoa*.
Méchant, *ibaba*.
Moi, *nou*.
Noms de nombre : Un, *enga*.
Deux, *dé*.
Trois, *yakia*.
Quatre, *depitade*.
Cinq, *ionga pinibo*.
Six, *éréoungui enga*.

Sept, *éréoungui dé.*
Huit, *éréoungui daba.*
Neuf, *depidabe.*
Dix, *ionga ouba.*
Non, *aémi.*
Oui, *tea,*
Pagaie, *couatiké.*
Papa, *aya.*
Plage, *gaéga.*
Peu, *tchopayourou.*
Près, *bougadou.*
Rivière, *béaï.*
Savane, *bo.*
Soleil, *noua.*
Tabac, *goui.*
Tapir, *iaem.*

VOCABULAIRE

DE LA

LANGUE GUARAOUNA

(Les Guaraounos sont établis dans le delta de l'Orénoque).

Aller : *isha*, allons! *narou*, allez-vous en! *isaco cocokita*, allons-nous en tous!
   Assez, *eraouti.*
Bacove, *hiro.*
Banane, *simo.*
Barbe, *carouco-ïhi.*
Beaucoup, *era.*
Blanc, *dahé.*
Bœuf, *batatouma.*
Bois canon, *ouaro.*

Bon, *yacara*.
Bonjour, *yacara*.
Caïman, *harabaca, dourou-dourou*.
Calimbé, *iaca*.
Capibara, *hapa-hapa*.
Canard, *houmé*.
Canne a sucre, *cicaro*. Galibi, *ana-ssicourou*.
Cassave, *arou*.
Ceinture, *esouera*.
Celui-ci, *haho*.
Cendre, *ouhou*.
Chapeau, *iasé*
Chaud, *caourou*.
Cheveux, *hio*.
Chien, *perouro*.
Cire, *avé*.
Collier, *nasi*.
Comment : *guaroucera* comment s'appelle cela ?
Corde, *hacouma*.
Coton, *acoboto*.
Couleuvre, *houba*.
Couteau, *dabou*.
Couverture, *samarana*.
Cuisse, *caourouba*.
Dents, *caycay*.
Donner : *aha mamou sanouca* donne-moi du tabac ; *arou mamou sanouca* donne-moi de la cassave.
Dormir, *oubaya*.
Eau, *ho*.
Eau-de-vie, *ho-bé*.
Enfant, *gacoï senouca*.
Faim, *noera*.
Femme, *tira* ; *tira iné* ma femme.
Feu, *hécouno*.
Fibres d'agave, *couraouatou*.
Fièvre, *hepou*.
Fille (petite), *mauca-tira*.
Flèche, *hatabou*.
Froid, *déourouhi*.
Fusil, *aracabousa*.
Galette (faite avec des bourgeons de Miritis) *arouarou*.
Garçon (petit), *maouea*.

Genou, *camouicou*.
Graisse, *toy*.
Grand, *caouahera*.
Gymnote, *ouciboutou*.
Hache, *hima*.
Hamac, *haha, ha; maha* mon hamac, *ihiha* son hamac.
Hameçon, *oucibo*.
Hutte, *hanouco*.
Iguane, *guigana*.
Jaguar, *toupé*.
Jour, *hocounaï*.
Lait, *baca-miho*.
Langue, *caouno*.
Loin, *itira*.
Lune, *guanica*.
Main, *camouhou*.
Maïs, *maïcamo, neocamo*.
Manger, *mahouria*.
Mauvais, *asida*.
Méchant : *hébou era ouito* vous êtes très-méchant.
Menton, *cacaha*.
Mère, *dani*.
Mien, *iné*.
Miritis (palmier), *ohiri*.
Moi, *iné*.
Mollet, *cacarouapouno*.
Mombin, *outchira*.
Morocoto (boisson faite avec des graines de palmier), *oucibou; oucibou mamou noera ua* donne moi du morocoto, j'ai faim.
Mort, *ouapaï*.
Nègre, *mécoro*.
Nez, *caïcari*.
Noms de nombre : un, *itchaca*.
Deux, *manamo*.
Trois, *dianamo*.
Quatre, *ourabocaya*.
Cinq, *ouabatchi*.
Six, *momatana itchaca*.
Sept, *momatana manamo*.
Huit, *moho enti*.
Neuf, *motcha anouca*.

Dix, *moreco*.
Nuit, *anaï*.
Ongle, *camouishi*.
Or, *toroumo*.
Oreille, *cacoco*.
Pagaie, *ahé*.
Panier, *ou*.
Pécari, *hibouri*.
Peigne, *ouankéké*.
Père, *lima*.
Petit, *sanoukira*.
Peu, *sanouca*.
Pierre, *oïo*.
Pirogue, *guahivaca*.
Plage, *ouaha*.
Pluie, *naho*.
Poitrine, *camého*.
Poule, *carina; tatamema carina* combien la poule?
Près, *atoukira*.
Regarde! *mianoco*.
Sabre d'abattis, *bouare*.
Savane, *araouaha*.
Serpent a sonnettes, *ouama*.
Singe rouge, *arouata*.
Soleil, *hoké*.
Soulier, *oma*.
Sourcils, *camoumou-ihi*.
Tabac, *aha*.
Tablier de femme (petit), *machicara*.
Tamis, *bihi*.
Toi, *ihé*.
Tortue, *ouaco*.
Venir: *nao* viens ici!
Vent, *aka*.
Ventre, *cabouno*.
Vieux, *iramo*.
Vite, *catacoure, suatana*.

VOCABULAIRE

DE LA

LANGUE CARINIACA

(Les Cariniacos ou Caraïbes habitent les rives de l'Orénoque non loin de l'embouchure du Rio Caura.)

Accoster, attérir, *anoucouré*.

Agile, *amorogouacay* (*amoro* tu).

Aller : *cami* allons-nous en ! *camaropa* allons ! Gal. P. *cama* ou *caman* allons, partons !

Allumer le feu, *ocoumouco' vasto*. Car. *keméké-ta* allumer.

Ami, *carina, panaré*. Gal. Bo., Bi. *bazaré*.

Amont (en), *anocara ariia*.

Apporter : *oconé adenaca* apporte-moi à manger. Gal. *occoné* viens !

Après, *ananaré*.

Approcher : *piniaco* approche, avance ! *copataco* approchez-vous !

Arc, *apitchaco*.

Asseoir : *atante moco* asseyez-vous ! *tintuco* idem.

Attendre : *aïca-se* attendez ! Car. *iaca* ici, *iaca-ba* demeure ici.

Aval (en), *anocara tabara*.

Avant, *aniautaco*.

Avare, *amompe*. Car. *amoinbe-ti*. Gal. Bo. *amembé*. Gal. Bi. *amonbé*.

Avoir : *sari varé* as-tu des chevreuils ?

Baigner (se), *coupita*. Car. *nicobi*. Chayma *gou-cpia-z* je me suis baigné. Gal. Bo. *opi*.

Banane, *paloulou*. Gal. Sagot, *palourou*.

Banc (petit), *apòni*. Cum. *aponto* siége. Chayma *aponoto*

Barbe, *etasipioti*. Gal. P. *atasibo*. Gal. Bo. *tacibo*. Gal. Sagot, *atachipote*.

Beaucoup, *antoro, montoromé*.

Biche, *saré*.

Blanc, *tamouné*. Gal. Bo. *tamouné*. Car. *tamone-ti* il est blanc.

Bleu, *toupourouma*. Laet, *topiouroume* noir.

Boire, *senouda*; allons boire, *enico*; buvez, *enico*.

Bois, *vévé*. Gal. Bo. *vaivai*. Gal. Sagot, *vévé* arbre.

Bon, *iroupa*. Gal. Bo. *iroupa*.

Boucan, *anaké*. Gal. Bo. *anagai* dormir, reposer (A la Guyane, les créoles nomment « boucan » et le lit et le gril). Gal. Sagot, *anookago* boucaner.

Bouche, *outari*. Gal. Bi *embatari*. Car. *tiboutali*. Cum. *y-mtar* sa bouche.

Bras, *ad-apari*. Gal. Bo. *apori*. Chayma *dapner, a-yapuer* son bras.

Cachiri (boisson), *padavero*.

Caïman, *cararé, acaré*. Gal. Bo. *akaré*.

Calimbé, *anioucana*,

Canne a sucre, *ouachitchara*.

Canot, *canaoua* (grand canot) ; *ananare* (petit canot). Gal. Bo. *canaoua*.

Capibara, *capibia*.

Capitaine, *yacono*. (Gal. P. *accono* compagnon).

Caraïbe, *cariniaco*. Car. *calinago*. Gal. Bi. *calina* indien.

Cassave, *arépa*. Gal. P. *éréba*. Car. *aleiba*.

Ceinture, *écounti*. Gal. Bo. *escouty*. Car. *ieconti* ma ceinture.

Chaud (j'ai), *taramoukeva*.

Chemin, *ouninaro*.

Cheval, *tabare*.

Cheveux, *ad-onset*. Gal. P. *y-oncetti*. Bo. *i-oncai*, Bi. *ioncé*, Sagot, *i-ouncéto*.

Chevreuil, *sari, cosare*. Gal. P. *oussali*, Bi. *couchari*.

Chique, *tchikio*. Gal. P. *chico*.

Ciel, *capou*. Gal. Bi. *capou*, P. *cabou*, Bo. *cabo*.

Citron, *acitcharo*.

Collier, *anéca*. Car. *éneca, énega* bijoux, colliers, bracelets, etc.

Comment : *anacani* comment cela s'appelle-t-il ? *mosco*

anacani comment vous appelez-vous? Gal. *an* particule interrogative (*moco, mocé, moncé* lui, celui-là.)

Coq, *ouikiri*. Gal. P. *oukéli* mâle. Car. *ouekélli* mâle.
Corbeau, *couroumo, caracare*.
Corde (de hamac), *coudini-rabo*.
Couleuvre (serpent boa), *arimouori*.
Couteau, *maria*. Gal. Bi. *maria*, P. *malia*.
Couverture (de canot), *amara*.
Danse, *arouaco, maremare*. Gal. Sagot *aiouako*.
Demain, *comaro, éromé*. (Gal. P. *eromé* aujourd'hui).
Dents, *yéri*. Gal. *yeri*. Car. *i-éri* ma dent.
Diable, *yoroco*. Gal. Bo. *youroucan*, Bi. *iroucan*, P. *yolocan*. Car. *ioulouca* Dieu.
Donner : *piaroco tamouï* donne-moi du tabac ; *yaroco-si tamouï* donnez-moi du tabac ; *iarouco touna antiro* donne-moi un peu d'eau ; *iarouco vasto* donne-moi du feu ; *anouarouco case* donne-moi cela. Gal. Bi. *iaré* donne ! Sagot, *iaroko*.
Dormir, *ooniksé, aninaro*. Gal. Bo, *anagay*. Bi. *n-anegué*. P. *anica-boui*, Sagot *ouonésa*. Car. *n-aonica-yem* je dors, Cum. *hu-eniquia-ze*.
Doux, *ioupami*.
Eau, *touna*. Gal., Cum., Chayma *touna;* Car. *tona*.
Eau-de-vie, *ioupaporé*.
Ecrire, *miroco*.
Elle, *mohcoro*, Gal. *moco, mocé* il, elle, ce, cette, etc.
Entendre : *an-eta apanari* ne m'entendez-vous pas ? Gal. P. *an-ata-pa* tu n'entends pas ? Cum. *hu-eta-ze* j'entends.
Enterrer, *couarouco*.
Escargot, *gouaroura*.
Eteindre, *anaré*.
Etoile, *caveraca; acamaraca* le ciel est étoilé.
Femme *onori; onotamé* femme enceinte. Car. *ennéneri* femme, Gal. Sagot *monoto* femme enceinte, Car. *mounoute-menhen-rou* elle est enceinte.
Feu, *ouato, vasto*. Gal. *ouato*. Car. *ouattou*.
Feuille, *anona*.
Fillette, *kèouren*.
Flèche, *pourioui*. Gal. Bo. *plioua*. Car. *bouléoua*. Chayma *poure*.
Fourmillier, *capigoua*.

FRÈRE, *étcheo, yacouno.* Cum. *yacano* compagnon, Chayma *yacono.* Gal. P. *accono.*

FROID, *tousanori.*

GARÇON (petit), *apoto, tchooui.*

GRAND, *apotomé.* Gal., Bo., Bi., *apotomé*

GRAND'MÈRE, *pipe.* Gal., Bo., Bi., *bibi* mère.

GRAS, *oco.*

GRENOUILLE, *pororo.*

GUIDE, *aniacaro.*

GYMNOTE, *anocara.*

HACHE, *ouïouï.* Gal. Bo. P. *ouyouy, ouïouï.* Car. *houé-houé.*

HAMAC, *counimiaco; ao counimiaco, nimiaco, pouati mimiaco,* mon hamac; *ao pouati mimiaco* ton (?) hamac.

HOMME, *okiri, ouokiri.* Gal. Bo. *oquiri,* Bi. *oquili,* P. *oukéli* Car. *ouékélli.*

HUTTE, *atto, aouto, aïpio.* Gal. P. *auto* case Car. *autê* habitation.

ICI, *ani.*

IGNAME, *ouayama* (?)

IGUANE, *gouarama, pirisa.*

IL, *ero* (?)

ILE, *aviaco.*

IVRE, *touve-tinia.* Gal. Bi. *touimba-gué.*

JAMBE, *piéti.* Gal. Bi. *i-piti,* Bo. *ei-peti* ma cuisse; Car. *iébeti* ma cuisse.

JE, *aou, ao, yo.* Gal. *aou.*

JOLI, *poïtomé, peïtoméné, apoutoumi; aoudaméné* jolie fille (?)

LAID, *ouaymeu.* Voir le mot MAUVAIS.

LANGUE, *cadoumiaca.*

LAVER, *anicaro* (?)

LOIN, *touhsé, tocsemanto.* Gal. Bo. *tissé,* P. *tiché.*

LOUTRE, *ouariri.* Gal. Barrere, *ouariri* fourmillier.

LUI, *inelé.* Roucouyenne *iné-lé.*

LUMIÈRE, *corerata.* Gal. Bo., Bi., *courita* jour.

LUNE, *nouno, corore.* Gal. P. *nouno,* Bo. *nouna.* Car. *nounum.*

MAIN, *aniarou, ad-aniari.* Gal. Sagot *iaineri.*

MAINTENANT, *erocopoterá.*

MAÏS, *aouachi.* Gal. Bo., Bi., *aouassi.* Car. *avachi.*

MAL: *yétoumbé* j'ai mal. Gal. Bo. *eyetombé* malade.

Malade, *yaouameu;* je suis malade *yaouameu eou ato;* *bariré* je suis malade (?): *tchimeré* je suis malade (?)

Mamelle, *manaté.* Gal. P. *manaté,* Bo. *manati.*

Manger, *s-ina-si;* venez manger *arepanaco-sé.* Cum. *huena-ʒe* je mange.

Marcher, *camaca-se; camaca-moro* marchons! Gal. P. *cama, caman,* allons, partons !

Mauvais, *yaouameu,* Gal. P. *yaouamé.* Car. *ieheumee-li* il est mauvais.

Mère, *tata.*

Miroir, *tchipikiri.* Gal. Bo. *sibiguéri,* Bi. *sibigri.*

Mort, *toulomosemeu; toroumousa* il est mort. Gal. Sagot *Felix ouoli tolimosé,* la fille de Félix est morte.

Moustiques, *mapiré.* Gal. Bi., P. *mapiri.*

Nez, *ad-énatori, énahtari.* Gal. Bo. *énétali,* P. *énétalé,* Bi. *natali.*

Noir, *mécoro.*

Noms de nombre: un, *ooui.* Gal. P. *oouin,* Sagot *oi.*

Deux, *ouariri.*

Trois, *oroua.* Gal. P. *oroa,* Bo. *ououa,* Sagot *oroua.*

Quatre, *oco-pamemé.* Gal. P. *acco-baimemé,* Sagot *okoubaié.*

Cinq, *aniatoni.* Gal. Bo. *oëétonai,* P. *atonéigné,* Sagot *ainatone.*

Dix, *yérarma.* Gal. Bo. *yemeralé mepatoen.*

Non, *ouani, ouane.* Gal. P. *ouané,* Bo. *oua.* Car. *oua.*

Nous, *naana.* Gal. Bi. *ana.* Cum., Chayma, *amna.*

Nuit, *okoné* (?) Cum *cocone.*

Œil, *énourou, ad-énourou.* Gal. Bo. *enourou,* P. *y-énourou.* Car. *énoulou.*

Ongle, *amo-sétchéri.* Gal. Bo. *amo* doigt.

Or, *iouma, couréouoco.*

Orange, *aninaro.*

Oreille, *pianari, a-panari.* Gal. Bo., Bi., *pana.* Cum. *panar, a-panar.*

Os, *anouéco.*

Où: *ora mousa, ara mousa-case* où va-t-il. Gal. P. *oya moussa* où vas-tu ?

Oui, *taarou.* Gal. Bo., Bi., *terré.*

Pagaie, *apocouita.* Gal. Bi., *aboucouita,* Sagot *apokoita* Car. *i-aboucouita-li* mon aviron.

Pagayer, *arimiaco, cocouita;* pagayer dûr, *amoinraro.*

Car. *alimê-taca-ti* il rame bien. Cum. *hu-arima-ze* je rame.

PAPIER, *careta*. Gal. Bo. *carata* cordelette à nœuds.
PASSEZ PAR LA, *copato*.
PATATE, *ouatata*.
PATRON DE CANOT, *caroupono*.
PÉCARI, *pakira*.
PÉNIS, *ararokire*.
PERROQUET, *courari, courévaco*. Car. *couléhuec*.
PETIT, *coroco, aoucasi*.
PETIT-FILS, *tchoqui*.
PIED, *otari, istari*. Cum. *poutar*.
PIERRE, *topou*. Gal. Bo., Bi., *taupou*, P. *tobou*. Cum. *topo*. Car. *tébou*.
PIMENT, *achi, pomoui*. Gal. Bo. *pomoui*.
PLAGE, *sacaho*. Gal. Bo. *saca* sable. Car. *chacao*.
PLANTATION, *conoucou*.
PLOMB, *onosiona*.
PLUIE, *conopo*. Gal. P. *connobo*. Cum. *conopo*. Car. *conoboui*.
POISSON, *boto*. Gal. Bo., Bi., *oto*, P. *ouotto*. Car. *aoto* Cum. *houoto*.
POITRINE, *piapourou*. Cum. *pouropo, pouropour*.
POMME D'ACAJOU, *merey*. Gal. Bi. *moué*.
POT (à eau), *coutouari*. Gal. Bo. *touroua* pot.
POUDRE, *coupara*. Gal. Bo. *couroupara*.
POULE, *corotoco*. Gal. Bi., P. *corocotogo*.
PRENEZ! *sonco-se*.
PRENEZ GARDE! (aux chiens), *decata*.
PRÈS, *osacano*.
PUMA, *cosarevare*.
QUI? *anoké*. Gal. P. *anoké*, Bi. *nec*.
RAIE (poisson), *sipari*. Gal. P. *sibari*. Car. *chibali*.
RATE, *sapo*.
REGARDEZ! *necou*.
RIEN, *nanare*.
ROTIR, *acamara*.
ROUCOU, *couseve, onoto*. Laet, *coutsauwe, annoto*. Car. *couchéve*.
ROUGE, *tchica, tapiré*. Gal. Bi., P. *tapiré*.
SABRE, *tchifarite*. Gal. Bo. *catchipara*. Car. *echoubara*.
SALUER, *akeneto*.

SANG, *miénouri, anicayo*. Gal. P. *moinourou*, Bi. *ti-monouré* Car. *ti-moinalou*.

SAVANE, *ouori*. Gal. P. *ouoi*.

SAVOIR : *yecova* vous-savez ; *anocote hava* je ne sais pas. Car. *k-anicouati* il sait. Gal. P. *anagouti-pa* je ne sais pas, je n'entends pas.

SEL, *sara, boïo*.

SERPENT BOA, *gouaramaco*.

SERPENT VENIMEUX, *adecano*.

SI, *naco*.

SINGE, *yarocarou, yaracara*.

SOLEIL, *vedo, vedou*. Gal. Bo. *veïou*.

SUC DU MANIOC, *casiripo*. Gal. P. *cassiripo* raclures de manioc.

TABAC, *tamouï*. Gal. Bi. *tamoui*. Cum. *tamo, tam*.

TAMIS, *manaré, kouderi*. Barrere, *manarè*. Car. *manalé*.

TAPIR, *maïpiouri*. Gal. *maypouri*.

TATOU, *capachi, coroba*. Gal. Bo. *capacou*.

TERRE, *nono*. Gal. Bo., P. *nono*. Car. *nonum*. Cum. *nono*.

TÊTE, *poulipo*. Chayma, *poutpo*.

TIGRE, *caïcouchi, caïcousa*. Gal. P. *caycouchy*. Car. *cahicouchi*.

TONNERRE, *atronoki*.

TORTUE, *ouarara, madamoco*.

TOUT, *moro*. Gal. Sagot *iro-moro*.

TU, *amoré*. Gal. *amoré*. Cum. *amoue-re*. Car. *amanle*.

TUER, *atarouca-sé*.

VASE, *gouara*.

VENIR : *acone* viens ici ; *oconi-si arouato akeneto* viens ici me dire boujour ; *ocona* viens ici ; *oconi-case* venez ici ; *codo-sano* viens ici (se dit à un homme), *tchoqui-sano* viens ici (se dit à une femme). Gal. P. *acconé* viens ! B., *acné-sé* viens-çà.

VENT, *amiya*.

VENTRE, *ouembo*. Gal. Bi. *ouimbo*. Car. *huembou*.

VERT, *asacrami*.

VIEUX, *tampoco*. Gal. Sagot *atampoo*.

VITE, *copiori ; copiori-sé* marchez vite !

Au dernier moment, M. le Dr Crevaux nous communique plusieurs numéros d'un journal politique et littéraire de Caracas (*El Tiempo*, Julio 10, 11, 12 de 1877) dans lesquels M. |F. Montolieu, alors gouverneur du territoire d'Amazónas, a publié, en les faisant précéder d'une lettre fort intéressante, trois vocabulaires dont nous sommes heureux de pouvoir enrichir notre tome VIII (1).

Á mi amigo el Señor Aristides Rojas.

Al ofrecer á usted este muy incompleto vocabulario no tengo otra mira que la de ponerlo á lo sumbra de su nombre y sentada reputacion para salvarlo del olvido, persuadido que, al ver el arrojo del pobre viajero, no titubeará usted á hacer participe al público de los *ricos trabajos sobre origenes americanos que usted tiene preparados.* Es quizás una imprudente manifestacion, pero usted es tan modesto que la amistad debe aguijonearle y probarle, lanzándose la primera en la lid, que las indicaciones y los estudios de usted la sirven tambien de estimulo, al punto que el discípulo no tense abrir las puertas de la espaciosa lid que solo el maestro podrá recorrer con probabilidad de éxito y buena suerte.

Estos apuntes pueden dividirse en tres capítulos: 1° lengua Vanivá, la que pertenece á los indios mas civilizados del territorio, y á la cual siguen en importancia el Barré y Yavitero; 2° las Puinaba y Piaroa, que hablan indios

---

(1)   INDEX DES ABRÉVIATIONS

Cr. Vocabulaire de la langue Baniva, du Docteur Crevaux.

I. dialecte des Banivas de l'Içanna (Martius).

J. dialecte des Banivas du Javita (Martius).

T. et M. dialecte des Banivas du Tomo et du Maron (Martius).

Sp. Spix, vocabulaire de la langue des Barès du Rio Negro (Martius).

W. Wallace, vocabulaire de la langue des Barès (Martius).

monteros; 3° una tabla comparativa de palabras en aquellas únicas lenguas.

Salgo pronto para el territorio, y completáré estos trabajos lo mejor que puedra, teniendo como hoy el gusto de ponerlos bajo su ilustrada proteccion.

Soy su amigo.

F. MONTOLIEU.

Carácas, 7 de Julio de 1877.

Nota.

PIAROA. — Lo hablan los Piaroas que viven en la orilla derecha del Orino desde Sequitá hasta las cabeceras de Cataniapo, y en el rio, Matavení y caños adyacentes.

PUINABA. — Rio Inirida, habitado por los Puinabos, y algunas familias de esta tribu en San Fernando de Atabapo y en el Guaviare.

VANIVÁ. — Lengua mas general del Atabapo, bajo Guainia, Tomo, Aquio, y algunas familias en San Cárlos de Rio Negro y San Felipe.

YAVITERO. — Dialecto de Vanivá en Yavita.

BARRÉ. — Originaria del rio Bariá, esta lengua es la mas comun en el Casiquiare y en San Cárlos de Rio Negro. Existan muchas otras lenguas en el territorio, Maquiritares, Guahibos, Guaharibos, Amoruas, Macos, Alto-guaïnieras; pero no tengo aun nociones mas seguras de su vocabulario para darla hoy á la publicidad : lo completaré á mi llegada al Territorio.

VOCABULARIO

de la

LENGUA VANIVA

Dios, *umbá*.
Adonde, *daba*. Cr. *daba-mihè Apatou* ou est Apatou?
Agua, *ueni*. T. et M. *wèni* eau, J. *wéni*, I. *uni*.
Aguja, *aüi*.
Aji pilado, *sisi*
Aji puro, *poretoü*.
Alentado, *aneto-api*.
Anda lijero, *carebutà*.
Anzuelos, *putesi*.
Aquí, *uanemi*.
Aquí está, *enïi*.
Así no más, *aremarta*.
Así se escucha tu fama, *neadapiú-üa-renà*.
Ayer, *iasïa*. Cr. *iarcia*.
Bailo, *no-tamaä;* bailas, *pi-tamaä*.
Barato, *aüenïi*.
Barba, *sanomasi*. J. *fasanumá* barbe.
Barbasco, *oïa*.
Barriga (mi), *no-neni*.
Bebes, Bebe! *pi-corua*.
Blanco, *iaranavi*. Cr. *iaranasu*, I. *yalanóui* blanc.
Boca (mi), *no-momà*. T. et M. *enomà*.
Bonito, *uedüanari*. Cr. *ouedoanari-pi* tu-es jolie.
Bravo, *acheni*.
Buenas noches, *iasapüa*. Cr. *iarsapoué* nuit.
Bueno, *anetoë*. T. et M. *anétua*.
Buenos dias, *iari-üavi*. Cr. *ariouaoui*.
Busca! *pi-anta*.

Cabellos (tus), *pi-chipina.* Cr. *pi-tsipana* tes cheveux. T. et M. *no-tsipana.*

Cabeza, *nombo.* T. et M. *nobu.*

Caceria, *uedoresi.*

Calentura, *söeni.*

Caliente, *até.* T. et M. *árte.*

Callate, *manoro-pi.*

Canaleta, *neïuta.*

Candela, *artchi.* Cr. *arsi* feu.

Canoso, *ïabariani.*

Cansado : estoy, *no-siava*; estás, *pi-siava.*

Casa, *panisi*; á mí, *no-pana;* á tu, *pi-pana.* T. et M. *panisi,* J. *panithi,* I, *panthi* cabane.

Casabe, *caca;* casabe agrio, *moro-ïupe.* Cr. *caca* cassave. T. et M, *cáca.*

Cazando, *maronicasaa.*

Cerca, *amomati.* Cr. *amotî* près.

Chinchorro, *bitchsa.* Cr. *bitsa* (hamac en) filet.

Chubasco, *uïsi.*

Cielo, *eno.*

Cobijando (yo), *no-ponetaa.*

Cocino (yo), *no-üaramïaa;* cocinas (tu), *pi-üaramïaa.*

Comer : *na-mïaa* yo como ; comiste ya, *pi-mia-üesiva;* come (el) *eero;* come (tú) *üaa;* ven á comer *üaa;* comida está ya *umbé-mïaa;* para comer duele mi estómago, *aüinaiüé-ma-guari.* Cr. *na-miha* je mange.

Como te llamas? *isi-pi-sinaá.*

Como estás? *anetöa-lupi.*

Conmigo, *no-ma.*

Contigo, *pi-ma.*

Contento, *apinana*

Corazon (mi), *no-neni tü-ana.*

Cosiendo (estás), *pi-sucaa.*

Cuando, *iomiere.*

Cuñado, *nori.*

Cuñada, *iona.*

Cupana, *ojo.*

Curiara, *mo-ropa.*

Da ! *pi-tanaïa.* Cr. *pi-tana* donne ! I. *pia.*

Danta, *emma.*

Dar una cueriza, *pipatana.*

Dèjalo, *püe-siaba, piupeta arsïa.*

De donde, *dabe.*
De veras, *penarero.*
Dientes (mis), *na-tchi.* Cr. *na·rsi* mes dents. T. et M. *ná-si.*
Donde, *daba.*
Dormir, *tchsima.* Cr. *oua-tsima.*
Dos, *tonüalba.*
Duele, *aüi;* duele (me) *aüi na-iüè;* duele (te), *aüi pi-iüè.* Cr. *aoui* mal.
Dulce, *querumari.*
Enfermo, *ia-netopiée.*
Eres, *pi-ïaa.*
Es, *e-paró.* Cr. *noïaparou* je suis.
Escopeta, *mocagua.*
Espejo, *ïapa.*
Esposa, (mi), *no-somiau.*
Está al conuco, *ivemï-ori.*
Está aquí, *eronii.*
Está cazando, *maronicasaa.*
Está en el puerto, *taxevïi.*
Está halando canaleta, *i-neïüa.*
Está pescando, *sofoteta.* I. *cophé* poisson.
Está rièndome, *ïuta.*
Está alentado, *aneto-atupi.*
Estás cansado, *pi-siaba.*
Estás cosiendo, *pi-sucaa.*
Estás lavando, *pi-ípaa.*
Estoi cansado, *na-siaba.*
Estoi cobijando, *no-ponetaa.*
Estoi escribiendo, *ni-anata.*
Estoi quemando, *no·ietaa.*
Estoi riéndome, *no-entetava.*
Estoi sembrando, *ni-varuta.*
Estoi tumbando, *ne-chitua.*
Estrella, *asoróperi.*
Feo, *odobari.*
Frio, *apate.* T. et M. *apati-wali.*
Fué á ensuciar, *samapuri-aba.*
Fué á orinar, *sateïa.*
Fué á pescar, *sofoteta.*
Fué (se), *samïa.*
Fumas? *pipa.*

Gallina, *coamèe.*
Garza, *mári.*
Grande, *sochiïni.*
Hágame, *pima naïuè.*
Hermana, *deidè.*
Hermano, *noïa-rito.*
Hilo, *aüarï.*
Hombre, *enami.* Cr. *énami.* T. et M. *henúmi* vir.
Hoy, *ïari.*
Indio, *memari.* Cr. *mamari* indien.
Jóven, *üirobo.* Cr. *ouirobero* enfant.
Luna, *achita.* Cr. *arcita.*
Madre, *no-sorüani;* mi madre *no-iapa.* T. et M. *no-surami.*
Malo, *odobari.*
Mañana, *iaüaia.* Cr. *iavaïa, yaouaï.* T. et M. *yauwáiha.*
Mano, brazo, *na-no.* T. e. M. *na-nú* mon bras.
Matar, *ni-mai;* maté, *no-mami;* mató, *manúi.*
Mentira, *bit-sánúni.*
Mezquino, *meé;* mezquino serás, *meé pi-navi.*
Mira! *pi-dama.*
Monte, *tavape.*
Mucho, *sóberi.* Cr. *souberi* beaucoup.
Mujer, *neiaüa.* Cr. *neïaoua.* T. et M. *néyau* femelle.
Murió ya, *ni-ioüa nüa.*
Negro, *sereri.*
Niño, *tani;* mi niño, *no-tani;* tu niño, *pi-tani.*
Padre (mi), *no-rúani.*
Palma, *punesi.*
Para mí, *na-ïuè (buri);* para ti, *pi-ïuè (buri);* para él, *ïué (buri).*
Pecho (mi), *no-tosi.*
Pequeño, *süitini.*
Perro, *chíno.* I. *tschínu.*
Pescado, *simeè.* J. *simasi.*
Pescado pilado, *moto-cape.* I. *cophé* poisson.
Piernas, *no-so.*
Piña, *mavuiro.*
Porqué? *cànà?* por qué tú haces asi conmigo, *cànà pieè?*
Porqué, *ibonè.*
Primo, *no-iariaa.*
Qué tienes? *itchi pimali.* I. *utcha peri* as-tu?
Querida, *üetona.*

Quien? *dali?*

Querer: *no-eia* quiero; *ïa eiapia* no quiero; *no-eiapi* ya quiero amar; *pi-puei, pi-eiapi* quieres; *üe-iaro* quiere. Cr. *no-eïaha* je veux, *no-aïapi* j'aime.

Rio (el), *üeni*.

Rio (un rio), *no-entetava*.

Si, *eé*. Cr. *ehé* oui.

Soi, *no-ïao*.

Sol, *atamorchi*. Cr. *amorci*.

Solamente, *noborou*.

Solo, *pasîars*.

Soplame, (brujo), *piuruana*.

Tabaco, *éri*. T. et M. *eeli*.

Tener: *na-ïuero* tengo; *pi-ïuero* tienes; *i-ïuero* tiene; *më-epina* tengo flojera: *aüi-mauari nainé* tengo hambre; *acone-no* tengo miedo; *na-arena* tengo sed. Cr. *na-youero* j'ai, *pi-ouéro* tu-as, *i-ouéro* il a. T. et M. *mauáli* faim. Cr. *aconé-na ouarsi* j'ai peur du tigre.

Teo, *noco*.

Tia, *naco*. I. *nadjo* mère.

Tijeras, *petsi*.

Toma! *aa*.

Totuma, *mato*.

Trae! *pi-api*; trae (él), *apiru*.

Traigo, *napiru*.

Triste, *coiuberi*.

Uñas, *sulavesi*.

Va (el tè) *pi-samia-üa-uesiva;* vas (tú te) *pi-samia-üa;* (yo me) voi ya *no-samia-uesiva;* voi (yo me), *no-samia-üa;* vete, *pi-saba;* vamonos, *uasaua;* vas (á donde), *daba pi-saba;* voi al rio *no-samia-üa iué-ueni;* voi á casa, *no-samia-üa iué-no-pana;* voi á orinar, *ua no-sataiaa;* voi á ensuciar, *ua no-samaopuri-ava;* vamos á bañarnos *uasauava;* vamos á casa, *panisiava;* ve á buscar, *pi-saba pianta*. Cr. *païarou arsaba* venez tous!

Váquiro, *abid*.

Venir: vienes de donde, *dabe pi-nuva;* vienes, *pi-nuba;* ven, *maji;* viene jente, *enoma nia-mali;* ven á comer conmigo, *pi-sape no-ma*. Cr. *na-nopa* j'arriverai, *pi-nopa* tu arriveras. T. et M. *maihi-péta* viens ici.

Viejo, *edenebúmine*.

Volver: vuelvo, *no-iuleta;* vuelves, *pi-uleta;* vuelvo, *no-iuleta iavaia*.

VOCABULARIO

DE LA

LENGUA YAVITERA

Abuelita, *nachi.*
Abuelo, *nafo.*
Agua, *ueni.* Van. *ueni.*
Agua dulce (pez), *maguaya.*
Aguacate, *aguema.*
Ahí no mas estó, *ia mana.*
Ahorita, *anifiti.*
Aji, *azichi.* Van. *sisi* aji pilado.
Amarillo, *teguami.*
Anda (vete), *fi-saba, fi-saje.* Van. *pi-saba* vete.
Anda á pasear, *fi-sajijeja.*
Animales (los), *nizi.*
Animales (mis), *no-fija.*
Anteayer, *ojisi-ata.*
Añil, *cagui.*
Araguato, *moroyro.*
Ardita, *mafeti.*
Arrendajo, *quezori.*
Ayer, *ojisi.*
Baba, *casojiti.*
Bachaco, *cuque.*
Bailar, *gatamaja.* Van. *no-tamaä* je danse.
Banco, *cumarija.*
Baul, *fatua.*
Bejuco, *nifi.*
Blanco, *cajanimi.*
Bocachica (pez), *janepari.*
Bocon (pez), *chaüpa.*
Bonito, *aguetojari.*
Bueno, *yunijinaji-ta.*

Cachicamo, *secé*.
Cachicamo grande, *cafajoro*.
Caïman, *caïmana*.
Cajaro, *cajaro*.
Calentura, *fusimi*.
Cambure, *masagua*.
Canalate, *nejo*. Van. *neïu-ta*.
Candela, *catzi, casi*.
Caparo, *cafaro*.
Cupuchino, *uicha*.
Cara rayada, *orinari*.
Caribe, *yamuzi*,
Carpintero, *yatocá*.
Casa, *fanisi*. Van. *panisi*.
Casabe, *afosi*. J. *ahósi*.
Casarme, *no-casa-iè*.
Cascabel, *tayami*.
Catana (perico), *fo-i*.
Cerca, *carefuna*.
Chacharro, *chamurio*.
Chipero, *corico*.
Chiquechique, (palma), *fonezi*.
Clavos, *ytafoa*
Cochino, *cochino*.
Cofio, *mane-uiri*.
Colorado, *situmi*.
Comer, *caguinajana*.
Compro, *no-guenita*.
Con ella, *ia-fi*.
Conejo, *aziri*.
Conoto, *comoi*.
Contigo, *fi-fi*.
Creo (yo no), *anucabataji*.
Cuanto llegó, *facha finuja*.
Cucurrito, *ocarizi*.
Cuentas coloradas, *mayuro*.
Cuentas negras, *mumoni*,
Cuentas azules, *sifotemi*.
Culebra, *umené*.
Culebra de agua, *maguayamare*.
Cumbrera, *forafi*.
Cuñado, *nori*. Van. *nori*.

Cunaguaro, *guarichao*.
Curagua, *unana*.
Curiara, *cujaza*.
Dale, *fi-ta-ié*. Van. *pi-tawaïa* donne !
Dame, *fi-ta-né*.
Danta, *quemma*. Van. *emma*.
Diablo, *amedami*.
Doi, *no-taié ;* doi te, doi para ti, *no-ia-fi-ié*.
Dolor de estómago, *cagu inojoquite*.
Duro, *feniji*.
Embuste, *jijumane*.
Encarnado, *cu-iomini*.
Entiende (él), *mesijéjatejari*.
Espérate, *ia-mesa*.
Espére, *fi-naïta ;* espéreme, *fi-naïta-na* ; yo te espero, *nu-naïtasa-fi*.
Feo, *corositate*.
Gallina, *cujameé*. Van. *coameè*
Gallineta, *mami*.
Garza blanca, *mari*. Van. *màri*.
Garza morena, *asadari*.
Gato, *michi*.
Gavan, *atariua-ui*.
Genjibre, *macaratani*.
Genjibrillo, *iaguina*.
Gente, *came-üa*.
Grande, *asuchi*. Van. *sochiïni*.
Grulla, *doria*.
Guacamayo, *cafo*.
Guachi, *capazi*.
Guavina (pez), *zomete*.
Hablar, *nocore*.
Haga (me), *nefima*.
Hala, *jimuta*.
Harto, *uni-ieje*.
Hasta luego, *no dafidafi*.
Hembra (mi), *na yo guisi*.
Hermana, *deidé*. Vau. *deidè*.
Hija, *fitanmi*.
Hombre, *enami ;* los hombres, *enafemi*. Van. *enami*.
Hoy, *ojinasa*.
Hoy no más, *aria-mana*.

Hermano dame mapeyes, *deide fitquane axi-o*.
No tengo carga para mis buques, *fatá cajüa notane*.
No tengo que comer, *fatá caguinajana*.
Padrasto véndeme raya, *nafá-fitané iajigué*.
Para yo volver a torcer cables, *no-io-a-ienoma*.
Para él á quien debo, *ieia no degueri no corenaja*.
Rara yo cocinar para comer, *no-jafo-fisi no*.
Voy á cortar chiquichiqui, *no-dasá noxioca marama*.
Y tambien como la baville, *guisana cazojiti*.

VOCABULARIO

DE LA

LENGUA BARRÉ

Amarillo, *guituni*. Sp. *hytony*. W. *witun*.
Asi yo quiero, *hi suica saninijicaos*.
Ásiento, *yand maóaques*.
Barato, *maguenió*.
Barriga, *bi-dora*. Cr. *no-doré*, Sp. *nu-túla*, W. *no-dúllah*.
Barro, *tipi*.
Bejuco, *ada-jati*. W. *áda* arbre.
Boca (tu), *vi-nama*. Cr. *nou-nouma*, Sp. *nu-numa*, W. *no-núma*, ma bouche.
Brazo, *vi-dana*, ton bras. W. *no-dana* mon bras.
Buenas tardes, *tainaguini*.
Buenos dias, *yajaninaji*. W. *yeháni* jour, matin.
Cabello, *ytajai*.
Cachaza (ron), *yaroqut*.
Caliente, *tacani*. W. *tacun*.
Caro, *caguenini*.
Casa, *pani*; casita; *pani-da*. Sp. *pany* maison, W. *pani* cabane.
Cerbatana, *quidava*.
Chinchorro, *punicote*.

Compro, *no-quendanc.*
Conopia, *quejebana.*
Contigo, *vi-ma.*
Corazon (tu) *vi-caoasey.*
Cosiendo, *bicoroca.*
Costilla, *vi-vada.*
Cuando, *ycabare.*
Cumare, *tuve.*
Dar : da para mí, *vi-dacanico* ; dame para yo, *vi-dacaenonava*, Cr. *bi-danico* donne-moi, W. *decanico.*
De verdad, *panaré.*
Digame, *vi-maja.*
Enrollado, *cirízini.*
Eres bueno, *vi-ni idoare.*
Eres malo, *vi-ni iapao.*
Espalda (tu) *vi-cacore.*
Espejo, *jiguabo.*
Espoleta (pitones de fusil), *mocana.*
Fino, *jaireni.*
Flecha, *davidaja.* W. *dabida.*
Frio, *fiquegene.*
Gallina, *caraca.*
Gallo, *genari.*
Grueso, *caroni.*
Hierro, *tipara.*
Hilo, *caguari.*
Huevo de Gallina, *caraca tenico.* W. *teinico.*
Leña, *itigui.*
Lijero, *catey.*
Lomo (tu) *vi-nabi.* Sp. *nuta-naüba* épaule.
Mano (tu), *vi-cavi.* Cr. *nou-cabi*, Sp. *nu-káby*, W. *nu-cabi* ma main.
Natura (tu), *caatey bitinaja.* Sp. *tünahy* membrum muliebre.
Negro, *taini.*
Ojo (tu) *vi-jiti.* Cr. *no-uiti.* Sp. *na-uïty*, W. *nu-iti* mon œil.
Olla, *yoroti.* W. *yulleti* marmite.
Paja, *jiveni.* W. *hibéni*, herbe, foin.
Palma, *pamibe.*
Palo, *ada.* Sp, *áta* bois, W. *àda* arbre.
Palo de Yuca, *canicadi.*

Paraqué, *napena*.
Pecho (tu), *vi-doco*.
Peine, *maguida*.
Pene (tu), *vi-yara*. Sp. *nu-yála* membrum virile.
Perro, *chino*; perrito, *chino-jani*. W. *tchinu*.
Piedra, *tiva*; piedra de amolar, *tiva-da*. Sp. *tiba*.
Pierna (tu), *vi-cadi*. Sp. *nu-káty* ma jambe.
Piés (tu), *vi-isi*. W. *n-isi*.
Puerta, *joteje*.
Que es tu nombre? *ma-vi-naja*.
Quieres, *doca-vijisa*; quieres que duarma contigo, *doca-vijisa rodomca vi-ma*.
Ropa, *yomagueje*.
Se (yo no), *majá*.
Siempre, *tevijere*.
Tibio, *dacanaja*.
Tierra, *cadis*.
Tigre, *coati*.
Tijeras, *jirateje*.
Totuma, *torote*.
Vamos, *jua-a-jua*.
Vayase (vete) *vi-jijua*. W. *bi-hiwa*.
Venga, *dabate*. W. *douáti* viens ici?
Yucuta, *caribe*.

TABLE DES MATIÈRES

Pages

Vocabulaire français-roucouyenne.................. 1
Grammaire de la langue roucouyenne.............. 21
Vocabulaire de la langue apalaï.................. 32
    —   —   carijona................ 35
Quelques mots de la langue des Indiens Trios...... 39
Langue des indiens Oyampis..................... 41
Vocabulaire français-oyampi..................... 45
Quelques mots de la langue des Emérillons........ 51
Quelques mots de la langue tama................. 52
Vocabulaire français-galibi...................... 53
    —   français-arrouague.................... 60
Arawakisch-deutches Wörterbuch................. 69
Grammatik der arawakischen Sprache............. 166
Vocabulaire de la langue Piapoco................. 342
    —   —   Caouiri................ 250
    —   —   Barè.................. 251
    —   —   Baniva................ 253
    —   —   Puinavi............... 255

Vocabulaire de la langue Piaroa.................... 257
— — Guahiba................. 258
— — Yaroura................ 260
— — Otomaca................. 262
— — Guaraouna.............. 263
— — Cariniaca............... 267
Lettre et note de M. F. Montolieu.................. 274
Vocabulario de la lengua Vaniva................... 276
— — Yavitera................ 281
— Barré.......... 284

NANCY. — TYPOGRAPHIE G. CRÉPIN-LEBLOND.

www.ingramcontent.com/pod-product-compliance
Lightning Source LLC
Chambersburg PA
CBHW070748170426
43200CB00007B/700